Veit Rosenberger

Griechische Orakel

Veit Rosenberger

Griechische Orakel

Eine Kulturgeschichte

THEISS

Die Deutsche Bibliothek – CIP-Einheitsaufnahme
Ein Titeldatensatz für diese Publikation ist bei
Der Deutschen Bibliothek erhältlich.

Umschlaggestaltung: Neil McBeath, Kornwestheim,
unter Verwendung einer Abbildung aus den Staatlichen Museen zu Berlin –
Bildarchiv Preußischer Kulturbesitz/Antikensammlumg, Nr. F 2538
(Innenbild einer Schale aus Vulci, hergestellt in Athen um 440/430 v. Chr.:
Themis als Pythia auf dem Dreifuß prophezeit Aigeus einen Sohn)

Gedruckt auf säurefreiem und alterungsbeständigem Papier
Printed in Germany

Besuchen Sie uns im Internet: www.theiss.de

ISBN 3-8062-1562-6

Inhalt

Prolog

und lang schon reden sie nimmer
Trost den Bedürftigen zu, die prophetischen Haine Dodonas,
Stumm ist der delphische Gott
Hölderlin, Der Archipelagus

Bei den Olympischen Spielen des Jahres 408 v. Chr. soll sich Unerhörtes ereignet haben. Eubotas aus Kyrene, der im Wettlauf siegte, stellte noch am selben Tag seine Siegerstatue im Heiligtum auf. Das Überraschende bestand nicht darin, daß der Athlet seinen Sieg durch eine Statue verewigte; solche Statuen waren üblich. Bemerkenswert jedoch war die Tatsache, daß Eubotas nicht erst nach den Wettkämpfen eine Statue in Auftrag geben mußte, deren Anfertigung sicherlich einige Zeit in Anspruch genommen hätte: Eubotas hatte die Statue schon mitgebracht. Denn bereits zuvor hatte der Athlet beim Orakel des Zeus-Ammon in der Oase Siwa erfahren, daß er in Olympia gewinnen werde, dem Orakel vertraut und in seiner Einschätzung recht behalten (Pausanias 6,8). Diese Anekdote belegt nicht nur, daß ein Orakelspruch als mentales Doping wirken konnte, sondern sie demonstriert auch, daß die Befragung von Orakeln selbst in einer Epoche, in der mit der Sophistik die erste abendländische Aufklärung bereits in voller Blüte stand, durchaus üblich war: Orakel und Rationalität schlossen sich auch in späteren Jahrhunderten nicht gegenseitig aus.

Unter den zahlreichen Methoden der Divination, der Wahrsagekunst, sind Orakel Weissagungen, die an bestimmten Orten nach einem festgelegten Ritus und zu festgelegten Zeiten, an denen die Gottheit als anwesend gedacht war, erteilt wurden; zugleich bezeichnet der Begriff „Orakel" den Ort der Weissagung. Die Griechen nannten den Orakelspruch *Chresmos*, als Bezeichnung für den Orakelspruch und für die Orakelstätte dienten *Chresterion* oder *Manteion*, vom letzteren Begriff abgeleitet ist unser Wort Mantik, ein weiteres Synonym für die Wahrsagekunst. Es ist einer der Zufälle der Sprachentwicklung, daß unser Wort Orakel aus dem Lateinischen stammt – *oraculum* bedeutet ursprünglich „Sprechstätte", also den Ort, an dem ein Götterspruch erteilt wurde.

Die umfangreiche Sekundärliteratur zum Orakelwesen läßt sich in drei Gruppen aufteilen. An erster Stelle stehen die Monographien zur griechischen Religion. Aus der Produktion der letzten Jahre sind folgende anzuführen: Die Gemeinschaftsarbeit von Louise Bruit Zaidman und Pauline Schmitt Pantel, *Die Religion der Griechen*, 1994 in deutscher Übersetzung, 1991 im französischen Original erschienen; Jan N. Bremmer, *Götter, Mythen und Heiligtümer im antiken Griechenland*, 1994 im englischen Original, 1996 in deutscher Übersetzung erschienen, sowie *Greek Religions* (1998) von Simon Price. In allen drei Werken werden Orakel zwar behandelt, stellen jedoch nur einen Aspekt von vielen dar. Als zweite Gruppe von Publikationen sind die Monographien über einzelne Orakelstätten anzusehen. Hierzu gehören, um nur einige Titel herauszugreifen, das zweibändige Opus von Herbert W. Parke und Donald E. W. Wormell, *The Delphic Oracle* (1956), Joseph Fontenrose über *The Delphic Oracle. Its Responses and Operations* (1978) sowie vom selben Autor *Didyma. Apollo's Oracle, Cult, and Companions* (1988) und Michael Maass, *Das antike Delphi. Orakel, Schätze und Monumente* (1993). Drittens gibt es eine nahezu unüberschaubare Fülle von Aufsätzen zu Spezialthemen. Statt einer Auflistung einzelner Aufsätze seien die Hilfsmittel genannt, mit denen sich eine Orientierung über die in vielen eher schlecht zugänglichen Zeitschriften und abgelegenen Sammelbänden zu exotischen Themen verstreuten Beiträge gewinnen läßt. Wer auf der Höhe der wissenschaftlichen Forschung sein will, hat mehrere Möglichkeiten zum Nachschlagen. Zunächst ist auf die von A. Motte u.a. herausgegebene Sammlung *Mentor – Guide bibliographique de la religion grecque – Bibliographic Survey of Greek Religion* hinzuweisen, die mittlerweile in zwei Bänden die wissenschaftliche Produktion bis 1990 zusammengefaßt hat. Noch spezialisierter, aber auch aktueller, ist der von Angelos Chaniotis, Jannis Mylonopoulos und Eutychia Stavrianopoulou jährlich erstellte *Epigraphic Bulletin for Greek Religion* in der Zeitschrift Kernos. Beide Nachschlageprojekte haben den Vorteil, daß die Aufsätze nicht nur aufgelistet, sondern auch kurz zusammengefaßt werden; ausführliche Indizes erlauben eine schnelle Orientierung. Kurze Informationen gewinnt man durch einen Blick in das *Supplementum Epigraphicum Graecum* (SEG) sowie durch spezielle Datenbanken wie etwa Dyabola, die Datenbank des Deutschen Archäologischen Institutes, oder die in Eichstätt betreute

Gnomon Online. Eichstätter Informationssystem für die Klassische Altertumswissenschaft.

Das Ziel dieses Buches ist ein zweifaches. Es soll eine den Stand der Forschung berücksichtigende allgemeinverständliche Einführung zum Thema geboten werden, die aber auch eigene Ergebnisse vorführt. Als Grundthese gilt, daß es sich beim griechischen Orakelwesen weniger um Angelegenheiten des Glaubens, sondern vor allem um Verhaltensformen und Kulturtechniken handelte. Aus den möglichen Zugangsweisen zum Thema wurden drei ausgewählt.

Der erste Teil widmet sich den verschiedenen Orakeltechniken. Unsere Quellenlage ist höchst disparat. Während die antiken Autoren und die archäologischen Ausgrabungen über Delphi, die berühmteste Orakelstätte der griechischen Welt, viele Informationen vermitteln, wissen wir bei den meisten der insgesamt über 60 Orakelstätten oft nur von ihrer Existenz. Doch auch die vermeintliche Fülle an Nachrichten über Delphi und andere große Orakelstätten wie Didyma in Kleinasien und Dodona im Nordwesten Griechenlands wird oft genug zu hinterfragen sein. Wenn man auf dieser Quellenbasis Modelle konstruiert, so ist es unerläßlich, eine Synthese der Aussagen aus verschiedenen Jahrhunderten zu schaffen – die Kontinuitäten, die *longue durée*, sind beim Orakelwesen stärker als historische Entwicklungen*. Die Vielfalt der Orakeltechniken der griechischen Welt läßt sich als ein komplexes Feld beschreiben, das durch die Marksteine Zufall, Traum und Inspiration eingegrenzt wird, wobei die Anfragenden, Priester und spezialisierte Propheten in unterschiedlicher Weise agieren konnten. Aufgrund dieser großen Variationsbreite lassen sich nicht alle Orakelpraktiken gleichermaßen nachvollziehen, was auch heute noch zu teilweise krausen Spekulationen führt.

Im zweiten Teil wird die Frage verfolgt, zu welchem Zweck die Griechen Orakel konsultierten. Die Suche nach dem Willen höherer Mächte und nach Orientierung sind Gründe, welche die Menschen auch heute dazu bringen, auf zahlreichen Wegen nach Antworten zu suchen. Tageszeitungen und Magazine enthalten Horoskope, die je nachdem zu Optimismus oder Vorsicht raten: Einmal wird der Gewinn von Geld, Freunden, Liebe oder Ansehen in Aussicht gestellt, ein andermal der Verlust

* Vgl. Purcell 1990, 30.

von Vermögen und Glück, bisweilen begegnen Voraussagen mit einer Mischung von guten und schlechten Nachrichten. Handleser sagen aufgrund der Bildung der Lebenslinie die Dauer des Lebens vorher; Wahrsager versprechen in Annoncen, mit ihrer Kristallkugel in die Zukunft sehen zu können, und prophezeien ihren Kunden – von einfachen Bürgern bis hin zu Unternehmern und Politikern – Erfolg oder Mißerfolg. Vor allem aus dem Vergleich mit den Ergebnissen aus der anthropologischen Forschung wird sich zeigen lassen, daß die Funktionen der griechischen Orakel weit über die bisher aufgezählten Aspekte hinausgehen; Orakel konnten – besonders durch ihre allgemeine Akzeptanz und die daraus resultierende Vorzeigbarkeit – für einzelne, die jeweilige Polis und zum Teil sogar für die gesamte griechische Welt von Bedeutung sein.

Wurde schon in den ersten beiden Kapiteln deutlich, daß Orakel zutiefst kommunikative Vorgänge sind, so soll im dritten Teil der Versuch unternommen werden, eine Mediengeschichte der griechischen Orakel zu skizzieren. Dabei wird als Medium all das aufgefaßt, mit dessen Hilfe Menschen Informationen erheben, speichern oder weitergeben können. Neben den bereits im ersten Kapitel behandelten Göttern, Sehern und Priestern, die alle als Medium fungieren konnten, werden noch weitere Aspekte behandelt, wie etwa die Qualität Delphis als Umschlagplatz für Informationen aus der gesamten griechischen Welt und die medialen Eigenschaften der Weihgeschenke und Schatzhäuser, die sich auch an die Nachwelt richteten. Ferner soll nach Regeln für den richtigen Umgang mit Orakeln und Göttern gesucht werden. Da in der Antike mit der Erfindung der Schrift in der Form, wie auch wir sie mit lediglich leichten Modifizierungen verwenden, eine erste Medienrevolution stattfand, soll abschließend das spannende Einblicke versprechende Verhältnis von Schriftlichkeit und Orakelwesen analysiert werden.

Mein Dank für Hinweise, Diskussionsbereitschaft und die mühselige Arbeit des Korrekturlesens geht an Nora Abdel Rahman, Kai Brodersen, Angelos Chaniotis, Karl-Heinz Fix, Gunther Gottlieb, Sven Keller, Julia Kindt, Valentin Kockel, Alois Rosenberger, Stefan Schmidt, Beate Wagner-Hasel und Gregor Weber. Schließlich danke ich der Wissenschaftlichen Buchgesellschaft für die Gelegenheit zur Publikation dieser Monographie: Christoph Selzer gab den Anstoß zu diesem Buch, Martina Erdmann verfolgte tatkräftig seine Entstehung.

I.

Die Orakeltechniken

Ein Rätsel ist Reinentsprungenes
Hölderlin, Der Rhein

Mentale Voraussetzungen

Historizität und Fiktion

„Leider sind nun die Griechen, sobald sie nur schreiben konnten, ein Volk von Fälschern gewesen" – dieses vernichtende Verdikt fällte der Baseler Kulturhistoriker Jacob Burckhardt etwa zur Mitte des 19. Jahrhunderts über den Umgang der Griechen mit der Schrift[1]. Doch ganz so pessimistisch ist die Situation nicht zu beurteilen, wenn wir bei einer Untersuchung über das Orakelwesen das Verhältnis von Fälschung und Wahrheit, von Fiktion und Historizität unter die Lupe nehmen.

Während Herbert Parke und Donald E. W. Wormell 1956 in ihrem zweibändigen Werk *The Delphic Oracle* die 615 Orakelsprüche, die sie gesammelt hatten, in historische und fiktive Sprüche einteilten, hielt Joseph Fontenrose in seiner 1978 erschienenen, ebenfalls *The Delphic Oracle* betitelten Monographie dieses Prinzip für subjektiv und betonte, daß Authentizität kein Maßstab sein könne. Fontenrose unterschied vier Gruppen: 1. Als *historisch* bezeichnete er die Orakel, die von Zeitgenossen oder von Autoren mit nur geringem Abstand überliefert sind; 2. als *quasi-historisch* gelten Sprüche, die nach 800 v. Chr. datiert werden, aber von einem wesentlich später schreibenden Verfasser berichtet sind; 3. zu den *legendären* Orakeln gehören diejenigen, die in der Zeit vor dem 8. Jh. oder in zeitlosen Märchen und Fabeln handeln; 4. das Etikett *fiktiv* erhielten die Orakel, die von antiken Autoren aus literarischen Gründen erfunden wurden[2]. Auch die Einteilung von Fontenrose besitzt Schwächen – die Trennung zwischen historischen und quasi-historischen Sprüchen erscheint angesichts der Überlieferungslage reichlich willkürlich, da die Scheidelinie im 8. Jh. keineswegs mit dem Einsetzen einer literarischen Tradition, deren erste zaghafte Regungen im 6. Jh. zu beobachten sind, übereinstimmt.

Eine Einteilung in mythische und historische Orakel wäre ebenso fragwürdig. Mythos ist ein semantisch aufgeladenes Bild der Vergangenheit. So schreibt der Heidelberger Ägyptologe Jan Assmann: „Für das kulturelle Gedächtnis zählt nicht die faktische, sondern nur erinnerte Geschichte. Man könnte auch sagen, daß im kulturellen Gedächtnis faktische Geschichte in erinnerte und damit in Mythos transformiert wird"[3]. Mythos und Geschichte sind also nicht trennscharf abgrenzbar. Dabei verhält es sich keineswegs so, daß ein Mythos, wenn er einmal eingeführt ist, über Jahrhunderte hinweg in immer der gleichen Form tradiert wird. Vielmehr können aufgrund der zahlreichen selbständigen Staatswesen in der griechischen Welt, aufgrund persönlicher Interessen oder schließlich in der Aneignung durch die Römer – viele Informationen über die griechische Geschichte sind uns erst durch römische Autoren bekannt – stets neue Versionen entstehen[4]. Kleinere Varianten eines Mythos finden sich allenthalben, wenn man sich eingehender mit den Details beschäftigt. So gibt es gleich mehrere Begründungen, warum Artemis den Jäger Aktaion in einen Hirsch verwandelte und von seinen eigenen Hunden zerfleischen ließ: erstens, weil Aktaion Artemis heiraten wollte (Diodor 4,81); zweitens, weil er sie vergewaltigen wollte (Hyginus, fabulae 180); drittens, weil er sie unabsichtlich nackt beim Bad sah (Ovid, Metamorphosen 3,131–252).

Roman, Tragödie, Philosophie, Geschichtsschreibung – in welchem Rahmen auch immer Nachrichten über Orakelstätten und Orakelsprüche überliefert sind, stets handelt es sich um Literatur. Selbst die mehreren tausend Orakeltäfelchen aus Dodona, von denen bisher nur ein Bruchteil ediert ist, können nicht mehr Authentizität als andere Orakel beanspruchen, da wir nicht wissen, in welcher Form sie zugänglich waren und eventuell als Werbung dienten. Das vorliegende Buch ist unter der Voraussetzung geschrieben, daß alle Nachrichten über Orakel zunächst gleichwertig zu betrachten sind. Fragen der Quellenscheidung, der Abhängigkeit einer Quelle von einer anderen, der zeitlichen und räumlichen Nähe oder Ferne eines antiken Autors zu seinem Gegenstand spielen keine Rolle bei einem ohnehin weitgehend dem Bereich des Fiktionalen angehörenden Thema wie den Orakeln. Daher bleibt es sich gleich, ob ein Orakelspruch – wie die meisten – *ex eventu* erfunden ist oder nicht. Wichtig ist vielmehr allein die Tatsache, daß er berichtet wird. Jede noch so durchsichtige Fiktion gewinnt einen hohen Wert, wenn man sich fragt, welche Botschaft sie transportieren soll.

Wenn moderne Autoren die Echtheit eines Orakelspruches bezweifeln, so stehen sie damit in einer antiken Tradition. Zweifel an Götterzeichen finden sich bereits bei Homer und sind damit genauso früh belegt wie das Vertrauen in die Gültigkeit solcher Zeichen[5]. Im Laufe unserer Untersuchung werden wir immer wieder Situationen begegnen, in denen man sich über die Auslegung von Orakelsprüchen stritt. Der Diskurs über die Divination im allgemeinen und über Orakel im besonderen wurde seit der hellenistischen Zeit ausführlich geführt, wobei selbst die Philosophen keine einheitliche Stellung bezogen. Während die Epikureer und die sich auf Aristoteles berufenden Peripatetiker, aber auch die meisten anderen Philosophenschulen, generell große Zweifel an einer Schau in die Zukunft oder der Erkundung des Willens der Götter hegten, räumten die Stoiker diese Möglichkeit ein.

Insgesamt brachte die hellenistische Philosophie mehrere Werke zur Divination hervor: Chrysipp verfaßte im 3. Jh. v. Chr. zwei Bücher über die Mantik, ferner eine Schrift *Über Orakel* und eine *Über Träume*; sein Schüler Diogenes von Babylon schrieb ein Buch über die Weissagung, Antipater zwei und Poseidonios gar fünf Bücher zu diesem Thema. Von den Griechen übernahmen die Römer zahlreiche Gedanken über Orakel und Vorzeichen. Da viele Orakel auch in der Zeit, in der die griechische Welt zum Imperium Romanum gehörte, befragt wurden, lohnt sich ein Blick auf die römischen Vorstellungen. Cicero schrieb in der Mitte des ersten vorchristlichen Jahrhunderts ein wichtiges Werk über die Weissagekunst, *De divinatione*. Die Schrift ist in zwei Bücher eingeteilt, wobei im ersten Buch Ciceros Bruder Quintus zu Wort kommt, im zweiten Buch Cicero selbst. Während Quintus die These vertritt, daß Divination möglich sei und dies auch anhand von zahlreichen Beispielen aus der griechischen und römischen Geschichte untermauert, nimmt Marcus eine äußerst skeptische Position ein und belegt seine Ansicht ebenfalls mit Ereignissen aus der gesamten Antike. Sinn dieser von griechischen Philosophen entwickelten Technik ist es nicht, einen Standpunkt gegenüber dem anderen als überlegen darzustellen, vielmehr soll es den Lesern überlassen sein, wie sie sich entscheiden. Dabei müssen die Teilnehmer des fiktiven Dialogs keineswegs von der Position überzeugt sein, die sie verteidigen. Wichtiger ist, daß sie ihre Sache überzeugend vertreten[6].

Im 2. Jh. n.Chr. spottete der Satiriker Lukian von Samosata über Apollon, dem das Schicksal eine aufreibende Aufgabe gegeben habe. Von all den Anfragen, die an seine Orakel gerichtet würden, sei er taub geworden; ständig müsse er von einer Orakelstätte zur nächsten hetzen, um Orakelsprüche zu geben: „Kurzum, überall dort, wo die Prophetin, nachdem sie das heilige Wasser getrunken, den Lorbeer gekaut und den Dreifuß geschüttelt hat, ihn bittet zu erscheinen, muß er unverzüglich bei ihr sein, um mit ihr seine Orakel zu künden“ (Bis accusatus 1)[7]. In seiner Schrift *Alexandros oder der Lügenprophet* über Alexandros von Abonuteichos, der in der Mitte des 2. Jh. n.Chr. ein Orakel in Abonuteichos, einem unbedeutenden Städtchen an der Südküste des Schwarzen Meeres gründete, überschlägt sich Lukian geradezu vor Häme. Zugleich zeigt allein die Existenz der Schrift Lukians, daß die Nachfrage nach Orakeln ungebrochen war: Kritik an Orakeln und Akzeptanz von Orakeln sind unauflöslich miteinander verwoben.

Was bleibt nun, wenn alle Unterscheidungen der Orakel nach Historizität und Fiktion hinfällig sind? Ein chaotisches Konvolut aus Orakelsprüchen und Anekdoten, die von Autoren verschiedener Jahrhunderte, von Homer im 8. Jh. v.Chr. bis zu Verfassern aus dem 4. Jh. n.Chr. tradiert sind; dazu noch Inschriften, die von den kleinen bekritzelten Täfelchen aus Dodona aus dem 5. Jh. bis hin zu repräsentativen Inschriften auf Marmor aus dem 4. Jh. n.Chr. reichen. Als sei dies immer noch nicht genug, ist zu berücksichtigen, daß zeitgenössische Überlieferung nur in seltenen Fällen vorliegt; zumeist wird über ein bisweilen mehrere Jahrhunderte zurückliegendes Ereignis berichtet. Was Herodot, der erste Historiker, im 5. Jh. v.Chr. über Orakelsprüche schrieb, stand in der Tradition der Vorstellungen über Orakel, die bis dahin weitgehend mündlich konstituiert worden waren. Zugleich wirkte Herodot, bei dem Orakel eine große Rolle spielen, seinerseits wieder prägend auf spätere Generationen, indem er den Diskurs über Orakel erstmals verschriftlichte. So festigte sich durch die mündliche Tradition, durch den sich allmählich verbreiternden Strom der literarischen Produktion sowie durch die sich gleichzeitig vollziehende Ausstattung der großen Orakelstätten wie Delphi, Dodona oder Didyma mit Weihgeschenken, die aufgrund eines günstigen Orakelspruches aufgestellt wurden, immer mehr der Diskurs über das Orakelwesen. Es geht mir darum, diesen Diskurs – oder zumindest Aspekte davon – zu verfolgen und darzustellen. Seine Grundaussage war ebenso banal wie raffiniert: Natürlich kann man zweifeln, ob tatsächlich die Götter den Menschen Antworten erteilen, aber wer zu einem Orakel geht, hat gute Aussichten, die Antwort zu erhalten, die er begehrt. Man verwendete Orakelsprüche, bog sie um oder beschnitt sie, um sie den eigenen Bedürfnissen anzupassen: Der Umgang mit Orakeln war weniger eine Angelegenheit des Glaubens, sondern läßt sich besser mit dem Begriff „Kulturtechnik" umschreiben[8].

Reinheit und Unreinheit

Wer ein Orakel konsultieren wollte, mußte sich zunächst kultisch reinigen, wobei je nach der Bedeutung der Orakelstätte, des Kunden und der Anfrage unterschiedliche Regeln gelten mochten. Zur Vorbereitung für eine Orakelbefragung gehörten beispielsweise die Waschung in einer besonderen Quelle oder das Tragen weißer, also reiner Kleidung.

Vorstellungen über Reinheit und Unreinheit nehmen in unterschiedlicher Ausprägung in den meisten Kulturen eine zentrale Rolle ein. So finden sich im Alten Testament minutiöse Regelungen über Befleckung, die im Lauf der Zeit in die Bestimmungen über das, was koscher ist und was nicht, übergingen. Auf das polynesische Konzept des *tabu* stießen Europäer erstmals auf den Tonga-Inseln im Jahre 1777 während der dritten Reise von James Cook, der zwei Jahre später auf Hawaii von den Eingeborenen erschlagen wurde. Als *tabu* galten in Polynesien Wesen und Sachen, die aufgrund ihrer außergewöhnlichen Bedeutung nicht berührt werden dürfen. So war es etwa *tabu*, mit dem sakralen Oberhaupt von Tonga zusammen zu essen oder zu lange in seiner Nähe zu verweilen. Wer es dennoch tat, mußte sich danach kultisch reinigen.

Bei den Griechen stand Apollon, die Orakelgottheit schlechthin, für die Trennung von Kultur und Natur, von Sicherem und Unsicherem, von Reinem und Unreinem[9]. Reinheit und Unreinheit (*miasma*) hingen für die Griechen von der jeweiligen Situation ab. So galt etwa das Blut des Opfertiers auf dem Altar als ein Zeichen der Weihung und sogar als reinigend; lief es jedoch auf den Boden und vermischte sich mit dem Staub, so stellte es eine Befleckung dar. Dies zeigt, daß Unreinheit als Folge des Überschreitens von bestehenden kosmologischen, sozialen und politischen Grenzen entstand, wie der niederländische Altertumswissenschaftler Jan Bremmer schreibt[10]. Als Befleckung galten bei den Griechen beispielsweise die Verletzung von Tempeln oder Götterbildern, Mord, die Tötung von Schutzflehenden sowie Inzest und Kannibalismus.

Zum besseren Verständnis von Reinheit und Unreinheit ist zunächst das griechische Konzept eines Heiligtums zu beschreiben. Ein Heiligtum bestand aus einem heiligen Bezirk (*temenos*) und einem Altar für die Opfer; ein Tempel war nicht unbedingt nötig, sondern nur eine zusätzliche Ausschmückung. Dabei konnte die Ausdehnung eines Temenos variieren; während viele Heiligtümer nur einen kleinen Bezirk mit einigen Bäumen besaßen, umfaßte das heilige Land von Krisa, das zwischen Delphi und dem Meer lag, mehrere Quadratkilometer. Innerhalb des Temenos, das je nach Status und Ausstattung eines Heiligtums durch wenige Pfosten ebenso wie durch eine aufwendige Mauer abgegrenzt sein konnte, durfte niemand begraben sein. Diese Vorstellung führte auf Delos im 5. Jahrhundert zu Problemen: Auf der Insel befand sich schon seit unvordenklichen Zeiten ein Heiligtum an der Stelle, an der nach dem Mythos Apollon und Artemis von Leto geboren worden waren. Ursprünglich erstreckte sich der heilige Bezirk nur über einen Teil der Insel. Delos entwickelte sich im Lauf der Zeit zu einem gesamtgriechischen Heiligtum, das sich immer weiter ausdehnte. Im Jahre 426/425 v. Chr. erklärten die Athener die gesamte Insel zum Temenos und sorgten dafür, daß alle Gräber ausgeräumt und ihr Inhalt auf das benachbarte Inselchen Rhenaia gebracht wurden. Doch dies ist ein Ausnahmefall. Oftmals befand sich innerhalb eines Temenos ein Hain, etwa in den kleinasiatischen Orakelstätten von Didyma, Klaros und Gryneion. Ein solcher Hain, sorgfältig von Menschenhand kultiviert, war im Gegensatz zu einem Wald, der mit dem Wilden, Unzivilisierten und Barbarischen gleichgesetzt wurde, mit den Vorstellungen von Überfluß, von einem Goldenen Zeitalter und mit Reinheit verbunden. Über das Orakel von Klaros etwa wird berichtet, es habe dort keine Schlangen, Skorpione oder andere giftigen Tiere gegeben[11]. Vor allem Heiligtümer des Apollon – in vielen Fällen Orakelstätten – lagen fast ausschließlich außerhalb der städtlichen Siedlungen, wobei das Vorhandensein einer Quelle das Kriterium zur Lokalisation war. Daher deutete Fritz Graf Hain, Quelle und Quellgrotte im Heiligtum als Chiffren für das „Draußen", für die unberührte, dem Menschen entzogene Welt des Waldes[12].

Vergleichbar mit dem Kirchenasyl konnten in der griechischen Welt Heiligtümer als Zuflucht für Schutzflehende dienen[13]. Die Bedeutung des Asylrechts läßt sich am besten anhand von zwei Beispielen seiner Mißachtung aufzeigen: Um das Jahr 494 v.Chr. kam es zu einer Schlacht zwischen Spartanern und Argivern, in der die Spartaner unter ihrem König Kleomenes siegten. Vielen Argivern gelang die Flucht in ein Heiligtum. Kleomenes beging nun einen furchtbaren Frevel. Zuerst ließ er die Eingeschlossenen durch einen Herold einzeln beim Namen rufen und mitteilen, er habe für sie Lösegeld erhalten und gewähre ihnen freien Abzug. Diejenigen, die herauskamen, ließ er gegen jedes Herkommen auf der Stelle töten; die im Heiligtum Verbliebenen merkten lange nichts von diesen abscheulichen Vorgängen, da der Hain sehr dicht belaubt war. Erst als ein Argiver auf einen Baum kletterte und das Morden erblickte, kamen die namentlich Gerufenen nicht mehr heraus. Da ließ Kleomenes den heiligen Hain anzünden. Später verfiel der König in Wahnsinn und beging gräßlichen Selbstmord: Bei den Unterschenkeln beginnend schnitt er sein eigenes Fleisch in Streifen, bis er starb. Es gab allerdings auch eine andere Erklärung für den Wahnsinn des Kleomenes, bei der wiederum das Orakel von Delphi von Bedeutung ist. Der König soll das Orakel bestochen haben, um damit einen innenpolitischen Gegner in Sparta vertreiben zu lassen. Herodot beschreibt uns hier den geradezu klassischen Weg der Einflußnahme in Delphi: Zunächst gewann Kleomenes Kobon, einen Angehörigen der delphischen Oberschicht, durch reiche Geschenke; Kobon wiederum überredete die Pythia, die Orakelpriesterin, namens Perialla, so daß schließlich der gewünschte Orakelspruch erteilt wurde. Als später die Mauschelei ans Licht kam, wurde Kobon aus Delphi verbannt und Perialla verlor ihre Priesterwürde (Herodot 6,66–80). Diese Episode führt vor, wie die Götter für die Reinheit und Unversehrtheit ihrer Heiligtümer sorgten und die Frevler bestraften.

Auch im zweiten Beispiel kommt den eigentlich für ihre Gottesfürchtigkeit bekannten Spartanern eine wichtige Rolle zu. Einigen der Helden der Perserkriege (490–479) stieg ihr Ruhm so sehr zu Kopf, daß sie jegliches Maß verloren. So wandelte sich der Spartaner Pausanias, der in der Schlacht bei Plataiai (479) den Oberbefehl hatte, vom Helden zum ruchlosen Verräter. Er hielt sich lange außerhalb Spartas auf, gewöhnte sich an einen für spartanische Begriffe verabscheuungswürdigen Luxus und paktierte aus Geldgier mit dem Perserkönig gegen die Griechen. Als sein Verrat ans Licht kam, floh er 467/66 in das Heiligtum der Athena in Sparta. Zwar wagten es die Spartaner nicht, Pausanias mit Gewalt herauszuzerren, also gegen das Asylrecht zu verstoßen, doch sie ließen ihn verhungern. Es heißt, seine eigene Mutter habe den Anstoß dazu gegeben, indem sie wortlos einen Ziegelstein an den Eingang des Heiligtums legte und damit die unmißverständliche Aufforderung hinterließ, ihn einzumauern. Aber auch diese Art der Ermordung verstieß gegen das Recht auf Asyl und führte zu einem Nachspiel, in das sich Delphi einschaltete: Als die Spartaner in einer anderen Angelegenheit in Delphi anfragten, befahl Apollon, ihm Pausanias zurückzugeben. Nach langer Überlegung kamen die Spartaner zu dem Entschluß, zur Sühne des Frevels zwei Statuen des Verstorbenen im Tempel der Athena aufzustellen (Diodor 11,45).

Es gab zahlreiche Vorschriften, mit denen die Reinheit von heiligen Bezirken geregelt wurde. In Aigai in Lakonien befand sich im Heiligtum des Meeresgottes Poseidon ein fischreicher Teich. Niemand wagte es, die Fische aus diesem Gewässer zu fangen, da man befürchtete, daß die Angler in Fische verwandelt würden (Pausanias 3,21). Eine Inschrift von der kleinen Sporadeninsel Astypalaia verlangte Reinheit von denjenigen, die das Heiligtum betraten, und drohte den Unreinen die Strafe der Götter an. Ein Kultgesetz über die Reinhaltung des Flusses Ilissos in Attika verbot es, oberhalb des heiligen Bezirkes des Herakles Häute einzuweichen oder Felle zu gerben[14]. Hier wollte man einer frühen Form von Umweltverschmutzung gegensteuern; vor allem Gerbereien waren für ihren bestialischen Gestank berüchtigt. Für den Tempel der Alektrona auf Rhodos war auf drei Tafeln peinlich genau geregelt, was in den heiligen Bezirk durfte und was nicht. Unter anderem durften die folgenden Tiere das Heiligtum nicht betreten: Schaf, Pferd, Esel, Maultier, Maulesel und andere mähnentragende Tiere; Schweine sind nicht erwähnt, Gegenstände aus Schweinsleder hingegen sind ebenfalls unter Androhung einer Geldstrafe ausdrücklich verboten[15].

Eine Inschrift aus Lykosura in Arkadien verfügte unter anderem, daß schwangere und stillende Frauen das Heiligtum nicht betreten durften. Von der Menstruation ist erstaunlicherweise nicht die Rede[16]. Im Alten Testament ist die Monatsblutung ein Zeichen großer Unreinheit, für die Griechen postuliert man zumeist eine ähnliche Haltung und beruft sich dabei auf eine spektakuläre Notiz bei Aristoteles. Nach der Meinung dieses Philosophen erhält ein Spiegel einen blutigen Schatten, wenn eine menstruierende Frau hineinsieht. Allerdings ist die Stelle bei Aristoteles einzigartig mit ihrer Verteufelung der Menstruation. Erst im ausgehenden Altertum finden sich wieder vergleichbare Aussagen, dann aber in Verbindung mit dem Christentum. Das Schweigen der Quellen können wir nicht mit dem Hinweis auf die Tabuisierung der Menstruation erklären. Lesley Ann Dean-Jones, die übrigens die Passage bei Aristoteles für einen späteren Einschub hält, konnte zeigen, daß die Menstruation aufgrund ihrer Regelmäßigkeit im Gegensatz zu anderen Lebenslagen einer Frau, in denen ebenfalls Körperflüssigkeiten nach außen treten – Geburt und Stillen –, zum Alltäglichen gehörte und nicht als Befleckung galt[17]: Daher das Fehlen der Menstruation in den Reinheitsvorschriften von Heiligtümern.

Diese Beobachtung läßt sich auch im Vergleich mit einer anderen Quellengattung erhärten. Theophrast, ein Schüler des Aristoteles, verfaßte in der zweiten Hälfte des 4. Jahrhunderts zahlreiche philosophische Werke, von denen lediglich eine Schrift über verschiedene Charaktere erhalten ist. Unter anderem schildert er die Figur des Abergläubigen; auch wenn Theophrast die Eigenschaften seiner Charakterbilder parodistisch übertreibt, enthalten sie Informationen über die religiösen Vorstellungen seiner Zeit. Es fällt auf, daß die Figur des Abergläubigen vor allem anhand von Vorstellungen über Reinheit und Befleckung konstruiert wird: So ist der Abergläubige nicht bereit, an ein Grab heranzutreten, weil er fürchtet, sich zu beflecken; gleiche Angst hat er vor Leichen und Schwangeren. Auch diese Liste der Tabus klammert die menstruierende Frau aus. Theophrast zählt einige Möglichkeiten der kultischen Reinigung auf: Sieht man einen Leichenzug, so wäscht man sich die Hände und nimmt ein Lorbeerblatt in den Mund. Ferner dienten das Blut eines Ferkels oder die Verbrennung von Duftstoffen und Schwefel zur rituellen Reinigung.

Um die Gründung des Apollonorakels von Delphi rankt sich ein Mythos, in dem Reinheit ebenfalls eine wichtige Rolle spielt. Delphi galt ursprünglich als ein Orakel der Erdgöttin Gaia, das von der Schlange Python behütet wurde, einem riesigen menschenfressenden Ungeheuer. Erst Apollon schaffte Abhilfe, indem er die Python mit einem Pfeil tötete und danach das Orakel für sich beanspruchte[18]. Der Tod der Python wird im *Homerischen Hymnus* auf Apollon, einem Werk, das man in der Antike fälschlicherweise Homer zuschrieb, geradezu genüßlich geschildert (358–364):

Zerrissen von härtesten Schmerzen
Lag sie und keuchte gewaltig und rollte umher auf dem Boden.
Endlos und fürchterlich klang ihre Stimme; sie wand sich im Walde
Immer wieder hierhin und dorthin und kam zum Erliegen,
Hauchte die blutige Seele aus. Doch Phoibos Apollon
Rühmte sich stolz: Verfaule du hier auf dem Boden, der Männer
Nährt. Es ist aus mit dir, Vernichterin lebender Menschen.

Welche Schlüsse lassen sich aus dieser Beschreibung ziehen? Oft wurde vermutet, daß sich im Mythos die Kunde von einer früheren Phase des Orakels erhalten habe; allerdings ist diese These nicht beweisbar[19]. Statt dessen gewährt die Beschreibung nach Gegensatzpaaren aufschlußreiche Einblicke in die Konstruktion von Männlichkeit und Weiblichkeit: Auf der einen Seite steht ein Gott, auf der anderen ein Ungeheuer; Apollon ist dem Himmel zugeordnet, Python der Unterwelt; Apollon ist hilfreich für die Menschen, Python schadet ihnen; Apollon ist männlich, Python weiblich. Der Geschlechtergegensatz setzt sich fort: Zum einen penetriert Apollon Python mit dem Pfeil, während die Leiden der Python an Geburtswehen erinnern; zum anderen soll das Ungeheuer, wie Apollon sagt, „auf dem Boden, der Männer nährt", sterben. Insgesamt gerät die Tötung des weiblichen Ungeheuers durch den männlichen Himmelsgott in der Darstellung des *Homerischen Hymnus* zu einer reinigenden und zivilisatorischen Tat[20].

Ein Detail verdient noch Behandlung. Apollon wünscht der Python, daß sie verfaule, ein Begriff, der in den folgenden Versen noch zweimal vorkommt. Zumeist wird diese Häufung auf ein etymologisches Wortspiel zurückgeführt, da der griechische Terminus für verfaulen – *pythomai* – ähnlich klingt wie „Python". Zum anderen wird von dem Bericht, daß man den Leichnam verfaulen läßt, die außerordentliche Verachtung gegenüber der Python erkennbar. Erinnern wir uns nur an Sophokles' Drama *Antigone*, in dem die Bestattung ein zentrales Thema darstellt. Polyneikes, der Bruder der Antigone, war mit Waffengewalt gegen seine Heimatstadt Theben gezogen und im Zweikampf gefallen. Darauf verweigerte der thebanische König Kreon ihm die Bestattung und drohte allen, die seine Anordnung mißachteten, die Todesstrafe an. Die Leiche des Frevlers sollte verfaulen und von wilden Tieren gefressen werden. Antigone dagegen achtete die Bestattung als oberstes göttliches Gebot und setzte ihr eigenes Leben aufs Spiel; sie wurde ertappt, als sie den Leichnam ihres Bruders mit Staub bedeckte. Wenn Apollon die Python verfaulen läßt, so stellt dies eine noch grausamere Bestrafung als die Tötung selbst dar.

Die unbestattete Python erlaubt eine weitere Deutung: Der Anthropologe Arnold van Gennep (1873–1957) führte den Begriff des Durchgangsritus ein. Bahnbrechend war die 1909 in französischer Sprache erschienene Monographie *Les rites de passage*, die aber erst seit 1960 nach der Übersetzung ins Englische breite Resonanz fand. Durchgangsriten werden an den Wendepunkten des Lebens praktiziert wie etwa Geburt, Hochzeit und Tod. Van Gennep unterschied dabei drei verschiedene Phasen: Zunächst die Ablösung vom normalen Status (Segregation), dann eine Schwellenphase (Liminalität), schließlich die Phase der Angliederung (Aggregation). Auf den Tod übertragen entspricht der Prozeß des Sterbens der ersten Phase, die zweite Phase stellt der tote, aber noch nicht bestattete Körper dar, die dritte Phase die Bestattung, durch die der Tote auf den Friedhof kommt und somit wieder unter Gleichen ist[21]. Die Liminalität, das Grenzüberschreitende der Leiche, kann, wie der Anthropologe Victor Turner zeigte, einer sozialen Gruppe helfen, die Normen neu zu bewerten, sie entweder wiederherzustellen oder zu modifizieren[22]. Elisabeth Bronfen vertrat in ihrer Untersuchung über die Vorstellungen von Tod, Weiblichkeit und Ästhetik im 19. Jahrhundert die folgenden Vorstellungen über die Zeichenhaftigkeit einer Leiche:

„Die Übergangsphase, die rituelles Sterben von ritueller Wiedergeburt scheidet, trägt oft weibliche Kodierung ... Dieses Modell gilt außerdem auch für biologische und soziale Schwellenzustände, so daß die Übergangsphase ebenso einen sozial toten, aber nicht körperlich beigesetzten Körper wie einen verwesenden Leichnam involvieren kann"[23].

Was Bronfen für das 19. Jahrhundert zeigte, läßt sich auch bei vielen antiken Texten nachvollziehen: An wichtigen Wendepunkten werden weibliche Leichen inszeniert[24]. Es ist kein Zufall, daß die Leiche der Python die Inbesitznahme Delphis durch Apollon markiert.

In einer anderen Variante des Mythos von der Begründung des delphischen Orakels tritt ein weiterer Aspekt von Reinheit zutage. Gaia hatte als Priesterin und Wahrsagerin die Nymphe Daphnis eingesetzt (Pausanias 10,5), deren Name – *daphne* ist das griechische Wort für Lorbeer – auf die besondere Rolle dieses Baumes verweist. Denn auch wenn Apollon einen unheilvollen Drachen getötet hatte, war er durch den Mord befleckt und mußte sich kultisch reinigen. Auf Geheiß des Göttervaters Zeus zog er ins Tempetal in Thessalien; der Fluß Tempe verläuft durch Thessalien in nordöstlicher Richtung und bildet an seinem Unterlauf, wo er sich zwischen den Gebirgsstöcken des Olymp und des Ossa einen Weg bahnen muß, ein malerisches Tal, das in der Antike für seinen Lorbeer berühmt war. Apollon bekränzte sich dort mit Lorbeer, nahm einen Lorbeerzweig in die rechte Hand und zog zurück nach Delphi. Erst dann konnte er entsühnt das Orakel für sich beanspruchen (Aelian 3,1).

Die Verwalter des Wissens

Götter und Seher, oder: Unabhängige Mantik

Auch wenn im Prinzip jede Gottheit Orakel erteilen konnte, zeigt sich schnell, daß Apollon der Orakelgeber *par excellence* war. Er wirkte nicht nur in Delphi und im kleinasiatischen Didyma, den beiden wohl bedeutendsten Orakeln, sondern auch in zahlreichen anderen Orten als Orakelgott. Aus Mittelgriechenland sind folgende Heiligtümer zu nennen: Abai, Theben, Ptoion und Tegyra. Das Orakel von Tegyra stand bis zu den Perserkriegen in Blüte, danach verlor es an Ansehen. Immerhin behaupteten die Anwohner, daß Apollon in Tegyra geboren sei. Nach dem Mythos hatte ihn seine Mutter Leto auf der Insel Delos zur Welt gebracht; die Bewohner von Tegyra argumentierten, daß ein Berg in unmittelbarer Nachbarschaft des Orakels auch den Namen Delos trage, und verlegten damit die Geburt Apollons zu ihrem Orakel (Plutarch, Pelo-

Abb. 1: Apollon auf dem Thron in Delphi. Der Gott ist von seinen typischen Attributen umgeben: In der rechten Hand Lorbeer, links davon Bogen und Köcher, rechts und links außen Dreifuß, links unten der Omphalos, der Nabel der Welt. Kleophon-Maler, um 440/430.

pidas 16) – möglicherweise ein vergeblicher Versuch, das verlorene Ansehen aufzupolieren. Apollonorakel gab es ferner im peloponnesischen Argos[25], in Pagasai in Thessalien (Herakleides Pontikos, Fragment 137), in Korope sowie auf der Insel Delos. Neben Didyma besaß Apollon in Kleinasien noch, wir gehen von Norden nach Süden, Orakel in den folgenden Orten: Kyaneai, Kalchedon[26], Adrasteia, Chryse[27], Gryneion, Aigai[28], Smyrna (Pausanias 9,11), Klaros, Patara in Lykien (Herodot 1,182)[29] sowie Seleukia (Zosimus 1,57,2).

Attribute Apollons waren der Bogen und die Lyra (Abb. 1). Als Gott der beherrschten Spannung, die bei beiden Instrumenten nötig ist, deckte Apollon zwei extreme Grenzen ab: einerseits Tod und Schrecken, andererseits unantastbare Reinheit. Wurde eine Stadt von einer Seuche heimgesucht, so faßte man dies als eine – zumeist von Apollon – gesandte Strafe und Befleckung auf, die durch eine kultische Reinigung zu entsühnen war. Dabei fungierte Apollon nicht nur als der Urheber der Seuchen, sondern auch oftmals als derjenige, der den Rat gab, wie sie zu überwinden seien. So soll 596/95 v.Chr. in Athen eine schreckliche Pest gewütet haben; man schickte nach Delphi und erhielt die Auskunft, Epimenides aus Knossos nach Athen zu rufen. Epimenides reinigte Athen, indem er mit einer beträchtlichen Anzahl von schwarzen und weißen Schafen auf den Hügel des Areopag zog. Dort ließ er die Schafe frei weiden; wo immer sich eines der Schafe niedersetzte, wurde es geopfert. Durch diese Vorgehensweise entsühnte man flächendeckend einen wichtigen Teil der Stadt und besänftigte so den Zorn Apollons.

Nicht erst Friedrich Nietzsche etablierte die Unterscheidung des Apollinischen als des Zivilisierten, Nüchternen und Vernunftbestimmten, und des Dionysischen als des Wilden, Rauschhaften und Unvernünftigen. In Delphi waren beide Götter präsent; während des Winters, wenn Apollon sich im Norden der Welt aufhielt, galt sein Bruder Dionysos als anwesend. Allerdings war Apollon nicht immer ein heiterer Gott, sondern auch er konnte in jähem Zorn entflammen. Einst ging er mit Marsyas, einem Sterblichen, einen musikalischen Wettstreit ein. Marsyas spielte die Flöte, Apollon die Lyra. Als Apollon gewann, hängte er den Unterlegenen an einem Baum auf, zog ihm die Haut vom Leibe und verdeutlichte damit unmißverständlich die Distanz zwischen Göttern und Menschen[30].

Wichtigster Orakelgeber nach Apollon war sein Vater Zeus, dem zwei der großen Orakelstätten gehörten, das uralte Dodona im Nordwesten Griechenlands sowie die Oase Siwa, etwa 500 km westlich des Nildeltas in der ägyptischen Wüste, wo er als Zeus-Ammon verehrt wurde. Als Oberhaupt der Götter besaß Zeus höchste Autorität. Sein Wissen bezog er daraus, daß er seine erste Gattin Metis (= Klugheit) verspeist und sich damit die Weisheit im wahrsten Sinne des Wortes einverleibt hatte. Orakelgeber war Zeus noch in Olympia und in Argos in Epiros, nicht zu verwechseln mit der gleichnamigen Stadt in der Peloponnes; das vermutete Orakel des Zeus auf dem Berg Ida in Kreta läßt sich nicht nachweisen[31].

Als Orakelgeber fungierten ferner die folgenden Gottheiten und Heroen: Amphilochos im kleinasiatischen Mallos (Pausanias 1,34), Dionysos im phokischen Amphikleia (Pausanias 10,33) und bei den thrakischen Satren (Herodot 7,111). Strabon (8, 6, 22 = C 380) weiß von einem längst aufgegebenen Orakel der Hera Akraia in Perachora. Auf der Peloponnes gab es ein Orakel der Erdgöttin Gaia in Aigeira, ferner zwei Orakel des Herakles, eines in Bura, das andere in Hyettos[32]. In Olbia am Schwarzen Meer existierte ein Orakel des Hermes[33]. Die Nymphen erteilten Sprüche in einer Höhle am Kithairon in Boiotien bei Hysiai in der Nähe der Stadt Plataiai (Pausanias 9,2,1). Ein Orakel der Nyx, der Nacht, gab es in Megara, einer Stadt auf halbem Weg zwischen Athen und Korinth (Pausanias 1,40,6)[34]. In Orchomenos bestand einst ein Orakel des Teiresias, das aufgrund einer Pest, die unter der Bevölkerung schrecklich wütete, nicht wieder benutzt wurde (Plutarch, Moralia 434c).

Am Beispiel des Orakels von Thalamai im Süden der Peloponnes läßt sich exemplarisch die bisweilen auftretende Problematik bei der Zuordnung von Gottheiten zu einem Orakel vorführen. Nach Plutarch (Agis und Kleomenes 9) handelte es sich in Thalamai um ein Orakel der Pasiphae. Plutarch dokumentiert eindrucksvoll die Unschärfe der Gestalt der Pasiphae in Thalamai und führt drei Varianten an: 1. Pasiphae ist die Tochter des Atlas und Geliebte des Zeus, der mit ihr Ammon zeugte; 2. Pasiphae ist Kassandra, die Seherin aus Troia, die nach der Zerstörung ihrer Heimatstadt nach Thalamai kam, um dort Orakelsprüche zu erteilen; 3. Pasiphae ist Daphne, die sich auf der Flucht vor Apollon in einen Lorbeerbaum verwandelte; Apollon gab ihr zum Ausgleich die prophetische Gabe. Doch die Unklarheiten gehen noch weiter. Im Gegensatz zu Plutarch erwähnt Pausanias (3,26,1), ein Reiseschriftsteller aus dem 2. Jh. n.Chr., für Thalamai ein Orakel der Ino, bei dem den Klienten im Traum ein seherisches Erlebnis zuteil wurde. Da Pausanias auch von einer Statue der Pasiphae berichtet, konnte man Ino und Pasiphae, deren Gestalten ohnehin zum Teil verschmelzen, leicht verwechseln[35].

Bei der Analyse der Seher und Propheten, die ohne Bindung an ein bestimmtes Gemeinwesen durch die Lande zogen, erweist sich, daß solche Gestalten keineswegs auf die mythische Frühzeit beschränkt waren, sondern auch im 2. Jh. n.Chr. auftauchten. Der wohl berühmteste mythische Seher war Teiresias. Er erreichte ein so hohes Alter, daß er mehreren Generationen von Menschen als Seher diente; als Preis für seine Gabe hatte er sein Augenlicht eingebüßt[36]. Seine Tochter Manto war zunächst Seherin in ihrer Vaterstadt Theben. Später kam sie nach Delphi und wurde von Apollon nach Kleinasien geschickt. Dort gründete sie das Orakel von Klaros; als sie in Klaros erfuhr, daß ihre Heimatstadt Theben zerstört worden war, brach sie in Tränen aus. Den Namen „Klaros" leitete man später in einer sogenannten Volksetymologie von *klaio* = weinen ab. Manto war zusammen mit ihrem Sohn Mopsos gekommen, der auch die seherische Gabe besaß. Er siegte in einem Seherwettstreit gegen den aus den Mythen um den Troianischen Krieg bekannten Kalchas, der aus Gram über die Niederlage gestorben sein soll. Mopsos war offensichtlich ein streitsüchtiger Seher. Zusammen mit dem Seher Amphilochos, dem Sohn des Trophonios, ging er nach Mallos in Kilikien, um dort ein Orakel zu gründen; doch bald nach der Gründung verfeindeten sich die beiden und töteten sich gegenseitig[37]. In diesen Berichten spiegelt sich zum einen die Konkurrenzsituation zwischen verschiedenen Orakeln, zum anderen wird eine klare Hierarchie der Orakelstätten konstruiert: Ausgangspunkt und zugleich ältestes Orakel ist Delphi, erst danach kommt Klaros, von dem aus Mallos gegründet wurde.

Auf andere mythische Figuren, die mit der Gabe der Weissagung ausgestattet waren, wie etwa Proteus oder die Sibyllen, soll hier nicht näher eingegangen werden. Im 6. und 5. Jh. v. Chr. gab es Personen wie Onomakritos, die als Seher und Sammler von Orakelsprüchen fungierten. Bei Kriegen waren bisweilen Seher beteiligt, die von einer der kriegführenden Parteien engagiert wurden; hier ist vor allem auf die in Olympia heimischen Seher aus den Geschlechtern der Iamiden und Klytiaden, die sich auf Apollon zurückführten, zu verweisen[38]. Gerade die Spartaner griffen mehrfach auf die Seher aus Olympia zurück, weil dieser Ort lange zum spartanischen Einflußbereich gehörte. Die Athener dagegen behalfen sich mit Sehern aus ihren eigenen Reihen: Eine Liste von gefallenen Athenern aus der Zeit um 459 v. Chr. nennt neben 174 namentlich aufgezählten Kriegern auch einen Seher[39].

Ferner ist auf Gestalten wie Empedokles (ca. 490–430 v. Chr.) zu verweisen, die eine Mischung aus Philosoph, Seher und Wundertäter verkörperten. In diese Reihe gehört auch der Philosoph Apollonios von Tyana, dem Philostratos nach 217 n. Chr. durch eine Biographie ein Denkmal setzte. Diese Lebensbeschreibung weist Ähnlichkeiten mit Heiligenviten auf, wird doch der Porträtierte als Prediger und Asket dargestellt, der Wundertaten bis hin zur Erweckung eines Toten vollbrachte. Es erstaunt daher nicht, daß pagane Autoren ihn mit Christus verglichen. Apollonios, der ein hohes Alter erreichte und zwischen 96 und 98 n. Chr. verstarb, zog als Wanderphilosoph durch Griechenland und führte an verschiedenen Orten, unter anderem auch in den Orakelstätten von Delphi, Dodona und Abai, Neuerungen im Kult ein. Als Apollonios nach Lebadeia kam, erklärte er den Priestern, er wolle mit Trophonios über Philosophie diskutieren. Die Priester, denen dies nicht recht war, gaben vor, der Tag sei ungünstig zur Orakelbefragung, doch Apollonios ließ sich nicht abhalten. Zuerst setzte er sich an der Quelle nieder und diskutierte mit anderen Besuchern über die Ursprünge des Orakels. Am Abend ging er zum Eingang der Orakelstätte, wobei er anders als die normalen Klienten nicht in die weißen Kleider des sich kultisch Reinigenden gehüllt war, sondern seinen Philosophenmantel trug, als ob er einen gelehrten Vortrag halten wolle. Trophonios soll davon so erfreut gewesen sein, daß er den Priestern erschien und ihnen auftrug, sich in sieben Tagen in dem etwa 70 km entfernten Aulis einzustellen; Apollonios werde dort aus der Erde heraussteigen. Tatsächlich blieb Apollonios sieben Tage in der Orakelhöhle, länger als je ein Mensch zuvor, und entstieg in Aulis der Erde. In seinen Händen trug er die Schriften des Pythagoras, dessen Philosophie Trophonios als die umfassendste und klarste bezeichnet haben soll (8,19). Durch diese Erzählung erhielten die Lehren des Pythagoras göttliche Legitimation[40].

In die Tradition des Apollonios trat sein Schüler Alexandros von Abonuteichos, der um 150 n. Chr. das Orakel des Glykon in Abonuteichos, einer Stadt im Norden Kleinasiens, begründete. Lukian läßt kein gutes Haar an Alexandros; er weist ihm nach, wie er Orakel fälschte und im nachhinein änderte, um sie den Ereignissen anzupassen. Die Schlange Glykon, die Alexandros aus Makedonien mitgebracht hatte, wurde als Verkörperung des Asklepios verehrt. Für Alexandros war, wie für seinen Lehrer Apollonios, der Pythagoreismus mit seiner Lehre von der Seelenwanderung von fundamentaler Bedeutung: Die Zahl der Wiedergeburten ist nicht festgelegt, sondern hängt von der moralischen Qualität der einzelnen Leben ab. Aus der Verbindung zum Heilgott Asklepios gewann das Heiligtum auch den Rang einer Heilstätte, der besonders während der Pest im späten 2. Jh. n. Chr. überregionale Bedeutung zuwuchs; das Orakel wurde sogar von römischen Statthaltern konsultiert und florierte rund 150 Jahre[41].

Priester, oder: Die Regulierung durch die Polis

Betrachten wir nun einige Nachrichten über Orakelpriester, die zumeist nicht namentlich bekannt sind, sondern im Gegensatz zu den großen Sehern von Teiresias bis Alexandros von Abonuteichos nur Funktionsträger einer Polis waren. In vielen Orakelstätten nahmen Priester eine vermittelnde Rolle zwischen Göttern und Menschen ein. Es läßt sich grob zwischen dem Propheten (*prophetes*), der an einem Orakel die Sprüche verkündete, und dem nicht an einen Ort gebundenen Seher (*mantis*) unterscheiden, wobei beide Termini austauschbar sind und in einem weiteren Sinne alle Orakelpriester bezeichnen können. Neben den Priestern, die für die Erteilung der Orakelsprüche zuständig waren, gab es oft noch mehrere Priester oder besser: Beamten einer Polis, denen bestimmte Aufgaben an der Orakelstätte oblagen.

Eine Inschrift, wohl aus der zweiten Hälfte des 4. Jahrhunderts v. Chr., beschreibt die Regeln für das Heiligtum des Amphiaraos in Oropos. Der Priester des Amphiaraos mußte nicht immer anwesend sein, mindestens aber zehn Tage im Monat: „Das Opfergebet vorsprechen über den Opfergaben und sie auf den Altar legen soll der Priester, wenn er anwesend ist, wenn er nicht anwesend ist, der Opfernde selbst.“ Daß die Kunden des Orakels ohne Unterstützung eines Priesters dem Gott Opfer darbringen, war für Griechen selbstverständlich. Feste Gebetsformeln, mit denen man die Götter anrief, sie gnädig zu stimmen versuchte und ihre Hilfe erflehte, sind nicht bekannt – dies entspricht der im Vergleich zum Christentum geringen Festlegung im Umgang mit den Göttern[42]. Insgesamt erweckt die Inschrift den Anschein, als sei die Kontrollfunktion des Priesters bei der Einhaltung der Ordnung im Heiligtum wichtiger gewesen als die Vermittlerfunktion zur Gottheit. Wer eine Rechtsverletzung begangen hatte, den sollte der Priester mit einer Zahlung von fünf Drachmen bestrafen, die im Schatzhaus zu deponieren waren. Fälle mit einem geringen Streitwert konnte der Priester selbst entscheiden, höherwertige Fälle wurden in der Polis verhandelt.

Vor der Befragung des Orakels war eine Opfergebühr von neun Obolen Silber fällig, die ebenfalls im Schatzhaus gesammelt wurde. Wer einen Heiltraum erwartete, opferte einen Widder und schlief auf dem Fell des Tieres. Das Fleisch des Opfertieres durfte man nicht außerhalb des heiligen Bezirkes bringen. Von jedem Opfertier erhielt der Priester die Schulter als Bezahlung. Jeder durfte sich zum Inkubationsschlaf niederlegen, sofern er nicht das Recht verletzte, frei von Schuld und Frevel war sowie die Orakelgebühr gezahlt hatte. Bei der Bezahlung mußte ein niederer Kultbeamter den Namen sowie die Herkunftsstadt des Klienten notieren und beides auf einer Holztafel im Heiligtum ausstellen[43]. Damit wurde nicht nur dokumentiert, wer sich zu Recht in der Inkubationshalle aufhielt – was durchaus auch eine Werbefunktion haben mochte –, sondern durch die Kenntnis von Namen und Herkunft wurde auch Kontrolle über die Klienten ausgeübt: Wer sich etwa durch Diebstahl aus dem Orakelschlaf der anderen Vorteile verschaffen wollte, sollte abgeschreckt sein.

Besonders aufschlußreich für die Regelungen einer Orakelanfrage ist eine Inschrift aus dem Apollonorakel von Korope in Thessalien aus der Zeit um 100 v. Chr.[44] Wie unter einem Brennglas sind hier zahlreiche Probleme griechischer Orakelpraxis gebündelt. Wir können in diesem Fall besser als bei jedem anderen Orakel eine dichte Beschreibung (Clifford Geertz) vornehmen, also alle vorhandenen Details berichten, um ein möglichst vollständiges Bild zu erhalten. Dabei gilt als Prämisse, daß jedes Detail – Farben, Haltungen, Kleidung – codiert ist und nur auf seine Deutung wartet.

Das Orakelheiligtum von Korope lag, wie so viele andere auch, ein Stück außerhalb der städtischen Siedlung. Am Tag der Orakelbefragung – der Termin ist nicht überliefert – mußte sich eine ganze Reihe städtischer Beamter auf den Weg zum Heiligtum machen, wobei sich hier zugleich spannende Einblicke in griechische Konzepte der Stadt eröffnen: der von der Stadt gewählte Apollonpriester, Vertreter von der Behörde der *Strategoi* (Feldherren) und der *Nomophylakes* (Gesetzeswächter), ein *Prytane* (Ratsherr), ein Schatzmeister, der Schreiber des Gottes und der Prophet. Die Inschrift zählt die Amtsträger in dieser Reihenfolge auf, die der Bedeutung der einzelnen Ämter für die Polis entspricht. Es ist aufschlußreich, daß der Prophet des Gottes, ähnlich wie andere Personen, denen der direkte Kontakt mit der Gottheit nachgesagt wurde, an letzter Stelle steht: Im Sinne der Interessen der Polis waren nicht die Propheten, sondern die Vertreter des Staatswesens entscheidend. Dementsprechend wurde Wert auf die Anwesenheit der Beamten gelegt. Wer krank oder verreist war, mußte einen Stellvertreter benennen. Unter den Amtsträgern nahmen die Strategen und die Nomophylaken die wichtigsten Positionen ein, denn sie wurden nicht nur direkt nach dem Apollonpriester genannt, der das Hausrecht hatte, sondern sie bestimmten die Aufseher für das Orakel, die drei *Rhabduchen* (Stabträger). Auch dieses Amt war prestigeträchtig. Wer Rhabduche werden wollte, mußte das Bürgerrecht besitzen und über 30 Jahre alt sein. Es waren also würdige und reife Männer, die mit einem Stab als Signum ihrer strafenden Gewalt im Orakel für Ruhe sorgten: Die Polis beaufsichtigte sich selbst. Ebenso wie die Rhabduchen Macht ausübten, waren sie der Kontrolle durch die Polis unterworfen. Ihre Namen wurden auf einer öffentlich einsehbaren Liste eingetragen; fehlte einer unentschuldigt, so hatte er eine hohe Geldstrafe zu zahlen. Von all den agierenden Personen wurden lediglich die Rhabduchen für ihren Aufwand entschädigt, sie erhielten pro Tag eine Drachme. Diese Summe läßt sich als symbolischer Ausgleich für ausgefallene Einnahmen interpretieren. Zugleich zeigt dies, daß die Rhabduchen aus der gesamten Bürgerschaft kommen konnten, während die anderen Stellen den Aristokraten vorbehalten waren, die nicht von einem Tageseinkommen abhängig waren. Der Text der Inschrift schreibt weiterhin vor:

> Wenn die Genannten beim Orakel eingetroffen sind und das Opfer vollzogen haben nach überkommener Sitte und das Opfer günstig ausgefallen ist, soll der Schreiber des Gottes sogleich danach die Listen mit den Namen derjenigen entgegennehmen, welche das Orakel zu befragen wünschen, alle Namen auf einer weiß getünchten Tafel aufzeichnen, diese Tafel unverzüglich vor dem Tempel aufstellen und Einlaß gewähren in der Reihenfolge jeder einzelnen Eintragung, durch Aufruf, sofern nicht welche das Vorrecht haben, zuerst vorgelassen zu werden. Ist der Aufgerufene nicht anwesend, soll er (der Schreiber) den Nächsten vorlassen, bis der Aufgerufene sich eingefunden hat. Sitzen sollen die Genannten (Würdenträger) im Heiligtum in ordentlicher Haltung, in weißen Gewändern, mit Lorbeerkränzen geschmückt, in Reinheit und nüchtern, und sie sollen die Täfelchen entgegennehmen von denen, die das Orakel befragen.

Aus dieser Regelung geht zunächst hervor, daß eine recht große Zahl von Leuten das Orakel befragen wollte. Wie auch bei anderen Orakelstätten stand am Anfang ein Opfer, das günstig ausfallen mußte, damit eine Befragung des Orakels erfolgen konnte. Fiel das Opfer ungünstig aus, wiesen also die Innereien des Opfertieres Mißbildungen auf, so wurde das Opfer wiederholt. Wir können davon ausgehen, daß die städtischen Amtsträger das Fleisch des Opfertieres untereinander aufteilten; es mag allenfalls sein, daß andere Anwesende noch kleinere Teile erhielten. Das Bestreben nach Öffentlichkeit, das sich bereits bei der Liste der Rhabduchen ausmachen ließ, schlägt sich auch im Umgang mit den Klienten nieder. Dabei besitzt selbst die weiß getünchte Tafel ihren eigenen Aussagewert. Es heißt nicht einfach nur „Tafel", sondern der explizite Hinweis auf die Farbe Weiß mag die Vorstellung von kultischer Reinheit evozieren.

Die Repräsentanten der Polis sollen würdevoll und einem Heiligtum angemessen auftreten, wobei die weiße Farbe der Gewänder ebenso wie der Lorbeer Reinheit und den sakralen Status signalisieren. Bei diesen Beamten geben die Klienten Täfelchen ab, auf denen sie ihre Anfrage notiert haben. Danach heißt es:

> Wenn das Orakel erfolgt ist, sollen sie die Täfelchen in eine Urne werfen und diese versiegeln mit dem Strategen- und Nomophylakes-Siegel, desgleichen auch mit dem Siegel des Priesters, und für ihren Verbleib im Heiligtum sorgen. Bei Tagesanbruch soll der Schreiber des Gottes die Urne herbeibringen lassen und, nachdem er den zuvor Genannten die Siegel vorgewiesen hat, diese öffnen und unter Aufrufung nach (der Reihenfolge) der Aufzeichnung jeweils die Täfelchen (aushändigen) ...

Auch hier erwähnt der Text – so ausführlich die Modalitäten der Befragung beschrieben werden – mit keinem Wort, wie das Orakel funktionierte. Wir können nur schließen, daß die Amtsträger mit den Anfragen ins Allerheiligste des Tempels gingen und von dort die Antworten mitbrachten. All dies zeigt, daß bei griechischen Orakeln nur wenig Raum für Mystik bleibt. Wenn die Antworten mit den Siegeln der beiden wichtigsten Behörden versiegelt und erst am nächsten Morgen ausgeteilt wurden, so hat dies nichts mit der eigentlichen Orakelbefragung zu tun. Vielmehr offenbart sich in der Nennung und Überprüfung der Siegel einmal mehr das Bestreben der Polis, ihre führende Rolle zu demonstrieren: Einmal im Jahr mußten die Amtsträger einen Eid bei Zeus, Apollon, Artemis und den übrigen Göttern und Göttinnen schwören und versichern, daß sie sich an die Beschlüsse über die Verwaltung des Orakels gehalten haben. Wer den Eid ablegte, war entlastet, wer sich weigerte, galt als schuldig und wurde zur Verantwortung gezogen[45].

Auch wenn die Täfelchen mit den Anfragen versiegelt worden waren, und auch wenn all denen schwere Sanktionen drohten, die sich nicht an die Beschlüsse hielten, mußte es Mittel und Wege geben, den Inhalt der Fragen zu erfahren. Wie dies gehen konnte, schildert Lukian in der bereits genannten Schmähschrift gegen Alexandros von Abonuteichos. Zum einen ist es möglich, mit einer heißen Nadel das Wachs direkt auf dem Untergrund zum Schmelzen zu bringen, ohne daß der Siegelabdruck verlorengeht; man liest den Inhalt der Anfrage und klebt das Siegel mit frischem Wachs wieder auf. Zum zweiten kann man mit einem bestimmten Harz oder einer Mischung aus Gips und Leim einen Abdruck des Siegels nehmen; in diesem Fall darf man das Siegel bedenkenlos aufbrechen und das Schriftstück lesen; danach wird ein neuer Abdruck des Siegels, der dem Original völlig entspricht, mit Wachs ausgeführt. Lukian verriet damit sicherlich kein streng gehütetes Geheimnis, sondern wir können davon ausgehen, daß die Klienten eines solchen Orakels die Manipulationen in Kauf nahmen, ohne sie als Betrug zu empfinden: Immerhin soll Alexandros allein durch die Orakelgebühr beträchtliche Reichtümer verdient haben, die er allerdings zum Großteil für die Bezahlung seiner Mitarbeiter und Helfershelfer aufwenden mußte (21–23).

Ein harmonischeres Bild gewinnen wir von den Priestern im Zeusorakel von Dodona in Nordwestgriechenland. Seher waren die sogenannten *Selloi*; sie lagerten auf dem Boden „mit niegewaschenen Füßen“ (Homer, Ilias 16,233–235) und interpretierten das Rauschen der heiligen Eiche sowie das Gurren der Tauben. Genaueres über die Vorgehensweise wissen wir nicht. Am Anfang sollen nur die Selloi Orakelsprüche gegeben haben, später dann, als Dione – ähnlich wie Metis eine ursprüngliche Gattin des Zeus, bevor Hera diese Position einnahm – ebenfalls Orakelgöttin in Dodona wurde, nahm man drei alte Frauen als Prophetinnen. Sie erteilten, so Platon, ähnlich wie die Pythia in Delphi im Zustand der Besessenheit Sprüche (Phaidros 244 b). Philostratos, ein Autor aus der römischen Kaiserzeit, hinterließ in seiner Schrift *Die Bilder* eine für die Antike einzigartige Sammlung von Bildbeschreibungen. Ort der Handlung ist ein mehrgeschossiges öffentliches Gebäude in Neapel mit Aussicht auf das Tyrrhenische Meer und einer berühmten Bildersammlung. Der Verfasser geht von Bild zu Bild und erklärt dem zehnjährigen Sohn seines Gastfreundes die insgesamt 34 Werke – Personen, Handlungen und mythologische Hintergründe. Da leider kein einziges dieser Gemälde erhalten ist, gleicht die Schrift des Philostratos einem virtuellen Museum. Von Dodona liefert Philostratos eine einzigartige Schilderung typischer Szenen (2,33): Von der heiligen Eiche hängen Bänder herab, der ganze Ort ist voll Opferrauch gemalt. Inmitten dieser Szenerie haben auch die Selloi ihren Platz:

… (sie) leben eigentlich von der Hand in den Mund und führen noch kein kultiviertes Leben, sondern sagen, sie würden es nicht einmal so einrichten; denn Zeus habe Freude an ihnen, weil sie mit dem zufrieden seien, was der Ort von selber biete. Sie sind nämlich Priester, und der eine hat die Kränze aufzuhängen, der andere Gebete zu verrichten, dem dritten obliegt es, sich um die Opferkuchen zu kümmern, der hier sorgt für Gerstenkörner und Opferkörbe, dieser opfert etwas, und dieser endlich wird es keinem anderen gestatten, das Opfertier zu häuten. Hier die dodonaeischen Priesterinnen in ernstem und feierlichem Aufzug; sie scheinen nämlich nach Rauch- und Trankopfern zu duften.

Das Gemälde läßt sich als kultische Idylle verstehen, in der die Ausübung der Riten losgelöst von materiellen Sorgen – die Selloi ernähren sich von dem, was die Natur bietet – geschildert wird. Während die Selloi mit ihrer rituellen Marginalität einen vorzivilisatorischen Zustand repräsentieren, verkörpern die Priesterinnen eine höhere Stufe. Zugleich korrespondiert die Lebensweise der Selloi und die der Priesterinnen mit ihren Aufgaben: Legen wir die üblichen Parameter antiker Kultpraxis an, so erfüllten die Selloi die niedrigen Arbeiten, während die Priesterinnen einen höheren Status innehatten.

Wurde schon von den Klienten eines Orakels kultische Reinheit gefordert, so galt dies um so mehr für das Kultpersonal. Jungfräulichkeit und Keuschheit sind günstige Voraussetzungen für die Geheimhaltung, läßt sich doch die jungfräuliche Unversehrtheit als Abbild der Unversehrtheit eines Geheimnisses verstehen. Dementsprechend mußte die Prophetin beim Orakel der Erdgöttin Ga Eurysternos in Aigeira Jungfrau sein; war dies nicht gegeben, so durfte sie – wohl ein Zugeständnis aufgrund der Schwierigkeit, geeignete Kandidatinnen zu finden – zuvor nur mit einem einzigen Mann verheiratet gewesen sein. Spätestens während ihrer Priesterschaft hatte sie ein Leben in keuscher Enthaltsamkeit zu führen. Ihre

Lebensweise wurde durch die Vorbereitungen für eine Orakelsitzung überprüft: Die Prophetin trank vom Blut eines frisch geopferten Stieres und stieg dann in eine Höhle hinab. Hatte sie ihre Keuschheit bewahrt, so versetzte sie das Blut in die richtige Stimmung zum Empfangen der göttlichen Botschaft, hatte sie hingegen ihr Gelübde gebrochen, so starb sie (Pausanias 7,25).

Ähnlich verhielt es sich im peloponnesischen Argos. Die jungfräuliche Priesterin hatte ihren Sitz im Apollontempel auf der Akropolis der Stadt und erteilte einmal im Monat Orakel. Dazu wurde des Nachts ein Schaf geschlachtet; die Priesterin trank das Blut des Opfertieres, wurde dadurch vom Gott besessen und gab Prophezeiungen (Pausanias 2,24). Auch von der Pythia in Delphi wurde spätestens im 1. Jh. v. Chr. Jungfräulichkeit gefordert. Diodor berichtet (16,26), dies sei erst vor kurzem – er war Zeitgenosse Caesars – eingeführt worden, da ein Thessalier namens Echekrates, der zur Befragung des Orakels erschienen war, die Pythia entführt und mit ihr geschlafen hatte. Seit dieser Zeit mußte die Pythia älter als 50 Jahre sein. Möglicherweise ist die Aufgabe des Postulates der Jungfräulichkeit lediglich ein Indiz für die sinkende Bedeutung Delphis und für die zunehmenden Schwierigkeiten bei der Auffindung einer neuen Pythia, so daß man sich pragmatisch behalf.

Der Priester im Apollonorakel von Klaros, *Prophetes* genannt, mußte aus einer bestimmten Familie aus der Nähe von Milet stammen[46]. Nach festgelegten Vorbereitungen, über die keine Details bekannt sind, sagte man dem Propheten nur die Anzahl und die Namen der Kunden. Danach ging er in die Orakelhöhle, trank vom Wasser einer geheimen Quelle und erteilte Sprüche über die Anfragen, die die Klienten lediglich zu Gedanken formulieren, aber nicht aussprechen mußten. Tacitus berichtet gegen Ende des 1. Jahrhunderts n. Chr., daß der klarische Priester, obwohl kaum gebildet, in wohlgesetzten Versen Orakel gegeben habe (Annales 2,54). Dieses Beispiel besitzt einen besonderen Reiz. Es zeigt, wie auch ein als kritisch geltender Historiker wie Tacitus den gängigen Diskurs über Orakelpriester, nämlich daß sie ungebildet und von der Gottheit erfüllt seien, fortschrieb, ohne genauer nachzuforschen. Durch einen glücklichen Zufall wissen wir, daß die Priester von Klaros hochgebildet sein konnten. Im benachbarten Kolophon stellte man für Gorgos, der als Zeitgenosse des Tacitus Prophet in Klaros war, eine Ehreninschrift auf, die ihn als bedeutenden Gelehrten feierte[47]. Damit ist Gorgos zugleich ein Beweis dafür, daß in der römischen Kaiserzeit die Orakel Kleinasiens nicht nur aufblühten, sondern auch eine soziale Wandlung durchmachten: Die Mitglieder der lokalen Oberschichten beteiligten sich nun stärker am Orakel, einer der wenigen Möglichkeiten des politischen Handelns im Rahmen des Römischen Reiches.

Durchgangsriten: Das Orakel des Trophonios in Lebadeia

In keiner Orakelstätte der griechischen Welt begegnen uns so ausgeprägte Durchgangsriten wie im Orakel des Trophonios in Lebadeia. Trophonios hat in der reichhaltigen mythologischen Überlieferung unterschiedliche Väter: Wir hören von einem menschlichen Vater, bisweilen aber auch von Zeus oder Apollon, den beiden bedeutendsten Orakelgöttern. Trophonios galt zusammen mit seinem Bruder Agamedes als einer der mythischen Baumeister des Apollontempels in Delphi, aber auch des Schatzhauses des Hyrieus und des Augeias in Elis. Die beiden Brüder – so wird berichtet – konstruierten das Schatzhaus so, daß sie nur an einer bestimmten Stelle einen Stein herauszuziehen brauchten, um zu den Reichtümern zu gelangen. Trophonios und Agamedes brachen mehrfach ein und stahlen große Schätze. Der König wunderte sich, daß so viel von seinem Gold fehlte, das Tor zum Schatzhaus aber nicht die geringste Verletzung aufwies. Daher ließ er Fallen in seiner Schatzkammer anbringen, von denen die beiden Brüder nichts wußten. Beim nächsten Einbruch tappte Agamedes in eine Falle. Als er erkannte, daß eine Befreiung unmöglich war und er sein Leben verwirkt hatte, befahl er Trophonios, ihm den Kopf abzuschlagen, damit ihn niemand erkennen möge und nicht auch noch Trophonios ums Leben käme. Diese Erzählung, in vielen Varianten weit verbreitet in der Weltliteratur, gibt einen Grund für die Orakeltätigkeit des Trophonios: Er soll sich nach der Tötung seines Bruders aus Gram in Lebadeia in eine Höhle zurückgezogen haben. Eine andere Variante spricht davon, daß sich Trophonios und Agamedes nach dem Bau des delphischen Apollontempels vom Gott das höchste Gut wünschten – prompt ließ Apollon beide sanft entschlafen[48].

Auch in der Geschichte der Entdeckung des Trophoniosorakels schlägt sich die Abhängigkeit von Delphi nieder: Als es einst in Boiotien schon im zweiten Jahr hintereinander nicht regnete und eine katastrophale Mißernte drohte, schickten die Boioter Gesandte von jeder Stadt nach Delphi um Rat. Sie erfuhren durch die Pythia, daß der bisher unbekannte Trophonios in Lebadeia ihnen helfen werde. Darauf zogen die Gesandten nach Lebadeia, konnten aber Trophonios nicht finden. Da fiel dem ältesten Teilnehmer der Gesandtschaft auf, daß ein Bienenschwarm in einen Erdspalt hineinflog. Der Boioter folgte den Bienen, entdeckte eine Höhle und traf dort auf Trophonios, der ihn unterrichtete, mit welchen Riten das Orakel zu erlangen sei (Pausanias 9,40). Die Erfahrung des boiotischen Gesandten läßt sich als das Vorbild der späteren Orakelkonsultationen verstehen: Man stieg in die Höhle hinab und traf auf Trophonios, der Orakel erteilte. Im Laufe der Zeit regulierten ausführliche Kultvorschriften und unterschiedliche Priesterschaften die Befragung.

Pausanias bietet eine ausführliche Beschreibung der Vorgänge im Orakel des Trophonios. Am Anfang standen, wie nicht anders zu erwarten, ausführliche Reinigungsvorschriften. So mußten die Ratsuchenden erst mehrere Tage in einem bestimmten Gebäude verbringen und durften sich nicht mit warmem Wasser, sondern nur mit dem frischen Wasser des nahen Baches Herkyna waschen.

Einen weiteren wichtigen Aspekt der Vorbereitung stellten die Opfer dar. Man opferte dem Trophonios selbst, den Söhnen des Trophonios und der Demeter Europe, der Mutter des Trophonios, ferner wurde Apollon, Kronos, Zeus und seiner Gattin Hera geopfert. Von den Opfern erhielt der Ratsuchende seinen Anteil an Fleisch; bei jedem Opfer war ein Seher anwesend, der die Eingeweide des Opfertieres deutete und dem Klienten verkündete, ob Trophonios ihn günstig und gnädig empfangen werde. In der Nacht der Befragung wurde ein Widder unter Anrufung des Agamedes über einer Grube geopfert. Den Eingeweiden dieses Widders schrieb man besondere Aussagekraft zu, sie gaben letztlich den Ausschlag für den weiteren Verlauf – selbst wenn die vorhergehenden Opfer alle günstig ausgegangen waren, konnte eine ungünstige Auskunft des Widderopfers bewirken, daß man mit der Orakelbefragung von neuem beginnen mußte.

Waren jedoch auch die Eingeweide des Widders günstig, so reinigte sich der Anfragende ein zweites Mal. Zwei Knaben, *Hermai* genannt, führten ihn zur Herkyna, wuschen und salbten ihn. Dann übernahmen Priester den Klienten und begleiteten ihn zu mehreren nah beieinander entspringenden Quellen, aus denen er das Wasser des Vergessens trank; er sollte alles vergessen, was er bisher gedacht hatte. Danach zeigten ihm die Priester ein Kultbild, das der mythische Künstler und Erfinder Daidalos angefertigt haben soll, und der Klient betete davor. Erst dann begab man sich auf den Berg zur Orakelstätte, bekleidet mit einem Gewand aus Leinen und in Sandalen.

Im 4. Jahrhundert v. Chr. beschlossen die Lebadeier, daß jeder, der in die Höhle hinabstieg, Opferkuchen im Wert von zehn Drachmen weihen sollte. Hervorzuheben sind hier zwei Aspekte. Zum einen war es das Gemeinwesen der Lebadeier, das beschlußfassend wirkte, nicht aber Priester oder gar das Orakel selbst. Zum anderen wurden die Beiträge nicht tatsächlich als Kuchen, sondern in Geld gegeben. Wer mehr als die vorgeschriebenen 10 Drachmen weihte, dessen Namen sollte auf einer Stele aufgezeichnet werden. Auf dem Stein waren mehrere Klienten notiert, unter anderem auch der Makedonenkönig Amyntas (393/92–370), der ein Talent, also den Gegenwert von 6000 Drachmen, geweiht hatte und somit seine Frömmigkeit vor der griechischen Welt dokumentierte[49].

Doch weiter mit der Beschreibung des Pausanias. Bei der eigentlichen Orakelstätte des Trophonios befand sich eine kleine Plattform aus Marmor mit einer Tür aus Bronze, dahinter war ein ausgebauter Erdschlund. Von hier stieg man auf einer Leiter hinab auf den Erdboden. Vom Bodenniveau gelangte man durch ein Loch in der Seite nach innen – da der Raum so eng war, mußte sich der Klient dazu auf den Boden legen und die Füße ins Loch schieben. Sobald die Knie hindurch waren, wurde er von der anderen Seite ergriffen und wie durch einen Wasserwirbel hereingezogen (Abb. 2). Bei dieser vollständigen Auslieferung an die Mächte des Orakels mußten aber nur Frevler einen Schaden befürchten. Man erzählte sich die Geschichte von einem Söldner, der vermeintliche Schätze aus der Orakelhöhle rauben wollte und mit seinem Leben bezahlte; aus einer anderen Öffnung der Erde kam sein Leichnam zurück. In der Regel kehrte ein Klient durch dieselbe Öffnung wieder zurück, durch die er auch in die Unterwelt gekommen war. Nun wurde er von den Priestern auf den sogenannten Thron des Erinnerns gesetzt. Die Priester gaben ihm vom Wasser des Erinnerns, das aus einer der oben

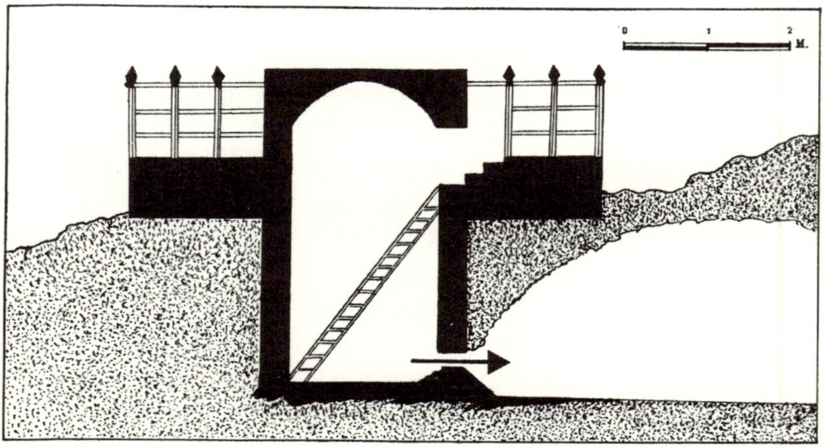

Abb. 2: Der Weg der Klienten des Orakels von Lebadeia in die Trophonioshöhle – ein Durchgangsritus im wahrsten Sinn des Wortes (Rekonstruktionsversuch).

genannten Quellen stammte, zu trinken; sie fragten den Klienten, was er gesehen und erfahren habe. Danach übernahmen ihn seine Begleiter und trugen ihn, der noch ganz benommen vom Schrecken und ohne Bewußtsein seiner selbst und seiner Umgebung war, in das Haus, in dem er sich auch vorher aufgehalten hatte.

Jeder, der ins Heiligtum des Trophonios hinabgestiegen war, mußte das, was er gesehen oder gehört hatte, auf einer öffentlich aufgestellten Tafel niederschreiben (Pausanias 9,39). Es ist nicht überliefert, seit wann diese Praxis üblich war. Als Vergleich bietet sich Epidauros an, wo in hellenistischer Zeit die Tafeln mit zahlreichen Berichten über Wunderheilungen aufgestellt wurden – möglicherweise ließ man auch in Lebadeia erst seit dem dritten oder zweiten vorchristlichen Jahrhundert die Erlebnisse der Kunden in Stein meißeln. Auf jeden Fall war die Intention dieselbe wie in Epidauros: In beiden Orten sollten die Neuankömmlinge Muster des richtigen Verhaltens und Zeugnisse von der Macht der jeweiligen Gottheit vorfinden.

Wie die Kulturanthropologin Jane Harrison schon 1963 zeigen konnte, läßt sich das bereits vorgeführte Schema der Übergangsriten auf die von Pausanias beschriebene Vorgehensweise in Lebadeia übertragen[50]. Die Segregation wurde durch das Wohnen in einem fremden Gebäude, die

Reinigungsrituale und die besondere Kleidung gewährleistet, spätestens durch das Trinken des Wassers des Vergessens verließ der Klient die Sphäre des Alltäglichen. Nun begann die Phase der Liminalität: Der Klient befand sich wie die Toten unter der Erde, lebte aber; in dieser Phase war die Bereitschaft zu außergewöhnlichen Erlebnissen besonders groß. Schließlich trat mit der Rückkehr auf die Erdoberfläche der Prozeß der Aggregation ein: Der Klient trank vom Wasser des Erinnerns; seine Begleiter holten ihn ab und gewährleisteten damit seine Aufnahme in die Gesellschaft. Allerdings konnte dies eine Weile dauern. Die Empfindungen der Klienten des Orakels sollen so eindrucksvoll und erschreckend gewesen sein, daß sie für längere Zeit das Lachen verlernten. Finsteren und mürrischen Menschen sagte man daher nach, „bei Trophonios das Orakel befragt zu haben“[51].

Plutarch überliefert in einer Schrift über Sokrates eine Konsultation in Lebadeia mit sonderbaren Details. Timarchos, ein früh verstorbener Schüler des großen Philosophen, war von den Thesen seines Lehrers über die Seele so fasziniert, daß er sie im Orakel des Trophonios nachvollziehen wollte. Er stieg dazu in die Orakelhöhle hinab, nicht ohne zuvor sorgfältig alle heiligen Gebräuche ausgeführt zu haben. Der neugierige Timarchos blieb außergewöhnlich lange in der Höhle, so daß seine Begleiter ihn für verloren hielten; erst nach zwei Nächten und einem Tag kam er wieder ans Tageslicht. Sein Aufenthalt verlief nach eigenen Worten folgendermaßen: Zuerst geriet er in düstere Finsternis und betete lange Zeit zu den Göttern. Er befand sich in einem Zustand, von dem er nicht wußte, ob er wache oder träume. Danach war es ihm, als erhielte er unter lautem Getöse einen Schlag auf den Kopf, die Nähte der Hirnschale barsten und seine Seele entwich aus dem Körper. Plutarch referiert die sonderbaren Erfahrungen, welche die Seele des Timarchos dann gemacht haben soll: Die Seele stieg in die Höhe und mischte sich mit der reinen, durchsichtigen Luft. Seine Seele schien ihm auch immer größer zu werden, wie ein Segel, das man auseinanderfaltet. Dann hörte er undeutlich ein Rauschen und eine liebliche Stimme. Weiterhin sah Timarchos Inseln, die in sanftem Feuer leuchteten und ihre Farbe wechselten, der Äther rauschte sanft, ein Meer schimmerte in unterschiedlichen Blautönen. Eine Stimme fragte Timarchos, was er zu wissen begehre, und offenbarte ihm die Unterwelt mit dem Unterweltfluß Styx. Schließlich prophezeite ihm die Stimme, daß er in drei Monaten all dies klarer erkennen werde. Als Timarchos sich umdrehen wollte, um zu sehen, wer zu ihm gesprochen hatte, spürte er wiederum einen starken Schmerz, als werde der Kopf mit Gewalt zusammengepreßt, fiel in Bewußtlosigkeit und erwachte in der Nähe des Eingangs an dem Ort, an dem er sich anfangs niedergelegt hatte. Beschreibungen dieser Art, die frappierend an einen Drogenzustand erinnern, führten dazu, daß man in der Moderne annahm, in den Riten der verschiedenen Orakelstätten seien Drogen zum Einsatz gekommen. Bei einer genauen Betrachtung der Orakeltechniken wird sich noch erweisen, daß man keineswegs von Trancezuständen ausgehen muß.

Durchgangsriten wie in Lebadeia sind in mehr oder weniger abgeschwächter Form auch in den meisten anderen Orakelstätten anzutreffen. Auch beim sogenannten Totenorakel von Ephyra im Nordwesten Griechenlands mußten sich die Klienten in Gängen unter der Erde fortbewegen, wobei sich aufgrund der blühenden Phantasie der Ausgräber, die aus wenigen Überresten eine abenteuerliche Orakelpraxis rekonstruieren, die Behandlung jeglicher Details verbietet. Ferner sind besonders die Traumorakel wie Pergamon und Oropos zu nennen, in denen die Ratsuchenden im Schlaf den Rat des Gottes erwarteten[52].

Die Hilfe des Zufalls

Vorformulierte Antworten

Zufallstechniken bei der Orakelbefragung bieten wenig Raum für moderne Spekulationen. Eine große Rolle spielte der Zufall beim Würfeln, wie etwa beim sogenannten Homerorakel. Selbst dieses Orakel, das weder an ein Heiligtum noch an bestimmte Priester gebunden war, unterlag gewissen Regeln. So konnte man es nicht zu jedem beliebigen Zeitpunkt konsultieren; an bestimmten Tagen war eine Befragung ganz ausgeschlossen, an anderen nur am Morgen, am Mittag oder am Abend möglich. Der Zahlwert der Würfelseiten wurde durch Buchstaben ausgedrückt: Alpha stand für 1, Beta für 2, Gamma für 3, Delta für 4, Epsilon für 5 und Sigma für 6. Drei Würfe waren gefordert, so daß 216 verschiedene Ergebnisse möglich waren. Jeder Kombination war, allerdings ohne erkennbare Logik, ein bestimmter Homervers zugeordnet, den man in Handbüchern nachschlagen konnte. Würfelte man etwa dreimal Alpha, so galt *Ilias* 24,369: „Abzuwehren den Mann, wenn einer zuerst euch belästigt". Bei dem Wurf Alpha Beta Sigma war die Auskunft: „Aber ich geh, nicht umsonst soll das Wort sein, was er auch sage" (Ilias 24,92); bei Alpha Gamma Gamma hieß es: „Trete ich ihnen entgegen; nicht läßt mich verzagen Pallas Athene" (5,256).

Die Zusammenstellung der Zahlenkombinationen und der zugeordneten Homerverse wurde unterschiedlich publiziert. Im British Museum in London lagert eine stattliche Schriftrolle von rund 2 m Länge und 33 cm Höhe, in der neben der Homeromantie noch Zauberrezepte für alle möglichen Situationen des Lebens notiert sind. Eine andere Version aus dem ägyptischen Gau Oxyrhynchos ist als Kodex, also in Buchform, erhalten und enthält ausschließlich die Kombinationen der Homeromantie im Taschenformat von 8,6 cm × 13,2 cm. Allerdings ist der Kodex unvollständig. Zwar begann der Schreiber wacker mit dem Durchspielen der Möglichkeiten bei Alpha Alpha Alpha (1,1,1), doch nach 15 Varianten gab er mit der Kombination Alpha Epsilon Alpha (1,5,1) auf. Im Gegensatz zum Schreiber der Buchrolle fehlten wohl Zeit oder Lust, die Rechen- und Abschreibeübung zu Ende zu führen. Auch wenn beide Texte aus dem 3. oder 4. Jahrhundert n. Chr. stammen, ist die Homeromantie wesentlich älter, allerdings nicht belegt[53].

Homerorakel bezeugen die überragende Bedeutung Homers in der griechischen Welt. Homer galt als ein Autor, aus dessen Werken man in allen Lebenslagen lernen konnte. Jeder gebildete Grieche und Römer kannte die beiden Epen des Dichters auswendig. Unter dem Kopfkissen von Alexander dem Großen soll sich stets ein Exemplar der *Ilias* befunden haben – eine Überlieferung, die zumindest dadurch gestützt wird, daß viele Handlungen Alexanders sich als Imitation der homerischen Helden, vor allem des Achilleus, verstehen lassen. Insgesamt bildeten die Epen Homers einen wichtigen Bestandteil des kulturellen Gedächtnisses der Griechen. Aufgrund dieser normativen Kraft Homers verwundert es nicht, wenn man seine Werke – vergleichbar mit dem Bibelaufschlagen, bei dem die wichtigste Schrift des christlichen Abendlandes zum Einsatz kommt – als Orakelgeber verwendete.

Ähnlich wie die Homeromantie funktionierte das Orakel des Herakles Buraikos im Gebiet von Bura in Achaia: In einer Höhle außerhalb der städtischen Siedlung befand sich eine kleine Statue des Herakles. Wer Herakles befragen wollte, mußte zuerst vor der Statue beten; danach nahm man vier Würfel und würfelte. Der zu jeder Würfelfigur auf einer Tafel verzeichnete passende Wortlaut lieferte die Erklärung der Figur (Pausanias 7,25). Es ist in diesem Fall nicht mehr nachvollziehbar, in welcher Weise die Varianten gezählt wurden.

In diesem Zusammenhang ist auf die Astragalorakel zu verweisen, die vor allem in Kleinasien im 2. Jahrhundert n.Chr. eine neue Blüte erlebten und in nahezu jeder Stadt anzutreffen waren. Astragale unterscheiden sich von anderen Würfeln in einigen wichtigen Details. Sie sind aus Fußwurzelknochen von Ziegen, Schafen oder Schweinen hergestellt. Somit ähnelt ein Astragal nicht einem Würfel, sondern einem langgezogenen Quader. Ferner sind aufgrund der Wölbung des Knochens die Chancen der einzelnen Zahlenwerte nicht gleichmäßig verteilt. Auch in Didyma verwendete man zumindest in früher Zeit Astragale, was dadurch belegt ist, daß bronzene Astragale als Weihgeschenk gestiftet worden waren, welche die Perser 494 v.Chr., als sie das Heiligtum plünderten, nach Susa verschleppten. Im Unterschied zur sonstigen Marginalisierung der Orakel befanden sich die Astragalorakel oft auf dem Marktplatz, in jedem Fall an einem belebten Ort der Stadt. Der große Vorteil bei der Erforschung der kleinasiatischen Astragalorakel ist, daß die den jeweiligen Würfen entsprechenden Weissagungen in Stein gehauen waren – die Texte sind uns erhalten. Die Quader, über und über mit Buchstaben besät, trugen oft eine Statue des Hermes, des Schutzgottes der Astragalorakel; Hermes eignete sich besonders zum Schutzgott dieser Orakel, weil er als Herold des Zeus mit umfassendem Wissen und kommunikativer Kompetenz ausgestattet war.

Bei 5 Würfen sind insgesamt 56 verschiedene Zahlenkombinationen möglich – hier ist anders zu rechnen als bei der Homeromantie. Am Anfang der Liste stand die niedrigste Zahlenfolge: 1,1,1,1,1 – mit der Quersumme 5; danach kam 1,1,1,1,3 mit der Quersumme 7; am Ende stand 6,6,6,6,6 mit der Summe 30. Schauen wir eine der Eintragungen an:

1,1,1,6,4 (Summe:) 13. Von Aphrodite fallen drei Einser, dann ein Sechser, als fünfter ein Vierer: Reise, wohin du willst! Froh wirst nämlich nach Hause du kommen, finden wirst du und tun, was du in deinem Herzen erwägst. Aber bete zu Aphrodite und zum Sohn der Maia (= Hermes).

Alle Eintragungen folgen in etwa diesem Schema. Zuerst werden die gewürfelten Zahlen angeführt, dann ihre Summe. Danach wird die Gottheit genannt; es ist bemerkenswert, daß für jede der 56 Kombinationen eine andere Gottheit gilt. Dabei handelt es sich nicht um durchweg unterschiedliche Götter, sondern oft um eine Epiklese, also einen Gott mit Beinamen: So gibt es nicht Zeus, wohl aber Zeus Olympios, Zeus Soter (= Retter), Zeus Ammon etc. Nun wird der Wurf beschrieben. Anschließend folgt die Weissagung, am Ende eine Empfehlung, an welche Gottheit man sich wenden soll. Betrachten wir noch ein Beispiel:

6,6,6,1,1 (Summe:) 20. Hephaistos. Sind drei Würfe Sechser, zwei aber Einser, dann höre und wisse: Es ist nicht möglich, ein Geschäft zu verrichten: Mühe dich nicht vergebens! Und wende nicht jeden Stein um, damit du nicht auf einen Skorpion triffst. Ohne Glück wird das Geschäft, nimm dich vor allem Unheil in acht!

Noch schneller und einfacher als Astragalorakel funktionierten die Buchstabenorakel. In einem Topf befanden sich Lose, auf die jeweils ein Buchstabe geschrieben war. Man schüttelte den Topf, das zuerst herausgefallene Los galt als Orakel; eine andere Möglichkeit war, die Lose zu mischen und dann eines herauszuziehen. Lose konnten aus vielen Materialien verfertigt sein, wie etwa Metall, Holz, Stein, aus Blättern des Ölbaums oder der Palme. Jeder Buchstabe war mit einem Spruch verknüpft. Erloste man etwa ein A (Alpha), so lautete der Spruch: „Alles wirst du glücklich tun, das sagt der Gott.“ Der Buchstabe T (Tau) bedeutete: „Von gegenwärt'gem Übel wirst du bald erlöset sein“, während P (Rho) lautete: „Leicht führst du's aus, wenn du nur kurze Zeit noch wartest.“[54]

Verlassen wir für einen Moment die griechische Welt und betrachten die Situation in Nord- und Mittelitalien. Hier gab es berühmte Losorakel in Praeneste, in Caere und in Cumae. Ferner wurden im 16. Jahrhundert 17 Bronzelose in der Nähe von Padua entdeckt, die sich nicht eindeutig einem Ort zuweisen lassen. Die Lose sind in einem altertümlichen Latein abgefaßt, das es erlaubt, sie ins 1. Jh. v. Chr. zu datieren: *Credis quod deicunt. Non sunt ita. Ne fore stultu(m)* – „Du glaubst, was man sagt. So ist es nicht. Sei nicht dumm“. Andere lauten: „Jetzt fragst du, jetzt kommst du um Rat? Die Zeit ist schon vorbei“, oder: „Was fliehst du, was wirfst du weg? Was dir gegeben wird, verachte nicht.“[55] Insgesamt fällt auf, daß die Antworten der Losorakel in ihrer Unverbindlichkeit und Formelhaftigkeit an moderne Horoskope erinnern, die täglich millionenfach in Zeitungen und Zeitschriften verbreitet werden.

Vermeintliche Alternativen

Andere Losorakel operierten mit Losen, die lediglich Zustimmung oder Ablehnung signalisierten. Daher mußte die Anfrage entsprechend gestellt sein, etwa: Sollte man eine bestimmte Angelegenheit in Angriff nehmen? Zugleich boten Orakel dieser Art die Möglichkeit der Wiederholung. Trug sich beispielsweise ein Händler mit dem Gedanken, eine Reise zu unternehmen, so holte er sich bei einem Losorakel die Zustimmung. Da der Händler das Orakel nur zur Beruhigung seines Gewissens brauchte, kann man sich gut vorstellen, daß er das Orakel so oft befragte, bis ein Los mit dem erwünschten „Ja“ erschien.

Auch außerhalb der griechischen Welt gab es vergleichbare Orakel, wie etwa das Ammonsorakel in der Oase Siwa. Der berühmteste Klient des Ammonsorakels war Alexander der Große. Seine Reise zum Orakel gestaltete sich besonders beschwerlich; angeblich verirrte er sich in der Wüste, doch bald kamen göttliche Helfer, einige antike Autoren wissen von Schlangen, andere berichten von Raben, die Alexander den Weg zeigten. Diodor (17,50) beschreibt die Vorgänge beim Orakel:

> Das Bild des Gottes ist mit Smaragden und anderen Edelsteinen besetzt und antwortet denen, die das Orakel konsultieren, auf seltsame Art. Es wird auf einer goldenen Barke von achtzig Priestern getragen, und diese gehen ohne eigenen Willen, mit dem Gott auf ihren Schultern, wohin auch immer der Gott sie lenkt.

Die Anfragen an das Orakel ergingen immer nach einem Ja-Nein-Schema. Man legte vor der Barke des Gottes zwei Zettel mit alternativen Formulierungen auf den Boden. Der Inhalt des Zettels, auf den die Barke sich zubewegte und nickte, indem sich das Vorderteil senkte, galt als göttlicher Wille. Ablehnung wurde durch Abwenden oder Stillhalten signalisiert. Im Gegensatz zu Diodor sind wahrscheinlich zwei Arten von Orakeln in der Oase Siwa zu unterscheiden: zum einen das sogenannte Königsorakel, das im Tempel unter Ausschluß der Öffentlichkeit stattfand und nur dem Herrscher vorbehalten war, zum anderen ein öffentliches Orakel vor dem Tempel. Alexander befragte natürlich das Königsorakel im Tempel. Nach Diodor ging der älteste Priester auf Alexander zu und sagte: „Sei gegrüßt, Sohn! Und betrachte diese Anrede als auch vom Gott stammend.“ Alexander antwortete: „Ich füge mich, Vater, und werde mich zukünftig dein Sohn nennen. Sage mir aber, ob du mir die Herrschaft über die ganze Welt gewährst?“ Der Priester ging nochmals ins Allerheiligste des Tempels und kehrte mit einer frohen Kunde für Alexander zurück: Ammon werde ihm den Wunsch erfüllen (Diodor 17,51). Über diesen Orakelspruch ist in der althistorischen Forschung viel spekuliert worden. Wurde Alexander als der Sohn Ammons bezeichnet, weil ohnehin jeder Pharao so tituliert wurde? Ist Ammon mit Zeus gleichzusetzen, so daß Alexander hier als der Sohn des Zeus präsentiert wurde? Ging es Alexander zu einem so frühen Zeitpunkt seines Feldzuges – der Zug nach Siwa fand 331 statt – bereits um die Weltherrschaft?[56]

Doch wir haben andere Fragestellungen zu verfolgen. Bleiben wir noch einen Moment in Ägypten und betrachten ein weiteres Orakel, in dem ebenfalls das Nicken der Gottheit ausschlaggebend war. Wohl aus dem 12. Jahrhundert, die Datierung ist nicht ganz gesichert, stammt die Verurteilung eines Diebes durch Orakelsprüche von drei Götterbildern. Es handelt sich bei dem Dokument, das sich heute im British Museum befindet, um einen Papyrus aus einer Kanzlei, in der Auszüge aus dem ausführlichen Prozeßprotokoll angefertigt wurden. Dennoch bietet die geraffte Version spannende Einblicke in Umgang und Funktion von Orakeln. Als Amon-em-wia, ein Bediensteter in der Verwaltung der Totenstadt auf dem Westufer von Theben, feststellte, daß fünf Röcke aus farbigem Stoff gestohlen waren, wollte er den Diebstahl nicht auf sich beruhen lassen. Er ging zum Orakel des Amon-pa-Chenti und fragte ihn, ob er ihm bei der Auffindung des Diebes helfen wolle. Durch zweifaches und heftiges Nicken zeigte der Gott seine Zustimmung an. Der Konsultant nannte nun dem Gott die Namen der Bewohner seines Dorfes, bei einem Namen nickte der Gott und machte den Genannten damit als den Schuldigen aus. Der Beschuldigte, der Bauer Pa-zaw-emdi-Amon, wurde vor den Gott geholt und stritt seine Schuld ab, worauf das Götterbild unwillig reagierte. In seiner Not suchte der Beschuldigte nun seinerseits ein

Orakel auf, er ging zum Amon-ta-Schenit, brachte im Vorhof des Heiligtums fünf Opferbrote dar, wurde allerdings auch von Amon-ta-Schenit als der Dieb bezeichnet. Wiederum bestritt der Bauer Pa-zaw-emdi-Amon seine Tat, worauf der Gott ihn aufforderte, zu einem dritten Orakel zu gehen. Auch der Gott Amon-Bukenen bezichtigte den Bauern des Diebstahls, wobei diesmal sogar drei Zeugen genannt sind. Pa-zaw-emdi-Amon gab immer noch nicht auf und ging an einem Festtag nochmals zum ersten Orakel; der Gott Amon-pa-Chenti bezeichnete ihn wiederum als den Dieb und züchtigte ihn – das heißt, die Priester des Gottes ergriffen ihn und prügelten ein Geständnis aus ihm heraus. Erst dann gestand der Bauer den Diebstahl auch vor Zeugen, das Götterbild des Amon-pa-Chenti verurteilte ihn zur Rückgabe der gestohlenen fünf Röcke und ein Beamter erlegte ihm eine Prügelstrafe von 100 Schlägen auf[57].

Nicht ausschließlich nach einem Ja-Nein-Schema, dennoch weitgehend vom Zufall bestimmt funktionierte ein Orakel in Pharai im Norden der Peloponnes. Mitten auf dem Marktplatz stand das Marmorbild eines bärtigen Hermes, davor war ein marmorner Herd mit bronzenen Lampen aufgestellt. Wer den Gott befragen wollte, kam am Abend und zündete Weihrauch auf dem Herd an, füllte die Lampen mit Öl, zündete sie an und opferte eine kleine Münze. Dann flüsterte man dem Gott die Frage ins Ohr, ging vom Marktplatz weg und hielt sich dabei die Ohren zu; erst außerhalb des Marktes nahm man die Hände von den Ohren, und die Worte, die man als erste hörte, galten als vorbedeutend (Pausanias 7,22). Zum Verständnis des Orakels verwies Jean-Pierre Vernant darauf, daß dieses Orakel den beweglichen Aspekt des Götterboten Hermes widerspiegelt: Die Fragenden müssen sich vom Altar wegbewegen und erhaschen das Orakel gleichsam im Flug[58]. Sehen wir von den Astragalorakeln ab, so unterscheidet sich die hilfreiche Götterstatue in Pharai von den anderen Orakeln darin, daß sie sich mitten in der Stadt befand. Der Marktplatz war das soziale Zentrum in einer griechischen Polis; hier trafen sich die Menschen, hier wurde diskutiert, hier wurden Waren gehandelt und Politik gemacht, kurz: Die Agora war ein denkbar ungeeigneter Ort für ein Orakel. Dennoch fand man einen Behelf, indem man sich die Ohren zuhielt – man schloß sich von der Kommunikation aus und schaffte damit eine, wenn auch reduzierte, Ausgrenzung. Bei diesem Orakel gab es kein Geheimnis und keine Propheten, die in Abgeschiedenheit

Abb. 3: Orakelapparat aus Pergamon. Man versetzt die Scheibe in Rotation – das Feld auf der mit magischen Zeichen übersäten dreieckigen Platte, auf das der (nicht mehr vorhandene) Zeiger weist, ergibt Auskunft.

auf rätselhafte Weise von einem Gott besessen wurden und untrügliche Sprüche erteilten. Wenn man sich die Hände außerhalb des Marktplatzes von den Ohren nahm und den Worten, die man zuerst hörte, die Bedeutung eines Orakelspruches beimaß, so war einzig und allein der Zufall der entscheidende Faktor. Ziehen wir dann noch in Betracht, daß sich durch eine zuvor mit Passanten getroffene Absprache dem Zufall nachhelfen ließ, so bleibt in Pharai nichts Mysteriöses.

Ein weiteres Beispiel für Zufallsmantik ist das Apollonorakel in Dinos in Lykien, das direkt am Meer lag. Wer das Orakel befragen wollte, brachte zwei Holzstäbe, an denen je zehn Stücke gebratenen Fleischs aufgespießt waren. Die Stäbe wurden in ein Loch gelegt, das man dann mit Meerwasser flutete. Mit dem Wasser kamen regelmäßig Fische in großer Zahl und Vielfalt. Der Priester selbst saß ein Stück abseits und wartete, bis ein Kultdiener die verschiedenen Fischsorten meldete. Erst aufgrund der Kombination der Fische, die ja in jedem Fall eine andere war – bisweilen sollen sogar gänzlich unbekannte Fischarten erschienen sein –, erteilte der Priester eine Prophezeiung (Athenaios 8,333).

In Pergamon wurde ein Wahrsageapparat gefunden, der aus dem 3. Jh. n.Chr. stammt (Abb. 3). Es handelt sich um eine dreieckige Platte, mit einer Stütze in der Mitte, auf die eine kreisförmige Scheibe gelegt wird.

Alle Teile dieses Apparates sind mit Figuren, magischen Zeichen und Buchstaben bedeckt. An der beweglichen Scheibe ist ein Zeiger montiert. Nun funktioniert die Apparatur ähnlich wie ein Roulette: Man versetzt die Scheibe in Rotation; das Feld, auf das der Zeiger weist, bildet einen Teil der Antwort. Dies wird so lange wiederholt, bis man die gewünschte Antwort erhalten hat[59].

Der spätantike Historiker Ammianus Marcellinus bietet uns eine anschauliche Beschreibung eines vergleichbaren Vorganges. Im Jahre 371 n. Chr. kam es zu einem Prozeß, in dem zwei Männer angeklagt wurden, weil sie versucht hatten, durch ein Orakel den Namen des kommenden Kaisers herauszufinden. Sie verwendeten eine Schale, an deren Rand die einzelnen Buchstaben des Alphabets eingraviert waren; mit Hilfe eines Ringes, der frei an einem dünnen Faden hing, über der Schale schwang und einzelne Buchstaben berührte, sollen sie auf den Namen „Theo" gekommen sein. Fälschlicherweise hielten sie nun Theodorus statt Theodosius für den Nachfolger (29,1,28–33). Die beiden Männer mußten für ihre Neugier schwer büßen; sie wurden mit Zangen schrecklich verstümmelt und getötet. Dies entspricht der Realität der Spätantike. Wer sich mit der Deutung der Zukunft – insbesondere der heiklen Nachfolgefrage am Kaiserhof – beschäftigte, mußte mit Repressionen, Folter und Hinrichtung rechnen: Das Wissen um die Zukunft war das Monopol des Kaisers[60].

Antike und moderne Irrationalität: Das Apollonorakel von Delphi

Kein Orakel der griechischen Welt wird in der modernen Forschung so kontrovers diskutiert wie Delphi. Gründe dafür sind die unklare Quellenlage, die überragende Bedeutung des Orakels sowie – wohl nicht zu unterschätzen – die malerische Lage Delphis: Kaum ein moderner Besucher Delphis bleibt unbeeindruckt von der grandiosen Gebirgslandschaft, die offensichtlich immer wieder aufs neue zu Spekulationen anregt.

Die Voraussetzungen zur Orakelbefragung unterlagen immer wieder Änderungen. Dies beginnt bereits mit den Terminen für die Konsultation Delphis. Angeblich gab es in früher Zeit nur einen einzigen Tag im Jahr, den siebten des Monats Bysios, der im Frühling lag. Später erteilte das Orakel an jedem siebten Tag eines Monats Auskünfte. Delphi mag allenfalls in den Wintermonaten geschlossen gewesen sein, da Apollon sich nach griechischer Vorstellung zu dieser Jahreszeit bei den Hyperboreern im Norden der bewohnten Welt aufhielt und Delphi zu dieser Zeit von Dionysos bewohnt wurde[61].

Der *Ion* des Euripides berichtet davon, wie Ion, der Sohn des Apollon und der Athenerin Kreusa, in Delphi als Tempelwächter für die Reinheit des Heiligtums seines Vaters sorgt. Am frühen Morgen fegt Ion zunächst den Boden mit reinigendem Lorbeer (144–149):

> Doch ich beende nun die Mühe,
> den Lorbeerzweig zu schwingen.
> Aus goldnen Gefäßen gieße ich
> das irdische Naß,
> das emporstrudeln läßt
> der Kastalische Quell.

Der Lorbeer und das mit einem besonders kostbaren Gefäß aus der nahe am Heiligtum entspringenden Kastalischen Quelle geschöpfte Wasser garantieren die rituelle Reinheit des Ortes. Ferner hält Ion mit Pfeil und Bogen Vögel fern und verhindert so, daß der Tempel von diesen Tieren verunreinigt wird. Auch wenn bei dem Werk eines großen Dichters wie Euripides nicht jede Information wörtlich genommen werden darf, wird zumindest klar, daß man sich Delphi als einen Ort mit besonderer kultischer Reinheit und Klarheit vorstellte[62].

Dementsprechend mußten sich die Ratsuchenden, wohl mit dem Wasser der Kastalischen Quelle, in der auch die Pythia vor der Verkündung der Orakel ein Bad zu nehmen hatte, reinigen. Vor dem Betreten des Tempels war auf dem Hauptaltar außerhalb des Tempels ein Opfer darzubringen. Danach geleitete ein Priester den Klienten in den Tempel. Stammte der Klient aus einer Gemeinde, welche ein besonderes Gastrecht (Proxenie) genoß, so begleitete ihn ein Bürger Delphis ins Orakel (Abb. 4).

Spätestens zu diesem Zeitpunkt war die Orakelgebühr, der Pelanos, der auch in Delphi ursprünglich einen Opferkuchen bezeichnete, zu zahlen. Je nach dem Verhältnis der Delpher zu den Anfragenden gab es unterschiedliche Preise; Berücksichtigung fand auch, ob Privatleute oder eine

Abb. 4: Blick auf den Eingangsbereich des Apollontempels von Delphi.

offizielle Gesandtschaft kamen. Wir kennen zwei inschriftlich erfolgte Festsetzungen der Gebühren. Um das Jahr 400 v. Chr. wurde der Pelanos für die Bürger von Phaselis aus dem Süden Kleinasiens festgelegt. Fragte die Gemeinde an, so waren sieben delphische Drachmen und zwei Obolen zu zahlen, ein Privatmann hingegen zahlte nur vier Obolen[63]. Wir können diese Beträge nicht sinnvoll in moderne Währungen umrechnen, doch immerhin lassen sich die Verhältnisse aufzeigen: Gehen wir davon aus, daß eine Drachme aus sechs Obolen bestand, so kommen wir auf ein Verhältnis von 11 : 1 bei den Kosten für die Gemeinde beziehungsweise für die Privatleute. Die Bürger von Skiathos, der westlichsten Insel der Sporaden, zahlten um 360 v. Chr. als Privatleute zwei Obolen, eine Staatsgesandtschaft aus Skiathos hingegen einen Stater nach dem Standard von Aigina. Ein Stater stellte den Gegenwert von zwölf Obolen dar – eine Gesandtschaft zahlte also das Sechsfache eines Privatmannes.

Doch diese Inschrift bietet nicht nur Preislisten für die Befragung des Orakels, sondern belegt auch die Existenz des Bohnenorakels. Der Preis für das Bohnenorakel betrug für die Gemeinde ebenfalls einen Stater, die Kosten für Privatleute sind durch eine Beschädigung der Inschrift nicht erhalten, dürften aber analog zur Gebühr für das normale Orakel ebenfalls zwei Obolen ausmachen. Wenn das normale Orakel und das Bohnenorakel gleich teuer waren, so läßt sich daraus – mit aller gebotenen Vorsicht bei der Übertragung moderner Vorstellungen von Ökonomie – erkennen, daß das Bohnenorakel nicht als minderwertig galt.

Im Tempel stand ein zweites Opfer an, und eine zusätzliche Gebühr war zu zahlen. Da die Tötung des Opfertieres mit Schuld behaftet war, entwickelten die Griechen mehrere Strategien, um mit diesem Problem umzugehen. So ließ man beispielsweise die eigentliche Tötung durch niedere Kultdiener vollziehen, so daß sich die Priester oder die Stifter des Tieres nicht befleckten. Ferner reduzierte man die Schuld dadurch, daß man die Einwilligung des Opfertieres einholte. Dazu wurde das Tier mit kaltem Wasser bespritzt; zitterte es dann, eine normalerweise unfehlbar eintretende Reaktion, so erkannte man darin die Zustimmung des Opfertieres. Plutarch berichtet von einer solchen Vorbereitung zur Befragung des Delphischen Orakels, während der sich das Zittern des Opfertieres nicht einstellen wollte. Statt die Befragung zu vertagen, schütteten die Priester weiterhin Wasser über das Opfertier, bis es schließlich leicht zitterte. Durch diese Handlungsweise hatte man also versucht, gegen den göttlichen Willen ein Orakel zu erzwingen. Das Unterfangen schlug fehl: Die Pythia begann widerwillig mit der Sitzung, geriet dabei aber in eine über alle Maßen wilde Ekstase und stürzte schließlich völlig außer sich und mit furchtbarem, unartikuliertem Geschrei in fliegendem Lauf zum Ausgang. Vom Schrecken gepackt liefen die zur Befragung des Orakels Gekommenen und auch das Personal des Orakels davon. Später fand man die Pythia besinnungslos am Boden, wenige Tage danach soll sie verstorben sein (Plutarch, Moralia 438b). Die Botschaft dieser Begebenheit war klar verständlich: Man soll nichts gegen den Willen des Apollon unternehmen. Wenn schon das Opfer nicht günstig verläuft, dann darf man auf keinen Fall den Fortgang der Orakelbefragung forcieren. Möglicherweise enthielt die ganze Angelegenheit als Subtext noch eine weitere Botschaft: Da sie im 2. Jh. n. Chr. spielte, zu einer Zeit, in der Delphi nur noch für einige Touristen, Einheimische und seltene Kunden, die einen weiten Weg auf sich nahmen, besucht wurde, wollte man durch die dramatische Geschichte die Macht des Orakels betonen.

Hatte das Opfertier durch das Zittern seine Zustimmung angezeigt, wurde es getötet und zerteilt. Normalerweise stand bei einem Opfer auch außerhalb Delphis das Fell des Opfertieres den Priestern zu, in Delphi konnte man es den Priestern abkaufen. Der Preis lag für die Gemeinde bei zwei Obolen, für einen Privatmann bei einem Obolos. Für die Opfer hatten die Delpher den Bürgern von Skiathos einen Speiseraum und die Grundausstattung zum Verzehren des Opfertieres zur Verfügung zu stellen: Holz brauchte man für das Feuer, mit dem das Fleisch gebraten oder gekocht wurde, Salz und Essig brauchte man zum Würzen[64].

Erst nach dem zweiten Opfer durfte ein Klient das Allerheiligste (*adyton*) betreten. Im Adyton soll sich nicht nur ein Raum für die Anfragenden befunden haben, sondern auch die folgenden Dinge: der Omphalos, ein konischer Stein, der als Nabel der Welt galt, das Grab des Dionysos, der Dreifuß, auf dem die Pythia saß und unter dem sich ein Erdspalt öffnete, der heilige Lorbeer sowie eine goldene und eine hölzerne Statue des Apollon. An den Wänden waren die Sprüche der Sieben Weisen zu lesen sowie ein Orakelspruch, der einst an Homer ergangen sein soll. Bis zu diesem Punkt gibt es kaum Probleme bei der Rekonstruktion der Vorgänge. Der eigentliche Akt der Weissagung hingegen ist mit zahlreichen

Fragezeichen zu versehen: Kein antiker Autor bietet eine genaue Beschreibung, die auch nur im entferntesten mit der Beschreibung des Pausanias über die Vorgänge in Lebadeia zu vergleichen ist; auch Ausgrabungen bringen kaum Erkenntnisse.

Nehmen wir als Beispiel den Schriftsteller Xenophon, der als Schüler des Sokrates auf Anraten seines Lehrers 401 v. Chr. in Delphi in einer Privatsache anfragte. Xenophon schrieb selbst davon, allerdings ohne die geringste Notiz über das Procedere oder über die Pythia. Es heißt lediglich in der dritten Person: „Dort befragte also Xenophon Apollon ..." und „Apollon verkündete ihm ..." (Xenophon, Anabasis 3,1,6). Diese Formulierungen erwecken den Eindruck, als wolle Xenophon elegant über die Art und Weise der Befragung hinweggehen. Noch seltsamer als das Schweigen Xenophons über die Pythia sind die Notizen bei Plutarch, der im 2. Jh. n. Chr. ausführlich von einer Felsspalte im Inneren des Tempels, über die sich die Pythia setzte, schrieb. Aus der Spalte seien Dämpfe ausgetreten, welche die Pythia in mantische Trance versetzten. Nun ergaben archäologische und geologische Untersuchungen am Tempel, daß nie eine Felsspalte existierte[65]. Der Erdspalt mit seinen Dämpfen läßt sich eindeutig als Konstrukt erklären, das auch bei den meisten anderen Orakelstätten der griechischen Welt eine wichtige Rolle spielte, wie im folgenden Kapitel gezeigt werden soll. Zugleich muß die Rede über den Erdspalt hellhörig machen: Plutarch bekleidete über einen längeren Zeitraum das Amt des Apollonpriesters in Delphi. Als Priester hatte er die Möglichkeit, das Allerheiligste zu betreten. Statt die Wahrheit zu berichten, schrieb er den bekannten Diskurs vom Erdspalt fort. Es scheint, daß gerade diejenigen, die tatsächlich Zugang zum Adyton hatten, ein besonderes Interesse daran entwickelten, das Geheimnis des Orakels zu wahren – und als Mittel zu diesem Zweck den Lesern ein mögliches Verfahren vorgaukelten. Unter dieser Prämisse kann jede antike oder moderne Behauptung über die Dinge im Allerheiligsten hinterfragt werden. Trotz der offensichtlichen Lückenhaftigkeit der Überlieferung wurde immer wieder versucht, aus vereinzelten Nachrichten antiker Autoren die Modalitäten der Orakelbefragung in Delphi zu rekonstruieren.

Bereits in der Antike vermutete man, die Pythia gerate durch das Kauen von Lorbeerblättern in mantische Trance. Befragt man nun ein medizinisches Handbuch, so besitzen weder Blatt noch Frucht des Lor-

Abb. 5: Themis, die Göttin des altgeheiligten Rechts, nimmt die Rolle der Pythia ein und prophezeit dem mythischen athenischen König Aigeus einen Sohn. Trinkschale aus dem etruskischen Vulci, hergestellt in Athen um 440/430 v. Chr.

beers toxische Wirkung. Die Lösung kann nicht in einer naturwissenschaftlichen Erklärung liegen. Vielmehr ist der Lorbeer eines der Attribute Apollons; er soll ursprünglich in Delphi aus einem Lorbeergebüsch heraus seine Sprüche erteilt haben, in seinen Heiligtümern wuchsen vor allem Lorbeerhaine. Wenn die Pythia Lorbeer kaut, so wird sie damit vom Gott erfüllt, ähnlich wie – für uns allerdings wesentlich leichter nachvollziehbar – die Bacchantinnen mit dem Wein den Gott Dionysos selbst aufnehmen[66].

Das Kernproblem aller modernen Erklärungsversuche ist der Grad des

Kontaktes zwischen den Klienten und der Pythia (Abb. 5). Umreißen wir kurz die wichtigsten Meinungen in der Forschung zu diesem Thema, wobei die unendlich vielen Spekulationen von Esoterikern weder die Mühe noch das Papier wert sind, hier aufgeführt zu werden. Georges Roux stellte sich 1971 die Pythia in einem Trancezustand vor und beschwor eine dramatische Szene herauf: „Ein Zittern durchfährt ihren Körper, ihr Kopf ist nach rückwärts gebogen, sie nimmt nichts wahr von dem, was um sie herum vorgeht"[67]. Nach Joseph Fontenrose (1978) sagen nur die als historisch zu bezeichnenden Orakelsprüche, in denen die Pythia lediglich ein Vorhaben bestätigen oder verwerfen sollte, etwas über das Procedere aus. In diesen Fällen geht Fontenrose von einem direktem Kontakt der Ratsuchenden mit der Pythia aus, da zu einer solchen Auskunft keine mantische Raserei nötig sei[68]. Herbert W. Parke (1967) und Simon Price (1985) vertraten die Ansicht, daß der Klient die Pythia nicht sah, allenfalls hörte[69].

Lisa Maurizio äußerte sich 1995 zum Problem des Kontakts zwischen den Klienten und der Pythia; sie vertrat die These, daß die Pythia selbst die Sprüche gab und daß die Klienten sie sehen und hören konnten. Maurizio berief sich auf die bei Platon und anderen antiken Autoren immer wieder greifbare Vorstellung einer Wesensähnlichkeit zwischen Dichtern und Sehern, die beide göttlich ergriffen sind. Wenn die Pythia auf dem Dreifuß sitzt und von Apollon inspiriert Orakelsprüche gibt, so ist dies für die Griechen genauso plausibel und glaubhaft wie das Entstehen von Dichtung – letztlich entspricht die Handlungsweise der Pythia nur einem vorgegebenen Schema. Nach Maurizio war die Rolle der männlichen Helfer lediglich auf die Vorbereitung der Pythia beschränkt, nicht aber auf die Umsetzung der Sprüche[70].

Damit folgt Maurizio dem in den Mythen stets wiederholten Diskurs über das Delphische Orakel, nämlich daß die Pythia von Apollon inspiriert direkt den Klienten antwortet. Meines Erachtens sind zwei unterschiedliche Szenarien, die sich nicht gegenseitig ausschließen, möglich[71]. Zum einen ist ein direkter Kontakt der Pythia mit den Klienten vorstellbar, bei dem die Pythia in welcher Form auch immer als inspiriert gelten kann. Dies trifft vor allem auf das Bohnenorakel und alle Anfragen, in denen die Pythia lediglich aus verschiedenen Optionen auswählen mußte, zu[72]. Betrachten wir zwei Beispiele: Als die Thessaler sich einst in mythischer Vergangenheit nicht entscheiden konnten, wer ihr neuer König werden sollte, schalteten sie Delphi ein. Sie sandten an Apollon Bohnen, auf denen die Namen der Kandidaten standen. Zum Kreis der Bewerber gehörte auch Aleuas, ein junger Thessaler von anmaßendem Wesen, welcher „der Rote“ genannt wurde. Während sein Vater ihn für unwürdig hielt, schätzte sein Onkel ihn sehr und mischte ohne das Wissen des Vaters eine Bohne mit dem Namen des Aleuas darunter, die von der Pythia prompt ausgelost wurde. Als der Vater jedoch abstritt, eine Bohne zugunsten seines Sohnes hinzugefügt zu haben, glaubten alle, bei der Niederschreibung der Namen sei ein Fehler unterlaufen. Da schickten die Thessaler eine zweite Gesandtschaft und befragten nochmals den Gott. Apollon bestätigte sein vorheriges Orakel; danach wurde Aleuas zum König bestimmt (Plutarch, Moralia 492).

Historisch belegt ist das folgende Beispiel für ein Losverfahren. Im Jahre 352/51 geriet die Heilige Au von Eleusis für die Athener zu einem religiösen Problemfall. Sollte man sie brachliegen lassen oder sollte man sie verpachten, um mit dem Erlös Arbeiten am berühmten Mysterienheiligtum der beiden Göttinnen Demeter und Persephone zu finanzieren? Das Dilemma wurde schließlich durch einen inschriftlich erhaltenen Volksbeschluß gelöst: Man schrieb die beiden Möglichkeiten auf zwei identische Zinntäfelchen, rollte diese zusammen, umwickelte sie mit Wollfäden und warf sie vor dem versammelten Volk in eine bronzene Hydria – ein Gefäß, das eigentlich zum Wasserholen gedacht war. Danach wurden eine goldene und eine silberne Hydria in die Volksversammlung getragen. Ein Beamter schüttelte die Bronzehydria und legte dasjenige Täfelchen, das zuerst herausgefallen war, in die goldende Hydria, das zweite in die silberne Hydria. Danach wurden die beiden Hydrien durch den Beamten versiegelt, jedoch hatte jeder Bürger die Möglichkeit, ebenfalls zu siegeln, bevor die Gefäße auf die Akropolis gebracht wurden – damit waren Transparenz und kollektive Teilnahme gewährleistet, wichtige Bestandteile des demokratischen Gedankengutes. Die Instruktionen auf der Inschrift lauten weiter:

Wählen soll das Volk drei Männer, einen aus dem Rat, zwei aus allen Athenern, die nach Delphi reisen und den Gott befragen, welche der beiden Schriften die Athener ausführen sollen über die heilige Au, die aus der goldenen Hydria oder aus der silbernen. Sobald sie aber zurückkehren vom Gott, sollen sie herunterholen die Hydrien, und verlesen werden sollen dem Volk der Orakelspruch und die Schriften von den Zinntäfelchen; welche der beiden Schriften der Gott bezeichnet hat als günstiger und vorteilhafter für das Volk der Athener, zufolge deren soll verfahren werden, damit es sich möglichst gottesfürchtig verhalte gegenüber den beiden Göttinnen und niemals in der künftigen Zeit etwas Unreligiöses geschehe hinsichtlich der heiligen Au und hinsichtlich der anderen Heiligtümer in Athen.

Ferner wurde beschlossen, diese Lösung auf zwei Marmorstelen festzuhalten, von denen eine in Athen, die andere in Eleusis aufgestellt wurde[73]. Dies ist ein Beispiel für einen äußerst pragmatischen Umgang mit einem Orakel; die Pythia wählte lediglich aus zwei Optionen, ein eigentlicher Orakelspruch war nicht mehr nötig.

Das zweite Szenario für die Vorgänge im Delphischen Orakel sieht folgendermaßen aus: Die Sprüche der Pythia wurden durch Vermittlung der verschiedenen Priester erteilt; ein Kontakt mit den Klienten beschränkte sich allenfalls auf ein undeutliches Hören. Erinnern wir uns an den spartanischen König Kleomenes, der das Orakel bestochen hatte. Um dies zu erreichen, bediente er sich des Kobon, eines vornehmen Bürgers von Delphi, der wiederum die Pythia beeinflußte. Es ist gut vorstellbar, daß Kobon durch seine soziale Position entweder selbst Priester war oder über exzellente Kontakte zu den Priestern verfügte. Hätte die Pythia ihre Sprüche direkt an ihre Klienten erteilt, so wäre der Umweg über Kobon nicht nötig gewesen. So aber liegt es nahe, daß die Sprüche durch die Priester vermittelt und gefiltert wurden. Auch ein Blick auf die Priester, die mit den Orakelsprüchen verbunden waren, erweist sich als aufschlußreich. Aus den Quellen sind verschiedene Bezeichnungen bekannt: Es gab um 200 v. Chr. zwei als *Hiereus* bezeichnete Priester, einen *Prophetes* und fünf *Hosioi*. Auch wenn wir nicht genau den Aufgabenbereich der Priester kennen, und auch wenn ihre Anzahl im Lauf der Jahrhunderte geschwankt haben mag, so standen der Pythia acht männliche Priester gegenüber. Es ist gut vorstellbar, daß ähnliche Konstellationen schon weitaus früher existierten. Zumindest der Prophetes scheint, wie sein Titel „Vor-sprecher", „Aus-sprecher" nahelegt, als Dolmetscher zwischen der Pythia und den Klienten gewirkt zu haben[74].

Keiner der vielen Erklärungsversuche für die Art und Weise, wie das Delphische Orakel funktionierte, läßt sich durch die Quellen widerspruchslos untermauern. Vielleicht sollten wir angesichts der zahllosen Berichte in der antiken Literatur über Anfragende, Orakelsprüche und prachtvolle Weihgeschenke die kargen und uneinheitlichen Aussagen über die Vorgänge im Delphischen Orakel nicht verwenden, um die Orakeltechnik zu rekonstruieren, sondern sollten den einzig sinnvollen Schluß ziehen: Was zählte, war ein Spruch aus Delphi.

Eine vergleichbare Aussage ist auch für die folgenden Orakelstätten zu machen. Das Orakel des Apollon am Berg Ptoion, wenige Kilometer nördlich von Theben, wurde vor allem von den Einwohnern dieser Stadt befragt. Nach dem Mythos erteilte ursprünglich die lokale Gottheit Ptoios Orakel, im 8. oder 7. Jahrhundert nahm ähnlich wie in Delphi Apollon, bisweilen mit dem Beinamen Ptoios, die Rolle des Orakelgebers ein. Unterhalb einer senkrecht abfallenden Felswand war eine Höhle mit der heiligen Quelle. Ein männliches Pendant zur delphischen Pythia – als *Prophetes* oder *Promantis* bezeichnet – trank aus dem Wasser dieser heiligen Quelle und erteilte die Sprüche vor der Höhle. Die Fragesteller wurden von drei Männern begleitet, welche den Orakelspruch aufschrieben. Vor der Zerstörung Thebens durch Alexander den Großen galt es als untrügliches Orakel, danach verlor es an Bedeutung (Pausanias 9,23).

Das Apollonorakel von Didyma, bisweilen auch Branchidai genannt, galt als das berühmteste kleinasiatische Orakel und beanspruchte hinter Delphi den zweiten Rang. Da man Didyma ein hohes Alter zusprach, ranken sich um seine Gründung verschiedene und widersprüchliche Mythen. Im Kern geht es um folgendes: Smikros (= der Kleine), der Sohn eines Bürgers von Delphi, verlief sich auf einer Reise in der Nähe von Didyma und wurde von den Einheimischen aufgenommen; später heiratete er eine Frau aus der Gegend, Apollon verliebte sich in sie und zeugte mit ihr Branchos, den er selbst zum Verkünder der Orakelsprüche einsetzte. Durch diesen Mythos wurde Didyma in die griechische Orakellandschaft eingeordnet. Es war jünger als Delphi und mußte Delphi den Vortritt lassen.

Didyma war engstens mit dem etwa 20 Kilometer entfernten Milet, der bedeutendsten Griechenstadt in Kleinasien verknüpft. Regelmäßig zogen Prozessionen auf einer ausgebauten und durch Heiligtümer markierten Straße von Milet nach Didyma. Wir sehen heute vor allem den Tempel in seiner Gestalt nach dem Wiederaufbau aus der Zeit nach 334

v. Chr. – der Befreiung der Griechen Kleinasiens durch Alexander –, wobei auch in den folgenden Jahrhunderten immer wieder Baumaßnahmen durchgeführt wurden. Als Besonderheit dieses Tempels mit den gewaltigen Ausmaßen von 118 m × 67 m ist hervorzuheben, daß der zentrale Teil nicht überdacht war. Rings um diesen Kulthof verliefen 25 Meter hohe Wände, um die sich eine doppelte Ringhalle schloß. Der Kulthof befindet sich in einer natürlichen Mulde und liegt daher etwa 5 Meter tiefer als das Niveau der Ringhalle. Hier war ein kleiner Tempel mit einer ehernen Statue des Apollon, die bis in die Gesichtszüge der Statue des Apollon Ismenios in Theben glich. In diesem Sachverhalt offenbart sich schlaglichtartig, daß nicht nur von Delphi aus Einflüsse auf Didyma gingen, sondern auch von Boiotien. Auf der ausgestreckten Hand trug der Gott einen Hirsch, dessen Beine beweglich waren, so daß man zwischen den Hufen des Tieres und der Hand des Apollon eine Schnur durchziehen konnte (Plinius, Naturalis historia 34,75). Die Statue wurde von den Persern als Kriegsbeute nach Ekbatana in den Iran verschleppt und erst unter der Herrschaft des Seleukos I. (311–281), eines der direkten Nachfolger Alexanders, nach Didyma zurückgebracht. Ebenfalls im Kulthof war die heilige Quelle, deren Lage unterschiedlich lokalisiert wurde; wahrscheinlich handelte es sich um eine Grube, in der sich Trinkwasser sammelte. Sie soll nach der Eroberung durch die Perser 494/479 v. Chr. versiegt sein und erst nach 334 v. Chr. wieder Wasser geführt haben. Damit zeigte die Aktivität der Quelle die Tätigkeit des Orakels an. Die Quelle und der in ihrer unmittelbaren Nähe stehende heilige Lorbeerbaum markierten die Stelle, an der nach dem Mythos Zeus und Leto Apollon zeugten.

Offensichtlich überstand der Tempel die Wirren der Spätantike unversehrt. Der Kaufmann und Humanist Cyriacus von Ancona (1391–1449), der als erster westlicher Reisender systematisch Inschriften, Handschriften und Kunstwerke in Griechenland und Kleinasien sammelte, konnte noch 1446 den Apollontempel von Didyma bewundern, der erst 1493 einem Erdbeben zum Opfer fiel und auch heute noch zu den besterhaltenen Großbauten der Antike zählt.

Die Orakelpraxis von Didyma liegt weitgehend im Dunkeln, scheint aber ebenso wie das Heiligtum selbst mit der Eroberung durch die Perser eine einschneidende Zäsur aufzuweisen. Wurden die Orakel vor der Zer-

Abb. 6: Didyma, Apollontempel, Kulthof nach Osten: Freitreppe und sog. Dreitürenwand; durch die seitlichen Türen wurden die Klienten zum Orakel geführt.

Abb. 7: Didyma, Apollontempel, Kulthof nach Westen.

störung durch Männer aus dem Geschlecht der Branchiden gegeben, so verkündete nach dem Wiederaufbau eine Frau die Sprüche. Genaueres wissen wir nur über die zweite Blütephase. Der neuplatonische Philosoph Iamblichos verfaßte im 4. Jh. n. Chr. eine Schrift über die Mysterien der Ägypter, in der unter anderem auch Nachrichten über Didyma enthalten sind (3,11, p. 127). Vor einer mantischen Sitzung, die nur des Nachts[75] stattfand, mußte die Prophetin drei Tage lang fasten und sich kultisch reinigen. Beim Orakelspruch selbst saß sie auf einer Achse, netzte ihre Füße mit dem Wasser der heiligen Quelle, atmete ihren Dunst ein und geriet dadurch in mantische Ekstase. Wie oft im Jahr das Orakel zugänglich war, ist nicht zu sagen. Nach 334 v. Chr. gab es allerdings nicht nur die Seherin, die im Griechischen als *Prophetis* oder *Promantis* bezeichnet wurde, sondern auch einen männlichen *Prophetes*. Kombiniert man die Aussagen der Inschriften kultischen Inhalts mit den architektonischen Gegebenheiten, so ist das folgende Procedere bei der Orakelbefragung plausibel: Für die Besucher bot sich an der Vorderseite des Tempels ein Tempeltor von monumentaler Größe, das menschliche Ausmaße weit überschritt. Allein die Schwelle war so hoch, daß sie auf Augenhöhe der Eintretenden lag. Dieses Tor war demnach offenkundig nicht für die Menschen bestimmt, sondern für den Gott. Auf beiden Seiten des Tores führte jeweils ein überwölbter Gang zu verborgenen Kammern, von denen aus man zum Kulthof gelangte. Die Anfragenden wurden im Tempel vom Prophetes empfangen, der sie durch einen der Gänge in die Nähe der Seherin führte. Danach brachte der Prophetes die Anfrage zur Seherin, sie erteilte den Spruch, und der Prophetes übermittelte ihn mündlich an die Klienten. Daher stellte der Prophetes das Bindeglied zwischen den Anfragenden und der Seherin dar[76] (Abb. 6 und 7).

In Dodona, einem der großen panhellenischen Orakelzentren, waren Zeus, bisweilen auch Dione, sein weibliches Pendant, Orakelgeber. Dodona wird bereits in der *Odyssee* erwähnt (14,327–329). Odysseus selbst soll auf seiner Irrfahrt das Orakel nach dem richtigen Heimweg befragt haben:

> Jener ging nach Dodona, erzählt' er, dort aus des Gottes
> Hochgewipfelter Eiche Kronions Willen zu hören,
> Wie er nach Ithaka kommen sollt' ins fette Gefilde.

Die Gründung des Orakels schrieb man den Pelasgern zu, den mythischen Urbewohnern Griechenlands. Herodot, dessen Geschichtswerk vor allem den Konflikt zwischen Griechen und Persern beschreibt, unternahm ausgedehnte Reisen, die ihn bis nach Ägypten führten. Im ägyptischen Theben, in dem es ein Orakel aus dem Wehen des Windes gab, hörte er von den Priestern die folgende Erzählung: Phoiniker entführten einst zwei Priesterinnen aus Theben und verkauften die eine nach Libyen (= Afrika), die andere nach Hellas. Beide begründeten die jeweils ersten Orakelstätten – in Libyen das Orakel des Zeus Ammon in der Oase Siwa, in Hellas das Zeusorakel von Dodona. In Dodona hingegen erzählte man Herodot eine andere Variante: Zwei schwarze Tauben seien vom ägyptischen Theben davongeflogen, die eine sei nach Libyen, die andere nach Griechenland gelangt. Während die erste das Orakel des Zeus Ammon stiftete, setzte sich die andere Taube in Dodona auf einer Eiche nieder, sprach wie ein Mensch und forderte, an diesem Ort ein Orakel des Zeus zu gründen (Herodot 2,54–57)[77].

All diesen Erklärungsmodellen ist die Abhängigkeit Dodonas von Ägypten gemeinsam. Dodona nahm für sich in Anspruch, das älteste Orakel in Griechenland zu sein, und präsentierte sich damit als ernsthafte Konkurrentin zu Delphi. Mehrfach bekundeten griechische Autoren, daß die ägyptische Kultur wesentlich älter als die eigene sei. Zugleich mag noch eine Randbemerkung zur Forschungsgeschichte erlaubt sein. Während man im 19. Jahrhundert von einer weitgehend selbständigen Entwicklung in Griechenland ausging, begriff die moderne Forschung in den letzten Jahrzehnten die Herausbildung der griechischen Kultur zunehmend als einen Prozeß der Übernahme – so ließen sich etwa bei den Mythenmotiven, in der Architektur und in der bildenden Kunst Einflüsse aus dem Vorderen Orient und Ägypten aufzeigen. Eine Hypertrophie dieses Ansatzes stellt Martin Bernals 1987 erschienenes Werk *Black Athena* dar, in dem er ebenso dilettantisch wie vergeblich die These vertritt, daß die Wurzeln der griechischen Kultur in Schwarzafrika liegen.

In Dodona wurden mehrere Orakeltechniken verwendet. Zum einen spielte das Rauschen der heiligen Eiche, auf der sich die Taube niedergesetzt haben soll, eine wichtige Rolle. Ferner wurden das Flugverhalten und die Rufe der heiligen Tauben gedeutet; alles Techniken, die auf den Himmel, den Bereich des Zeus, verweisen. Im Gegensatz dazu stehen die archäologischen Funde: Erhalten sind zahlreiche Orakeltäfelchen aus dem 5. Jahrhundert und aus späterer Zeit, in denen nach Dingen des Alltags gefragt wurde, ob man eine Reise unternehmen soll, ob man Kinder haben wird, ob man heiraten soll etc. Aufgrund der Formelhaftigkeit der Antworten liegt es nahe, daß die Fragen durch ein Losverfahren beantwortet wurden. Damit stehen wir in Dodona vor einer ähnlichen Situation wie in Delphi. Auf der einen Seite gibt es die immer wieder literarisch tradierte Vorstellung von geheimnisvollen Techniken, auf der anderen Seite bieten die archäologischen Quellen ein nüchternes Bild.

Erwähnenswert ist noch der sprichwörtlich berühmte Kupferkessel in Dodona, der bisweilen zu Unrecht als Mittel zur Erlangung von Orakeln bezeichnet wird. Vielmehr war der Kessel Bestandteil eines Weihegeschenkes der Korkyraier. Es handelte sich um die Statue eines Mannes, der in der Hand eine Peitsche hielt, in die Knöchelchen eingeflochten waren; die Peitsche senkte sich in den Kupferkessel hinab. Jedesmal, wenn ein Windstoß die Peitsche in Bewegung versetzte, schlug sie gegen den Kessel und erzeugte Töne. Das dauerte so lange, daß man von Beginn bis zum Aufhören bis 400 zählen konnte. Aufgrund dieser ausdauernden Erzeugung von Schall bezeichnete man Menschen, die wie ein Wasserfall redeten, als „Kupferkessel von Dodona" oder als „korkyräische Peitsche" (Strabon 7, frg. 3). Die These, daß kreisförmig angeordnete Kessel vom Wind oder durch Berührung zum Tönen gebracht wurden, das wiederum gedeutet wurde, ist ebenfalls zurückzuweisen. Vielmehr dienten die Kessel, von denen einige Exemplare ausgegraben wurden, kultischen Zwecken, etwa zum Opfern[78]. Dodona war ähnlich wie Delphi durch die gesamte Antike hindurch in Betrieb. Auch wenn sich nicht sagen läßt, ob während dieser Zeitspanne von rund 1000 Jahren ein einziger Baum verehrt wurde oder ob bisweilen eine neue Eiche gepflanzt werden mußte, ergaben die Grabungen in Dodona ein spannendes Ergebnis: Das Fälldatum einer Eiche, deren Reste im Heiligtum gefunden wurden, ließ sich durch dendrochronologische Untersuchungen auf das Jahr 392 n. Chr. festlegen, also in die Zeit, in der auch andere Heiligtümer durch Theodosius I. geschlossen wurden[79].

Bei einer Zusammenschau der Orakeltechniken erweist sich der bisher noch nicht ins Spiel gebrachte Aspekt der Wiederholung in zweierlei Hinsicht als wichtig. Zum einen ist Wiederholung ein gängiges Strukturmerkmal von Riten: Formeln werden wiederholt, Teile eines Handlungsablaufs werden mehrfach ausgeführt, zahlreiche Riten werden aufgrund der Ordnung der Zeit durch den Kalender regelmäßig vollzogen. Der Vorteil der Wiederholung eines immer gleichen und oft mythisch installierten Musters liegt darin, daß Verhaltenssicherheit erzeugt wird – Riten, die einmal ihren Zweck erfüllt haben, werden auch in Zukunft wirksam sein. Zum anderen können Anfragen an einem Orakel wiederholt werden, wenn die Klienten mit der Antwort nicht zufrieden sind. Hier garantiert Wiederholung die Wahrnehmung durch den göttlichen Adressaten[80]. Warum die Menschen ein Orakel befragten, welche Wünsche, Hoffnungen und Ängste damit verbunden waren, soll im nächsten Kapitel untersucht werden.

II.

Die Funktionen der Orakel

Göttliches trifft Unteilnehmende nicht
Hölderlin, Die Titanen

Vergleiche aus der Anthropologie

Nur in wenigen Fällen, die zumeist in mythenumwobener Frühzeit angesiedelt sind, befragten die Menschen ein Orakel vage nach einer fernen Zukunft, also etwa nach dem Muster: „Was wird in einem Jahr sein?" Herodot berichtet von den Siphniern, die eine kleine Insel in der nördlichen Ägäis bewohnten; sie waren durch ihre Gold- und Silberbergwerke zu gewaltigem Reichtum gekommen und errichteten in Delphi ein Schatzhaus, das seinesgleichen suchte. Den jährlich anfallenden Erlös aus den Bergwerken verteilten sie unter ihrer Bürgerschaft. Doch der Reichtum machte die Siphnier auch ängstlich, schließlich fragten sie in Delphi, ob ihnen das Glück treu bleiben werde. Sie erhielten folgende Antwort:

Wird in Siphnos dereinst das Rathaus von leuchtender Farbe,
Leuchtend weiß auch der Markt, dann tut ein verständiger Mann not,
Um vor der hölzernen Schar und dem rötlichen Herold zu schützen.

Das Rathaus der Siphnier war bereits, so Herodot, von leuchtender Farbe, da man die öffentlichen Bauten der Polis in parischem Marmor, einem Symbol für Reichtum, ausgeführt hatte. Für die Siphnier erschien der Rest des Orakelspruches unwirklich. Doch bald sollte sich der Spruch erfüllen: Samier verwüsteten Siphnos und erpreßten ein hohes Lösegeld von den Siphniern, was ihren Reichtum merklich verringerte – mit der hölzernen Schar und dem rötlichen Herold, so lernten die Siphnier, hatte das Orakel die rötlich gestrichenen Schiffe der Samier gemeint (Herodot 3,57 f.). Ein weiteres Beispiel stammt aus wesentlich späterer Zeit. Germanicus, der als potentieller Konkurrent des Kaisers Tiberius im Jahre 19 n. Chr. ermordet wurde, soll auf seiner Reise in den griechischen Osten das Orakel von Klaros befragt haben, das ihm den baldigen Tod vorhersagte[1]. Auch wenn der Aspekt der Zukunftsdeutung nie gänzlich verschwand, spielte er bei der Mehrzahl der Orakelsprüche nicht die entscheidende Rolle. Wir müssen also nach anderen möglichen Funktionen Ausschau halten.

Zum besseren Verständnis der möglichen Funktionen von Orakeln in der griechischen Welt lohnt sich ein Blick in die Ergebnisse der anthropologischen Forschung. Als der englische Anthropologe Edward Evan Evans-Pritchard (1902–1973) um 1930 die Vorstellungen der Zande in Zentralafrika über Hexerei, Orakel und Magie untersuchte, stieß er auf vier Orakelpraktiken, die aufschlußreiche Parallelen zu den Gepflogenheiten der griechischen Welt aufweisen. Den geringsten Stellenwert bei den Zande hat das Stöckchenorakel, bei dem zwei Stöckchen nebeneinander, ein drittes quer darüber, auf den Boden gelegt werden. Rollen die Stöckchen auseinander, so bedeutet dies „ja", bleiben sie hingegen liegen, so bedeutet es „nein". Während das Stöckchenorakel von Kindern und Frauen verwendet wird, bedienen sich Männer eher des Reibbrettorakels. Hier werden zwei glatte Brettchen angefeuchtet und gegeneinander gerieben; haften sie nach einiger Zeit fest aneinander, so heißt dies „ja", lassen sie sich verschieben, so bedeutet es „nein". Höhere Reputation besitzt das Termitenorakel, bei dem man zwei Zweige von verschiedenen Bäumen in einen Termitenhügel steckt. Fragen werden nach dem folgenden Prinzip gestellt: „Oh, Termiten, ich werde dieses Jahr sterben, freßt den einen Zweig. Ich werde nicht sterben, freßt den anderen Zweig." Am nächsten Tag schaut man nach, welcher Zweig dem Appetit der Termiten zum Opfer gefallen war. Doch da die Termiten nur wenig Sinn für die Belange der Menschen haben, kann es zu logischen Problemen kommen. Fressen die Termiten keinen der Zweige, so probiert man es mit einem anderen Hügel, fressen sie hingegen beide Zweige, so gilt die gestellte Frage als nur teilweise beantwortet: Widersprüche werden in Kauf genommen.

Das höchste Ansehen bei den Zande genießt das Giftorakel, das teuerste und nur den Männern vorbehaltene Orakel. Es wird nie innerhalb einer Siedlung befragt, sondern immer im Busch; Voraussetzungen für die Konsultation des Orakels sind Reinheit und Enthaltsamkeit. Die besondere Bedeutung des Giftorakels zeigt sich schon darin, daß man die Hilfe eines Spezialisten benötigt, der jungen Hühnern ein aus einer Schlingpflanze gewonnenes Gift einflößt. Gleichzeitig redet der Fragesteller das Gift im Inneren des Tieres an und stellt seine Fragen mit dem stets wiederholten Schlußsatz: „Ist das der Fall, Giftorakel, töte das Huhn" oder: „Ist das nicht der Fall, Giftorakel, schone das Huhn." Stirbt das Huhn, so bedeutet dies Zustimmung, überlebt das Tier, so bedeutet dies Ablehnung. Zumeist wird die Anfrage noch mit einem zweiten Huhn wiederholt, was ähnlich wie beim Termitenorakel oft zu unterschiedlichen Ergebnissen führen kann. Solche Probleme werden mit dem Verweis auf die mangelnde Qualität des Giftes, den Zorn der Geister oder die Verletzung von Tabus erklärt. Trotz aller Widersprüche besitzt das Giftorakel eine hohe Akzeptanz. Während der Zeit, in der Evans-Pritchard seine Feldforschung betrieb, nahm er die Gepflogenheiten der Zande an:

> Ich hielt mir immer einen Giftvorrat für den eigenen Gebrauch, und meine Nachbarn und ich regelten unsere Angelegenheiten in Übereinstimmung mit den Entscheidungen der Orakel. Ich darf anmerken, daß ich diese Art, mein Haus und meine Geschäfte zu führen, ebenso befriedigend wie irgendeine andere mir bekannte fand[2].

Selbst wenn diese Aussage durch eine gewisse Nostalgie vergoldet sein mag, läßt sich erkennen, daß das Giftorakel vor allem eine Sozialtechnik ist. Die Fragen, die an das Orakel gestellt werden, stammen zum Großteil aus dem Alltagsleben und behandeln Themen wie Kinderlosigkeit, Heirat, Krankheit, Unglück, Ehebruch, Reisen, Jagdglück, Krieg, das Wetter und Geschenke.

Insgesamt finden sich bei den Zande signifikante Parallelen zu den griechischen Orakeln. Auch bei den Griechen wurden Reinheit und Enthaltsamkeit gefordert, auch bei den Griechen befanden sich die bedeutenden Orakelstätten außerhalb städtischer Siedlungen, auch bei den Griechen korrespondierte der Aufwand eines Orakels mit seinem Ansehen. Überdies zeigen sich erstaunliche Übereinstimmungen bei den Fragen. Hatte ein griechisches Orakel eine unzutreffende oder unerwünschte Antwort erteilt, so ist von einer ähnlich vertrauensvollen Haltung der Fragenden wie bei den Zande auszugehen – der Fehler wurde in der Regel nicht beim Orakel, sondern beim Klienten gesucht, der möglicherweise unrein war oder die Vorbereitungen nicht korrekt durchgeführt hatte.

Ließen sich anhand der Untersuchungen von Evans-Pritchard zahlreiche Schnittstellen zwischen afrikanischer und griechischer Orakelpraxis vorführen, so kommen wir bei der Suche nach der gesellschaftlichen Funktion von Orakeln durch die Ergebnisse, die Eugene L. Mendonsa über die divinatorischen Praktiken der Sisala aus dem Norden Ghanas erzielte, noch einen Schritt weiter. Erkrankt bei den Sisala ein Stammesmitglied, so kann es versuchen, mittels eines Wahrsagers den Grund für die Krankheit, möglicherweise auch die Person, die bösen Zauber betrieben hat und somit für die Krankheit verantwortlich ist, herauszufinden; ähnlich verhält es sich bei Mißernten, dem Verlust von Gegenständen, bei Todesfällen oder allen möglichen Arten von Mißgeschick und Unglück. An der Sitzung, die in der Regel in der Öffentlichkeit stattfindet, nehmen der Priester und der Geschädigte, bisweilen auch schon ein Beschuldigter oder Verwandte und Nachbarn teil. Der Priester wendet eine komplexe Divinationstechnik an, für die er mehrfach Informationen seines Klienten braucht; auch die anderen Anwesenden können durch Fragen und Antworten intervenieren; Probleme werden in einem Dialog verhandelt. Dabei wird aus dem Dorfverband ein Sündenbock gesucht, der die Schuld auf sich nehmen und seinen Fehler durch einen expiatorischen Ritus tilgen muß. Das Orakel stellt sich als eine symbolische Arena dar, in der die gesellschaftliche Ordnung bestätigt oder neu formiert wird – es handelt sich also um einen zumindest im Kern politischen Vorgang. Doch bei allem Wandel übt das Orakel auch eine verbindende Funktion aus: Wer sich diesem Prozeß der Wahrheitsfindung unterwirft, bezeugt damit seine grundsätzliche Bereitschaft, Konflikte in gesellschaftlich sanktionierten Bahnen zu lösen[3]. Insgesamt erweisen sich mehrere Aspekte des Orakelwesens der Zande und der Sisala als besonders aufschlußreich zum Verständnis der griechischen Orakel: Legitimation und Entscheidungshilfe, die Verarbeitung von Unglück, die Bildung und Aufrechterhaltung gesellschaftlicher Normen sowie die Ausübung von Macht[4].

Gleichwohl steht man bei jeder denkbaren Form der Einteilung der Funktionen griechischer Orakel einer Situation von ausgeprägter Komplexität gegenüber. Erstens begegnen wir einer Vielfalt von Fragen, die beispielsweise persönliche Krankheit und Seuchen, aber auch wirtschaftliche, kultische und juristische Angelegenheiten betreffen. Zweitens sind die Antworten keineswegs einheitlich, sondern reduzieren sich zum Teil auf Zustimmung und Ablehnung, zum Teil schreiben sie detaillierte

Riten vor. Drittens kann sich der Unterschied zwischen den im Mythos überlieferten Befragungen – hier wird eher nach der Zukunft geforscht – und historischen Orakelkonsultationen, die oft ein konkretes Problem betreffen, bemerkbar machen. Viertens mag es von Bedeutung sein, wo ein Orakel im Spannungsfeld zwischen Privatsphäre und panhellenischer Öffentlichkeit zu verorten ist. Daher werden sich in vielen Fällen Überschneidungen von mehreren durch den Vergleich mit der anthropologischen Forschung gewonnenen Funktionen ergeben.

Orakel als Legitimation und Entscheidungshilfe

Auch wenn jeder Orakelspruch zu einem gewissen Grad zur Legitimation einer Handlung diente, besitzen einige Orakel, wie etwa die Sprüche, die sich um Koloniegründungen ranken, einen besonders stark ausgeprägten legitimatorischen Charakter. Die große Kolonisation, in der die Griechen über die von ihnen seit Jahrhunderten bewohnten Kerngebiete hinauszogen und weite Teile der nördlichen Mittelmeerküste sowie der Schwarzmeerküste besiedelten, erstreckte sich über den Zeitraum zwischen etwa der Mitte des achten vorchristlichen Jahrhunderts bis um 580 v. Chr. Delphis Rolle in der griechischen Kolonisation ist umstritten. Während in der früheren Forschung Delphi als Knotenpunkt angesehen wurde, an dem Informationen über fremde Länder, Hafenplätze und günstige Seerouten zusammenliefen, so daß die Priester über ein großes Wissen verfügten und die Kolonisationsbewegung steuerten, sind in den letzten Jahren Zweifel an der lenkenden Rolle Delphis aufgekommen – Orakelsprüche im Kontext von Koloniegründungen mögen erst im nachhinein entstanden sein, um das Ansehen einer Stadt zu erhöhen[5].

Betrachten wir nun die Konstruktionen, die bei den Griechen mit der Gründung einer Kolonie verbunden waren. Wie das Beispiel des Spartaners Dorieus illustriert, galt ein Orakelspruch für den Erfolg einer Koloniegründung als unabdingbar. Dorieus führte Siedler ohne die Konsultation eines Orakels nach Libyen und mußte nach zwei Jahren die Kolonie aufgeben, da sich die Einheimischen mit den Karthagern gegen ihn verbündeten und ihn vertrieben (Herodot 5,42).

Erfolgreich dagegen war die ins 7. Jh. v. Chr. zu datierende Gründung von Kyrene in Nordafrika durch Siedler von der Insel Thera, dem heutigen Santorin. Herodot führt vor, wie die Siedler über mehrere Generationen hinweg in einem ständigen Dialog mit dem Orakel standen, um ihre Probleme zu meistern. Die Geschichte beginnt, zumindest in der Version der Kyrenaier, mit dem jungen Battos aus Thera, der mit einem Sprachfehler geschlagen war – er stotterte. In seiner Verzweiflung zog Battos nach Delphi, weil er sich durch das Orakel Abhilfe erhoffte. Allerdings ging die Antwort der Pythia nicht auf sein Problem ein, sondern machte ihm in einer ganz anderen Angelegenheit Hoffnung:

Battos, zwar kamst du der Stimme wegen, doch Phoibos Apollon
Sendet dich Libyen zu, dem herdenreichen, als Siedler.

Auf die Anfrage des ratlosen Battos, der sich nicht vorstellen konnte, wie und mit wem er eine Kolonie in Libyen gründen solle, reagierte das Orakel nicht, sondern wiederholte lediglich den Spruch. Battos mußte aus Delphi mit mehr Fragen als Antworten zurückreisen. Einige Zeit danach wurden die Theraier von schwerem Unglück heimgesucht; es ist unklar, um was es sich handelte, möglicherweise um eine langanhaltende Dürre. Als die Theraier keinen Ausweg mehr sahen, schickten sie eine Gesandtschaft nach Delphi, um den Grund ihrer Not zu erfahren. Die Pythia erklärte den Theraiern, ihr Unglück werde ein Ende haben, sobald sie zusammen mit Battos Kyrene in Libyen besiedelten. Battos sollte also den Gepflogenheiten der Kolonisation entsprechend als Oikist, als Anführer der Kolonisten fungieren. Zunächst wurden nur einige hundert Männer ausgesandt; nach Platon (Nomoi 5,737e) dagegen war die optimale Zahl der männlichen Bürger einer Polis 5040, eine Summe, die sich aus der Multiplikation von $1 \times 2 \times 3 \times 4 \times 5 \times 6 \times 7$ ergibt. Solche Zahlenspielereien waren verbreitet; aus einer Inschrift aus Olbia läßt sich schließen, daß das Orakel von Didyma der Stadt 7777 Jahre der Blüte versprach[6]. Die Theraier schickten Battos mit zwei Fünfzigruderern nach Kyrene. Nach einiger Zeit wurden die angehenden Kolonisten wankelmütig und faßten den Entschluß zur Umkehr. Doch die Theraier ließen sie nicht wieder an Land gehen, sondern beschossen sie, als die Schiffe in den Hafen einliefen. Da eine Rückkehr nach Thera unmöglich geworden war, fuhren die Kolonisten nun doch nach Kyrene und ließen sich zuerst auf einer Insel vor der libyschen Küste mit dem Namen Platea nieder.

Battos, dessen Name auf griechisch „Stammler“ oder „Plapperer“ heißt, wurde König – nach Herodot die libysche Bedeutung seines Namens[7]. Da es keineswegs üblich war, daß der Oikist als Alleinherrscher auftrat, braucht es nicht zu verwundern, wenn es später bei dem Dialog zwischen Kyrenaiern und Delphi bisweilen auch um die Monarchie gehen wird. Zwei Jahre nach der Ankunft war die Lage der Siedler so schlecht, daß sie beschlossen, das Delphische Orakel um Rat zu fragen. Alle bis auf einen einzigen – für Herodot wohl Ausdruck dafür, daß dies eine Angelegenheit der gesamten Polis war – reisten nach Delphi und erhielten die folgende Antwort:

> Kennst du besser als ich, der ich dort war, Libyens Herden:
> Dich, der du nicht dort warst, muß ich ob deiner Weisheit bewundern.

Diese nahezu zynische Antwort bewog die Kolonisten, die Besiedlung der Insel aufzugeben und ihre Häuser auf dem Festland – eben in Libyen selbst und nicht mehr auf einer Insel – zu bauen. In einer ersten Siedlung lebten sie einige Jahre; nach sieben Jahren zogen sie abermals um, nun an den Ort, an dem Kyrene entstand. Einige Zeit später riefen die Kyrenaier alle Griechen dazu auf, Libyen in Besitz zu nehmen. Delphi unterstützte den Plan der Kyrenaier, indem die Pythia allen Anfragenden denselben Spruch erteilte:

> Wer zu spät nach dem vielgepriesenen Libyen hinkommt,
> Wenn die Felder verteilt sind, der wird es bitter bereuen.

Die konzertierte Aktion von Kyrenaiern und Delphi führte zu einer Auswanderungswelle, die zahlreiche Griechen aus vielen unterschiedlichen Orten nach Kyrene führte und die Zahl der Kyrenaier in einem solchen Ausmaß wachsen ließ, daß sie sich gegen die einheimische Bevölkerung behaupten konnten. Als einige Generationen danach Zwietracht in der Stadt herrschte, riet Delphi den Kyrenaiern, einen Schiedsrichter aus Mantineia in Arkadien zu holen. Dieser Schiedsrichter, Demonax, teilte die Bürgerschaft auf und sorgte für Eintracht, indem er einen Teil des königlichen Bodens dem Volk gab. Da der König Arkesilaos nicht gewillt war, die durch Demonax vorgenommene Aufteilung hinzunehmen, wurde er vertrieben und ging in die Verbannung nach Samos. Auf Samos scharte er Anhänger um sich, um die Herrschaft in Kyrene gewaltsam zurückzuerobern; sein Weg in die Heimat führte Arkesilaos über Delphi, wo ihm die Pythia sagte:

Du selbst kehre in die Heimat zurück und verhalte dich still. Wenn du aber den Ofen voller Krüge findest, so brenne sie nicht, sondern schicke sie fort, wie sie sind. Wenn du aber doch den Ofen heizen willst, dann gehe nicht zu rings vom Wasser umflossenen Ort! Andernfalls wirst du sterben, du selbst und dein schönster Stier!

Dieser dunkle Spruch blieb für Arkesilaos unverständlich. Arkesilaos eroberte Kyrene und wütete unter seinen Gegnern. Einige von ihnen hatten sich in einem Turm verschanzt, um den herum er Holz aufschichten und anzünden ließ. Da kam ihm der Gedanke, daß mit den Krügen im Ofen die Feinde im Turm gemeint waren, er sie also hätte ziehen lassen müssen. Um seinem Schicksal zu entgehen – er hielt Kyrene für den „rings vom Wasser umflossenen Ort" –, verließ Arkesilaos Kyrene aus freien Stücken, wurde aber dennoch kurz danach zusammen mit seinem Schwiegervater, dem „schönsten Stier", ermordet (Herodot 4,155–165).

Bis hier ist Herodot unser Gewährsmann. Als die Kyrenaier im 4. Jahrhundert beschlossen, Siedler aus der Mutterstadt Thera aufzunehmen, hielten sie dies auf einer Inschrift fest, auf der auch der Schwur der ersten Siedler eingemeißelt wurde. Die Kyrenaier beriefen sich auf den Orakelspruch, der Battos in Delphi zuteil geworden war, und formulierten eine drastische Bestimmung: Wer von der Polis Thera als Siedler in Kyrene ausgewählt wurde, mußte auch gehen; auf die Verweigerung stand die Todesstrafe; wer jemanden versteckte, der nicht als Siedler ausziehen wollte, hatte ebenfalls sein Leben verwirkt. Zur Bekräftigung dieser Beschlüsse wurde noch eine Handlung vollzogen, die man bei Griechen eigentlich nicht erwarten würde. Sie formten wächserne Figuren und verbrannten sie unter Fluchformeln: Wer die Eide breche, solle so zerschmelzen und zerrinnen wie die Wachsfiguren[8]. Nebenbei zeigt dieses Beispiel, daß es auch in der griechischen Welt magische Praktiken gab, die den Voodooritualen entsprechen[9]. In der Härte der Strafen für die Verweigerung der Aussiedlung offenbart sich ein Grundproblem der Kolonisation: Nicht alle, die vom Los dazu ausersehen waren, in einem fremden Land zu siedeln, wollten die Heimat verlassen.

Kommen wir zu einem weiteren Mythos um eine Koloniegründung. Syrakus, die wichtigste Stadt Siziliens, wurde von dem Korinther Archias gegründet. Als er in Delphi nach dem Ort fragte, wo er siedeln sollte, empfahl ihm die Pythia (Pausanias 5,7,3):

> Ortygia liegt im dämmernden Meer
> Über Trinakria, wo des Alpheios Mündung aufsprudelt,
> Sich mischend mit den Quellen der schön fließenden Arethusa.

Dieser ebenso schöne wie dunkle Orakelspruch besitzt folgenden Hintergrund: Ortygia ist eine kleine Insel vor Syrakus, auf der die erste Siedlung der Kolonisten angelegt wurde. Ähnlich wie in Kyrene verließ man erst nach einer Konsolidierungsphase den leicht zu verteidigenden Ort und legte die eigentliche Stadt an. Sizilien wird häufig als Trinakria – „die Dreieckige" – bezeichnet. Die Quellen des Flusses Alpheios, der auch an Olympia verbeifließt, liegen in Arkadien, im Herzen der Peloponnes; Arethusa ist die wichtigste Quelle in Syrakus. Beide Gewässer sind auch Gestalten der Mythologie: Die Jägerin Arethusa widersetzte sich dem Liebeswerben des Jägers Alpheios, floh vor ihm nach Syrakus und wurde dort in eine Quelle verwandelt. Als Alpheios dies hörte, wandelte er seine Gestalt in den gleichnamigen Fluß, strömte unter dem Meer durch und vereinigte sich in Syrakus mit dem Wasser der Arethusa. Was man bei Olympia in den Alpheios warf, so hieß es, kam in Syrakus wieder zutage. Zusammen mit seinem mythologischen Hintergrund führt dieser Orakelspruch die enge Verbindung von Syrakus mit Delphi und Olympia, den beiden wichtigsten panhellenischen Zentren, vor Augen und unterstreicht damit die herausragende Stellung der Stadt.

Welche Schlüsse lassen sich aus den geschilderten Gründungsorakeln für Kyrene und Syrakus ziehen? An der Historizität dieser Orakelsprüche sind Zweifel anzumelden: Syrakus wurde im 8., Kyrene im 7. Jahrhundert v. Chr. gegründet – aus dieser Zeit besitzen wir nur wenig verläßliche Nachrichten. Einmal mehr ist zu betonen, daß dies keine Rolle spielt. Vielleicht befragte man tatsächlich vor der Ausfahrt Delphi, vielleicht wurden die Orakel erst einige Generationen später konstruiert, vielleicht wurden existierende Orakelsprüche im Wortlaut verändert. Aufschluß gewährt die erst nach dem Tod Herodots entstandene Inschrift in Kyrene. Anhand dieses Beispiels läßt sich ermessen, daß Herodot nicht einfach Geschichten über eine ferne Stadt an der Küste Nordafrikas erfand, sondern daß seine Berichte den griechischen Diskurs über Orakel und

Koloniegründungen reflektieren. Erzählungen über Männer, die nach Delphi gingen, um sich einen Ratschlag über eine Koloniegründung beziehungsweise Legitimation für ihre Handlungen zu holen, waren im kulturellen Gedächtnis der Griechen präsent.

Wie man Legitimation erreichen konnte, läßt sich am Beispiel des Atheners Xenophon, der sich als Schriftsteller zu historischen, wirtschaftlichen und philosophischen Themen hervortat, studieren. Sein wohl einflußreichstes Werk ist die *Anabasis*, auch als der „Zug der Zehntausend" bekannt. Xenophon beschreibt hier als Augenzeuge den Feldzug, den der persische Kronprinz Kyros der Jüngere 401 v. Chr. gegen seinen Bruder, den Großkönig Artaxerxes, unternahm. Kyros hatte zehntausend griechische Söldner angeworben und hoffte, sich mit dieser Streitmacht den Königsthron zu erobern. Es kam noch im selben Jahr in der Nähe von Babylon zur Schlacht bei Kunaxa, in der die Truppen des Kyros sich durchsetzten. Allerdings erwies sich der Erfolg als wertlos, da Kyros im Kampf fiel; die Truppen des toten Kyros standen siegreich, aber ohne Kriegsziel in einem feindlichen Land. Xenophon, selbst einer der Anführer des Heeres, schildert in der *Anabasis*, wie sich die zehntausend griechischen Söldner unter großen Strapazen durch Kleinasien nach Norden zum Schwarzen Meer durchschlugen. Als sie endlich das Meer erreichten, kam es zu einer ergreifenden Szene. Das Heer marschierte in einer langen Reihe eine Anhöhe hinauf; wer hinten war, hörte, daß die vorderen aufgewühlt waren und laut riefen. Je näher man zur Anhöhe kam, desto besser verständlich wurde der Ausruf: „Thalatta!" („Das Meer!") jubelten diejenigen, die den Kamm erklommen hatten und das Meer sahen. Mit dem Erreichen des Meeres war für die seefahrenden Griechen die Rückkehr garantiert, die Menschen umarmten sich unter Tränen (4,7,22–27). Es ist sicherlich kein Zufall, daß dieser dramatisch ausgestaltete Wendepunkt genau in der Mitte des Werkes steht.

Das Unternehmen des Kyros war von Anfang an risikoreich, bot zugleich aber auch die Aussicht auf Gewinn, Ruhm und Abenteuer. Xenophon stand vor dem Feldzug zum einen an einem Wendepunkt seines Lebens; die Teilnahme an einer militärischen Expedition mit solchen Risiken wollte gut überlegt sein. Zum anderen gab es für Xenophon einen Legitimationsbedarf, der sich auch deutlich in der Schilderung der Ereignisse durchschlägt. So beschreibt er unter anderem, wie er sich zur Teilnahme durchrang. Sein alter Gastfreund Proxenos aus Theben hatte ihn brieflich aufgefordert und wollte ihn dem Kyros persönlich vorstellen. Nun wäre jedoch eine Verbindung zu Kyros in Athen schlecht aufgenommen worden, hatte doch Kyros auf Geheiß seines Vaters, des Großkönigs Dareios II., im Peloponnesischen Krieg (431–404) Sparta gegen die Athener unterstützt. Proxenos setzte sich darüber mit dem Hinweis hinweg, daß ihm persönlich das Vaterland weniger wichtig sei als die Freundschaft zu Kyros. Xenophon hatte mehr Skrupel, er fragte zunächst in Athen seinen Lehrer Sokrates, der ihm keine sichere Antwort geben wollte und ihn nach Delphi verwies – Xenophon schreibt über sich selbst in der dritten Person:

Dort befragte also Xenophon Apollon, welchem der Götter er opfern und zu welchem er beten müsse, um die Reise ehrenvoll und glücklich zu vollenden und nach erfolgreichem Gelingen heil zurückzukehren. Und Apollon offenbarte ihm die Götter, denen er opfern sollte. Als er wieder zurückgekehrt war, berichtete er Sokrates von dem Orakelspruch. Als der ihn vernommen hatte, tadelte er Xenophon, weil er nicht danach zuerst gefragt hatte, ob es für ihn besser sei zu reisen oder zu bleiben, sondern sich selbst für die Reise entschieden und dann nur gefragt habe, wie er am vorteilhaftesten die Reise beginnen solle. „Da du nun so gefragt hast“, sagte er, „mußt du tun, was der Gott befohlen hat.“ (Xenophon, Anabasis 3,1,5–8)

Anhand dieser Passage lassen sich zwei Aspekte aufzeigen: Zum einen ist die Kritik des Sokrates an der Vorgehensweise Xenophons ein gutes Beispiel für den Umgang mit Orakeln. Xenophons Frage nach den richtigen Göttern, die uns noch in anderen Fällen begegnen wird, ließ dem Orakel nur übrig, die Teilnahme am Feldzug zu bestätigen. Eine solche Scheinfrage gewährt einen gewissen Spielraum: Wäre Xenophon gescheitert, so hätte man dies auf einen unkorrekt vollzogenen Ritus zurückführen können oder darauf, daß eine Gottheit sich übergangen gefühlt habe – Delphi hätte nichts von seiner Glaubwürdigkeit verloren. Nach Sokrates hingegen hätte Xenophon das Orakel erst fragen sollen, ob er die Reise überhaupt antreten solle. Allerdings hätte diese Frage ein zu großes Risiko enthalten – eine Absage durch das Orakel hätte die Absicht Xenophons zunichte gemacht. Trotz aller logischen Argumentation gibt es für Sokrates letztlich keinen Zweifel an der Aussage des Orakels. Auch wenn Xenophon geradezu listig in Delphi angefragt hatte, war er mit einem Spruch zurückgekommen, der seine Pläne billigte. Als zweiter Aspekt, zumindest bei den größeren Orakeln, ist die geographische Distanz zu berücksichtigen. Wer wie Xenophon von Athen nach Delphi mußte, war einige Tage unterwegs und konnte während der Reise nochmals gründlich sein Problem durchdenken. Reiste man nicht allein, so bestand überdies noch die Möglichkeit, mit anderen darüber zu sprechen. Somit erweist sich der Weg nach Delphi als eine Phase, in der man sich über längere Zeit mit den möglichen Antworten auf seine Anliegen beschäftigte und das Problem so unter Umständen schon zum Teil klären konnte.

Nach der glücklichen Heimkehr aus dem Perserreich im Jahre 399 bedankte sich Xenophon beim delphischen Gott mit einem Weihgeschenk, das er als Bürger Athens im Schatzhaus der Athener deponierte. Auf die Gabe setzte Xenophon seinen Namen und den seines verstorbenen Gastfreundes Proxenos (Xenophon, Anabasis 5,3,5). Jahre später, Xenophon war inzwischen aus politischen Gründen aus Athen verbannt worden und hatte von den Spartanern einen Wohnsitz in der Nähe von Olympia zugewiesen bekommen, kaufte er ein großes Stück Land, auf dem er die Artemis von Ephesos verehren wollte – ihr verdankte er nach seiner Auffassung ebenfalls die glückliche Rückkehr von dem Feldzug mit Kyros. Der Ort von Xenophons Landgut war durch einen Spruch aus Delphi bestimmt worden. Aufschlußreich ist ferner, was Xenophon aufgrund des Spruches alles unternahm: Er errichtete einen Altar und einen Tempel; den Zehnten des Ackerertrages brachte er der Göttin als Opfer dar, alle Bürger und Nachbarn durften an dem Fest teilnehmen; auf Xenophons Gut wurden regelmäßig Jagden veranstaltet (Artemis war auch die Göttin der Jagd), an denen sich neben den Söhnen Xenophons auch die anderen Bürger beteiligen konnten; in den Wiesen und Wäldern durften die Besucher in Olympia ihre Zugtiere weiden lassen; um den Tempel standen Obstbäume, von denen man sich nehmen durfte. Neben dem Tempel, der dem berühmten Tempel in Ephesos – einem der Sieben Weltwunder – nachgebildet war, ließ Xenophon eine Stele mit der folgenden Inschrift aufstellen:

Heilig ist dieser Bezirk der Artemis. Der Besitzer und Nutznießer hat alljährlich den Zehnten zu opfern und von dem Übrigen den Tempel zu erhalten. Tut einer das nicht, so wird die Göttin dafür Sorge tragen. (Xenophon, Anabasis 5,3,5–11)

Mit all diesen Bestimmungen zeigte Xenophon seine Frömmigkeit und seine Freigebigkeit, zugleich sollte die Rolle seiner Söhne und deren Nachkommen fest definiert sein[10]. Allerdings gelang es Xenophon nicht, seine Familie auf Dauer mit dem Landgut zu verbinden, er mußte es bereits zu Lebzeiten verlassen. Das Nachleben von Xenophons Inschrift ist anderer Natur: Eine Inschrift auf einem Steinblock aus dem zweiten oder dritten Jahrhundert n. Chr. aus Ithaka wiederholt den exakten Wortlaut des Schriftstellers und stellt eine epigraphische Hommage an Xenophon dar[11].

Weite Handelsreisen zur See oder auf dem Land wurden durch religiöse Handlungen gleichsam eingerahmt. Vor der Abreise legte man ein Gelübde ab, das man im Falle einer glücklichen Heimkehr einlöste. Wer besonders sichergehen wollte, fragte vor dem Beginn einer großen Fahrt ein Orakel, ob die Reise gut ausgehen werde. Mnesarchos aus Samos, der Vater des Philosophen und Mathematikers Pythagoras, kam nach Delphi und erhielt die Auskunft, daß seine Reise zufriedenstellend und gewinnbringend sein werde. Außerdem wurde Mnesarchos mitgeteilt, daß seine Frau schwanger sei und einen Sohn zur Welt bringen werde, der alle anderen Männer der Vergangenheit und Gegenwart an Weisheit übertreffen und der Menschheit ein großer Helfer sein werde (Iamblichos, De vita Pythagorica 5). Aus Dodona kennen wir Bleitäfelchen, in denen gefragt wird, ob eine Reise zu verschieben oder gleich durchzuführen sei[12]. Ferner wurden in Dodona auch Probleme der Umsiedlung thematisiert. Auf einem Täfelchen aus der Zeit um 400 v. Chr. befinden sich Frage und Antwort:

Frage: Gott. Zum guten Glück. Was das Vermögen und die Niederlassung in Kroton angeht: ist es besser und vorteilhafter für ihn und die Gattin?
Antwort: In Kroton.

Frage und Antwort sind von derselben Hand geschrieben. Wahrscheinlich kommunizierte der Klient durch die Vermittlung eines Priesters mit dem Orakel. In einem anderen Bleitäfelchen ist die Anfrage erhalten, ob es von Vorteil sei, von Herakleia in Süditalien nach Taras zu ziehen[13]. Normalerweise war es schwierig, in einer Polis das Bürgerrecht zu erlangen. Hier lag eine andere Situation vor, da Herakleia 434/33 v. Chr. von Taras aus besiedelt worden war. Wer als Neuankömmling einen Orakelspruch vorweisen konnte, der ihn an die betreffende Stadt verwiesen hatte, war durch die Auskunft einer Gottheit bestätigt und mochte wohl leichter Aufnahme finden.

Göttliche Weisheit und der Umgang mit Unglück

Das größte Unglück – Krieg

Krieg stellte in der griechischen Antike nicht die Ausnahme, sondern den Regelfall dar. Mit Krieg waren viele Risiken wie etwa Hungersnot, Verwundung und Tod verbunden, aber auch Hoffnung auf Beute und unsterblichen Ruhm, wie ihn die Helden der Kämpfe um Troia, des von Homer in der *Ilias* beschriebenen Prototyps aller Kriege, erworben hatten. Es verwundert daher nicht, daß zahlreiche Orakelsprüche um das Thema Krieg existieren. Als die Spartaner in mythischer Frühzeit Arkadien erobern wollten, fragten sie in Delphi an. Die Pythia antwortete:

> Forderst Arkadien von mir? Forderst viel! Ich geb es dir nimmer.
> Denn in Arkadien gibt es viel Eicheln verzehrende Männer,
> Die dir entgegenstehn. Doch will ich mich dir nicht versagen:
> Trete Tegea dir ab zum Tanze mit stampfenden Füßen
> Und die herrliche Flur, das Land mit der Leine zu messen.

Nach dieser Auskunft ließen die Spartaner von ihren Expansionsgelüsten gegen die Arkader ab und verwendeten ihre Energie auf die Eroberung von Tegea. Da die Spartaner stets Niederlagen erlitten, konsultierten sie wiederum Delphi und erhielten den Rat, die Gebeine des Orestes, des Sohnes des Agamemnon, zu holen. Doch die Spartaner wußten nicht, wo das Grab des Orestes war, und schickten eine weitere Gesandtschaft nach Delphi; sie bekam die folgende Antwort:

> Dort, wo Tegea liegt in Arkadiens glatten Gefilden,
> Allda wehen zwei Winde im Zwange mächtigen Dranges;
> Schlag erfolgt dort auf Schlag, ein Leid liegt dort auf dem Leide.
> Dort verbirgt die nährende Erde den Sohn Agamemnons.
> Du wirst Tegeas Genosse sein, sobald du ihn heimholst.

Die Lakedaimonier suchten nach dem Leichnam des Orestes und holten ihn in einer Mischung aus Zufall und List nach Sparta. Lichas, ein umherziehender Spartaner, trat in Tegea in eine Schmiede, sah dem Schmied bei der Arbeit zu und bestaunte sein Geschick. Der Schmied war geschmeichelt und verriet ihm ein Geheimnis. Er hatte im Hof einen Brunnen gegraben, dabei einen Sarg mit einer Leiche von außergewöhnlicher Größe gefunden und die Grube samt Sarg wieder zugeschüttet. Für Lichas war es klar, daß es sich dabei um den Leichnam des Orestes handeln mußte, traf doch der Orakelspruch zu: Die beiden Blasebälge des Schmiedes waren die zwei Winde, Amboß und Hammer standen für die ständigen Schläge, das Eisen stellte das Leid, das auf Leid liegt, dar – war doch das Eisen den Menschen zum Leid und zum Unheil erfunden. Nun griffen die Spartaner zu einer List. Lichas wurde aufgrund einer fingierten Anklage zum Schein verbannt, lief zu den Tegeaten über und pachtete nach einiger Zeit den Hof des Schmiedes. Dort grub Lichas die Gebeine des Orestes aus und brachte sie nach Sparta. Danach unterwarfen die Spartaner endlich Tegea (Herodot 1,66–68)[14].

Doch nicht immer verwies ein Orakel auf Erfolg im Krieg. Als der Aufstand des Lyders Paktyas gegen Kyros scheiterte, floh Paktyas als Schutzflehender nach Kyme, einer neutralen und unabhängigen Griechenstadt, worauf Kyros vehement die Auslieferung des Verräters forderte. Dies stürzte die Bewohner von Kyme in einen Zwiespalt zwischen dem Recht des Schutzflehenden auf Asyl und der Angst vor der militärischen Macht des Perserreiches. Sie hofften, durch einen Orakelspruch einen Ausweg aus dieser Aporie zu erreichen. Die Gesandtschaft der Kymaier erhielt vom Orakel in Didyma die Antwort, Paktyas auszuhändigen. In Kyme allerdings stieß dieser Spruch auf Widerstand. Eine Gruppe um den Adligen Aristodikos behauptete, die Boten, die man nach Didyma geschickt hatte, würden nicht die Wahrheit berichten. Um diese Frage zu klären, wurde eine zweite Gesandtschaft nach Didyma ausgesandt, zu der nun auch Aristodikos gehörte. Aristodikos befragte als einziger das Orakel: „Herr, der Lyder Paktyas kam als Schutzflehender zu uns, um dem gewaltsamen Tod zu entfliehen, den die Perser ihm androhen. Sie verlangen von uns Kymaiern seine Auslieferung. Obwohl wir die Macht der Perser fürchten, haben wir es bisher nicht gewagt, ihnen den Schutzflehenden zu übergeben, bis du uns nicht deine wahre Meinung darüber sagst, was wir tun sollen." Der Gott empfahl abermals die Auslieferung des Paktyas. Aristodikos gab sich immer noch nicht zufrieden und nahm alle Vogelnester aus, die sich im heiligen Bezirk befanden. Mit dieser symbolischen Handlung schändete er bewußt das Heiligtum, worauf eine Stimme zu hören war: „Frevler, was wagst du zu tun? Die bei mir Hilfe suchen, vertreibst du aus dem Heiligtum?“ Aristodikos hatte dies provoziert und antwortete schlagfertig: „Herr, so hilfst du selbst den Schutzbedürftigen; die Bewohner von Kyme aber forderst du auf, ihren Schützling preiszugeben?“ Apollon erwiderte: „Ja, das befehle ich. Ihr sollt freveln und dadurch schneller zugrunde gehen, damit ihr in Zukunft nicht mehr hierherkommt und das Orakel befragt, ob ihr Schutzflehende ausliefern sollt.“ Auch nach dieser niederschmetternden Auskunft, hervorgerufen zum einen durch die würdelose Frage, ob man einen Schutzflehenden ausliefern solle, zum anderen durch die frevlerische Anmaßung des Aristodikos, der mit Apollon feilschen wollte, lieferte man Paktyas nicht direkt den Persern aus, sondern ließ ihn durch Dritte an Kyros aushändigen (Herodot 1,153–160).

Im historischen Kontext dieses furchtbaren Orakelspruches deutete sich bereits die Katastrophe des Orakels von Didyma, das im Gebiet von Milet lag, an. Nach der Unterwerfung der Lyder brachten die Perser auch die kleinasiatischen Griechen unter ihre Herrschaft. Als die Ionier 500 v.Chr. den Abfall vom Perserreich planten, soll ihnen der Geschichtsschreiber Hekataios aus Milet geraten haben, die Weihgeschenke des Kroisos in Didyma an sich zu reißen: Man verfüge dann über beträchtliche Mittel und habe zugleich dafür gesorgt, daß sie dem Feind nicht in die Hände fallen. Der Vorschlag fand bei den Milesiern keinen Anklang (Herodot 5,36). Gleichwohl nahm Milet, die größte Griechenstadt Kleinasiens, beim ionischen Aufstand eine führende Rolle ein. Vor den Kämpfen fragten die Milesier mit Sicherheit in Didyma an, doch davon ist uns nichts bekannt. Als hingegen die Argiver in Delphi wegen einer anderen Sache anfragten, erhielten sie eine Antwort, die sich auf Milet bezog:

> Auch du, stolzes Milet, du Urheberin böser Taten,
> Wirst zum leckeren Mahl, zur herrlichen Gabe für viele.
> Waschen werden die Frauen die Füße langhaarigen Männern,
> Und in Didyma werden den Tempel uns andere hüten.

Wenn Milet als die Urheberin böser Taten bezeichnet wird, so ist dies ein Ausdruck der propersischen Haltung des Delphischen Orakels. Der

Spruch über Didyma ging in Erfüllung, da die siegreichen Perser langes Haar trugen; sie zerstörten Milet 494 oder 479 – die genaue Datierung ist unklar – und führten den Orakelkult von Didyma nach Baktrien (Herodot 6,18–19). Unter der persischen Oberhoheit verwaiste das Orakel von Didyma. Die zweite Blütezeit begann nach 334, als Alexander der Große auf seinem Feldzug gegen das Perserreich die Griechenstädte Kleinasiens befreite.

Doch gehen wir in der Chronologie nochmals einen Schritt zurück. Die Perserkriege (490–479) stellen einen entscheidenden Einschnitt in der griechischen Geschichte dar. In dieser Phase gelang es den Griechen, sich gegen die expansiven Gelüste des Persischen Reiches zu wehren. So zumindest ist es in vielen älteren Darstellungen zu lesen. Tatsächlich ging während der Kämpfe ein tiefer Riß durch die griechische Welt. Nur etwa 5% der griechischen Staatswesen kämpften gegen die Perser; viele, vor allem die Griechen im westlichen Mittelmeer, verhielten sich neutral, viele hellenische Gemeinwesen kämpften auf seiten der Perser. Nur wenige Staaten, unter ihnen Athen und Sparta, nahmen von Anfang an eine klare Position gegen die Perser ein.

Delphi riet, wie bereits durch den Spruch über Milet deutlich wurde, anfangs zur Unterwerfung unter die Perser – damit gab das Orakel die Stimmung der Mehrheit der griechischen Staaten wieder. Dies läßt sich auch bei den ersten Auseinandersetzungen während der Ausbreitung der Perser in Kleinasien feststellen, wo sie in der Mitte des 6. Jahrhunderts an der Küste auf griechische Siedlungen trafen. Eine dieser Griechenstädte war Knidos. Die Knidier bewohnten eine Halbinsel, die nur im Osten ein schmaler Isthmos mit dem Festland verband. Um sich besser gegen die Perser verteidigen zu können, begannen sie, den Isthmos zu durchstechen sowie Türme und Mauern zu errichten. Doch die Arbeiten gingen nur schleppend voran und führten zu zahlreichen und schweren Verletzungen. Besonders die Augen der Arbeiter wurden dermaßen häufig durch Steinsplitter verletzt, daß man dies für einen göttlichen Wink hielt. Man sandte Boten nach Delphi, um nach der Ursache des Unheils zu fragen, und erhielt die Antwort:

> Ihr sollt am Isthmos Turmwerk nicht noch Graben bauen!
> Zeus schuf ihn ja zur Insel, hätt' er's nur gewollt.

Als die Knidier diesen Spruch vernahmen, stellten sie die Arbeiten ein und ergaben sich kampflos den Persern (Herodot 1,174). Bereits an diesem Beispiel läßt sich exemplarisch die Problematik der Orakelsprüche aus den Perserkriegen vorführen. Wer wie die Knidier im direkten Einflußbereich der Perser wohnte, mußte diplomatisch vorgehen. Wahrscheinlich wollten die Knidier anfangs den Persern Widerstand leisten, ergaben sich dann aber dem übermächtigen Gegner. Durch die Kombination von Vorzeichen und einem Orakelspruch rechtfertigten die Knidier ihre Unterwerfung unter die Perser vor der griechischen Öffentlichkeit.

Kurz vor dem Angriff des Xerxes auf Griechenland im Jahre 480 waren die Argiver unschlüssig, ob sie sich den Persern unterwerfen sollten. Da die Spartaner zu den Anführern der antipersischen Opposition gehörten, bezogen die Argiver eine Gegenposition. Letztlich verhielten sie sich, durch einen Spruch aus Delphi legitimiert, neutral (Herodot 7,148):

> Du bist Feind deinen Nachbarn, doch Freund den unsterblichen Göttern,
> Bleibe du still zu Hause und laß nur ruhn deinen Wurfspeer!
> Halte das Haupt dir geschützt! Das Haupt wird den Körper dir retten.

Das zu schützende Haupt läßt sich verschieden interpretieren. Mit dem Haupt kann die befestigte städtische Siedlung gemeint sein; nach dieser Deutung sollten sich die Argiver in ihre Stadt zurückziehen und warten, bis der Sturm vorbei war, zumal sie wenige Jahre zuvor in einem Krieg gegen die Spartaner einen Großteil ihres Heeres verloren hatten. Wir können auch spekulieren, daß in Argos ähnlich wie in anderen griechischen Staaten eine demokratische Strömung den Kampf gegen die Perser befürwortete, während der Adel – symbolisch das Haupt der Polis – sich gegen den Kampf aussprach[15]. Wie auch immer man sich entscheidet, die Bedeutung des Hauptes in der Auslegung unterscheidet sich kaum, da es stets um eine Machtposition geht, sei sie nun militärisch oder politisch.

Auch anderen Griechen gab Delphi den Rat, sich aus dem Kampf gegen die Perser herauszuhalten. Die Kreter etwa, die von den zum Kampf entschlossenen Griechen zur Teilnahme aufgefordert wurden, schickten eine Gesandtschaft nach Delphi und fragten, ob es besser für sie sei, Griechenland zu unterstützen. Ihnen wurde die Antwort zuteil: „Ihr Toren! Denkt doch daran, wieviel Tränen euch Minos wegen des

Beistands für Menelaos in seinem Zorn geschickt hat. Denn sie (die Griechen) haben ihm nicht geholfen, seinen Tod in Kamikos zu rächen. Ihr aber habt sie unterstützt, als ein Barbar das Weib aus Sparta raubte" (Herodot 7,169). In diesem Spruch wurde eine Rechnung von erbrachter Leistung und nicht erbrachter Gegenleistung aufgemacht. Im Troianischen Krieg hatten die Kreter auf der Seite der Griechen gekämpft; Anlaß des Krieges war die Entführung der Helena, der Gattin des Spartanerkönigs Menelaos, durch den Troianer Paris. Umgekehrt jedoch hatten die Griechen drei Menschenalter zuvor nicht geholfen, als die Kreter den Tod ihres Königs Minos rächen wollten, der auf Sizilien ermordet worden war. Für die Kreter gab es also keinen Grund, nochmals die Griechen zu unterstützen. Eine solche Argumentation mit dem Rückgriff auf die Vergangenheit, wobei sich unsere Kategorien von Mythos und Geschichte verwischen, war durchaus üblich und diente den Kretern als Rechtfertigung ihrer Neutralität.

Als die Athener, die durch ihren Einsatz und ihre militärische Macht einen wesentlichen Beitrag zur erfolgreichen Abwehr der Perser leisteten, vor dem drohenden Einfall der Perser 480 v. Chr. das Delphische Orakel fragten, wie sie sich verhalten sollten, fiel die Antwort niederschmetternd aus. Zwei Besonderheiten in der Version Herodots unterstreichen den Ernst der Situation. Zum einen kennt er diesmal den Namen der Pythia – sie hieß Aristonike –, zum anderen fällt der Orakelspruch durch seine außergewöhnliche Länge von zwölf Versen auf. Er beginnt mit der Aufforderung zur Flucht aus Delphi:

> Arme! Was sitzt ihr noch hier? Wohlan, bis ans Ende der Erde
> Flieht aus dem Haus, aus der rundlichen Stadt hochragenden Felsen!

Nichts, so weiter die düstere Prophezeiung, werde dem Verderben entgehen, das der Krieg über die Menschen bringe; Festungen und Tempel werden Opfer der Flammen:

> Jetzt schon stehen triefend von Schweiß die unsterblichen Götter,
> Zitternd und bebend vor Furcht, von den obersten Zinnen der Tempel
> Rinnt dunkles Blut, zum Zeichen des Zwanges des kommenden Unglücks
> Fort aus dem Heiligtum hier! Und wappnet den Sinn gegen Unheil![16]

Als die athenischen Gesandten aufgrund der Härte des Spruches verzweifelten und ihre Stadt schon aufgaben, riet ihnen ein angesehener Delpher, das Orakel ein zweites Mal zu befragen. Sie sollten nun als Schutzflehende um die Hilfe des Gottes bitten. Dankbar befolgten die Athener den Rat und forderten einen günstigeren Orakelspruch, andernfalls würden sie als Asylsuchende bis zu ihrem Lebensende im Heiligtum bleiben. Die Pythia gewährte ihnen nochmals eine Antwort in zwölf Versen. Diesmal konnte Hoffnung aufkeimen: Wenn die Athener all ihr Land an die Perser verlören, dann, so die Pythia, bleibe allein eine Mauer aus Holz als Schutz für die Athener:

> Doch dir sag ich ein anderes Wort, wie Stahl fest gegründet:
> Ist das übrige alles von Feinden genommen, was Kekrops'
> Grenze umschließt und die Schluchten des heiligen Berges Kithairon,
> Dann gibt die Mauer aus Holz der Tritogebornen weitschauend
> Zeus unbezwungen allein, dir und deinen Kindern zu Nutze.
> Doch erwarte du nicht der Reiter Schar und das Fußvolk
> Ruhig auf festem Boden! Entweiche dem drohenden Angriff,
> Wende den Rücken ihm zu! Einst wirst du ja dennoch sie treffen.
> Salamis, göttliche Insel, die Kinder der Frauen vertilgst du,
> Sei es zu Demeters Saat oder sei es zum Zeitpunkt der Ernte.

Eine Bemerkung zum Wortlaut: Kekrops, ein aus der Erde geborener schlangenbeiniger Heros, galt als der mythische Gründer Athens; Kekrops' Grenze bezeichnet das Gebiet Athens. Insgesamt bietet sich durch die doppelte Anfrage eine ungewöhnliche Situation. Hervorhebung verdient Timon, der Delpher, der den Athenern den Rat gab, das Orakel nochmals zu konsultieren. Strukturell entspricht Timon dem „Helfer", der in vielen Märchen und Sagen im Augenblick der höchsten Not plötzlich erscheint und den Helden ein entscheidendes Hilfsmittel – sei es eine Waffe, ein Zaubermittel oder einen Rat – zukommen läßt[17]. In diesem konkreten Fall nimmt Timon auf zwei Ebenen eine Vermittlerfunktion ein: Erstens kann er als Mitglied der delphischen Oberschicht stellvertretend für die Delpher stehen und damit anzeigen, daß die Delpher den Athenern immer wohlwollend gesinnt waren; zweitens kann Timon, auch wenn dies nicht gesagt wird, im Auftrag Apollons handeln, der den Athenern Gutes will.

In der Darstellung Herodots schrieben die athenischen Gesandten den Spruch auf und kehrten nach Athen zurück, wo es zu unterschiedlichen Auslegungen kam. Vor allem die Bedeutung der hölzernen Mauer war ein

Streitpunkt. Die einen erklärten, damit sei die Erhaltung der Akropolis geweissagt, da dieser Felsen von einer Dornenhecke umwachsen sei; die Vertreter dieser Position waren dafür, sich auf die Akropolis, wo sich auch der Tempel der Stadtgottheit Athena befand, zurückzuziehen. Andere sagten, mit den hölzernen Mauern seien die Schiffe gemeint. Zu dieser Gruppe gehörte auch Themistokles, der in den Jahren zuvor ein gewaltiges Flottenbauprogramm aufgelegt hatte (Herodot 7,140–144). Man hatte die Einkünfte der staatlichen Silberbergwerke in Laureion verwendet, um 200 Kriegsschiffe zu bauen; durch diese Anstrengungen verfügten die Athener auf einen Schlag über die größte Flotte der griechischen Welt.

In der Diskussion um die richtige Strategie gegenüber den Persern setzte sich schließlich Themistokles durch. Frauen, Kinder und Alte wurden auf die benachbarte Insel Salamis evakuiert und die Stadt den Persern kampflos preisgegeben. Diese Entscheidung sollte sich als richtig erweisen: Zwar zerstörten die Perser Athen und machten reiche Beute, doch die Niederlage in der Seeschlacht bei Salamis zwang sie zum Rückzug. Spätestens jetzt scheinen, zumindest in der Konstruktion Herodots, die Bürger von Delphi auf der Seite der Griechen zu sein, die Delpher befragten nämlich das Orakel, weil sie um ihr eigenes Schicksal und das Griechenlands fürchteten. Die Delpher erhielten als Antwort, sie sollten zu den Winden beten; die Winde würden mächtige Bundesgenossen von Hellas sein. Diese Auskunft schickten die Delpher an die Griechen, die gegen die Perser kämpften – damit war durch Delphi die Seetaktik des Themistokles legitimiert. In Athen erzählte man sich eine eigene Version, nach der die Athener selbst ein Orakel erhalten hätten, den stürmischen Nordostwind Boreas herbeizurufen. Boreas war nach dem Mythos mit einer Athenerin verheiratet und hatte den Athenern aufgrund der Verwandtschaft schon öfter geholfen. Immerhin ließ der Sturm 400 Schiffe der persischen Flotte sinken, deren Gut man Tage später am Strand aufsammeln konnte (Herodot 7,178–191).

Zur Zeit der Perserkriege kursierten auch Orakelsammlungen, die nicht mit einer bestimmten Orakelstätte verbunden waren. Herodot erwähnt die Sammlungen des Bakis, des Musaios und des Atheners Lysistratos (8,96). In einem der dort bewahrten Sprüche wurde die Schlacht bei Plataiai prophezeit, ein anderer sagte die Seeschlacht bei Salamis vorher (Herodot 8,77):

Erz wird klirren an Erz, mit Blut wird Ares die Meerflut
Färben. Dann erscheinet der Tag der Freiheit für Hellas,
Kronos' waltender Sohn und die hehre Nike, sie bringt ihn.

Diese Sprüche, von denen nur wenige erhalten sind, scheinen zu Lebzeiten Herodots eine große Wirkung entfaltet zu haben, die in den wenigen Zitaten aufleuchtet. Herodot selbst schenkt den Sprüchen des Bakis unbedingt Glauben.

Doch nicht nur die Griechen, die gegen die Perser kämpften oder sich neutral verhielten, legitimierten ihre Handlungsweise durch Orakelsprüche, sondern auch die Perser bemühten sich um Orakel. Nach der Schlacht bei Salamis überwinterte der persische Heerführer Mardonios im Norden Griechenlands und schickte einen Gesandten namens Mys zu den wichtigsten griechischen Orakelstätten. Herodot, unser Gewährsmann, weiß nicht, was Mardonios fragen ließ und welche Antwort er erhielt. Herodot betont dies zu Beginn dieser Episode und am Ende; er spekuliert aber darüber, daß Mardonios den Rat erhalten hatte, sich mit den Athenern zu verbünden. Mys befragte insgesamt fünf Orakelstätten: Lebadeia, Abai, Theben und Oropos und Ptoion. In Lebadeia und in Oropos bestach er jeweils Leute, die für ihn das Orakel konsultierten. Als Mys ins Heiligtum des Apollon Ptoios bei Theben kam, verkündete der Oberpriester sogleich einen Spruch, allerdings in einer Barbarensprache. Mys wurde dem Brauch entsprechend von drei Thebanern begleitet, die den Götterspruch aufzeichnen sollten; da sie die Sprache nicht verstanden, nahm Mys ihnen die Tafel, die sie mitgebracht hatten, um den Spruch aufzuzeichnen, ab und trug ihn selbst ein. Er sagte, die Sprache sei karisch (Herodot 8,133–136).

In allen drei Orakelbefragungen, über die Herodot etwas berichtet, sehen wir Vermittler am Werk. In zwei Fällen handelt es sich um Bestechungen, beim Orakel des Apollon Ptoios übernimmt Mys selbst, da nur er die Sprache des Priesters versteht, die Rolle des Vermittlers. Dadurch sind die drei thebanischen Begleiter, die eigentlich über den Inhalt der Prophezeiung wachen und ihn an ihre Landsleute weitergeben sollten, ausgeklammert. Mys wahrt das Geheimnis durch das Rätsel einer anderen Sprache. Insgesamt läßt sich anhand der Schilderung der Befragung durch Mys der Unterschied zwischen Griechen und Persern ermessen. Während die Orakel für die Griechen eine, wenn auch bisweilen schwer verständliche und eine Interpretation erfordernde Botschaft besitzen, kann Herodot über den Inhalt der Orakelbefragung durch die persischen Gesandten nur spekulieren.

Nach dem Ende der Perserkriege stifteten die siegreichen Griechen prächtige Weihgeschenke in Delphi. Als der athenische Feldherr Themistokles einen Teil der Beute aus der Seeschlacht bei Salamis in Delphi weihen wollte, fragte er das Orakel, ob er diese innerhalb des Tempels aufstellen dürfe. Die Antwort war gänzlich ablehnend und forderte ihn sogar auf, seine Weihegaben aus Delphi fortzuschaffen:

> Lege mir nicht von der Perserbeute schönen Schmuck
> In den Tempel; schick es schnellstens heim.

Pausanias fragt sich, ob diese ablehnende Antwort kam, weil das Orakel wußte, daß Themistokles nach einiger Zeit zu den Persern überlaufen würde (Pausanias 10,14). Andererseits läßt sich auch vermuten, daß das Orakel, da es den Widerstand gegen die Perser nicht gutgeheißen hatte, nun auch keinen Anteil an der Beute haben wollte. Ein Jahr später hatte sich die Situation geändert. Nach der Schlacht bei Plataiai (479) nahmen die siegreichen Griechen den zehnten Teil der Beute, ließen daraus einen goldenen Dreifuß auf einer erzenen Schlangensäule schmieden und stellten das Werk in Delphi als Dank an Apollon auf. Allerdings wurde dieses Denkmal gleich zu Beginn mißbraucht. Der spartanische König Pausanias ließ ein eigenartiges Epigramm auf der Basis des Kunstwerkes eingravieren:

> Der Heerführer der Hellenen, der das Heer der Meder vernichtete,
> Pausanias hat dem Phoibos das Denkmal errichtet.

Pausanias reklamierte den Ruhm für sich allein. Dies war ein eindeutiger Affront gegen die anderen Griechen, die ebenfalls gegen die Perser, in der damaligen Terminologie auch Meder genannt, gekämpft hatten. Nach dem Sturz des Pausanias ließen die Spartaner die Inschrift tilgen und statt dessen die Namen aller mitkämpfenden Städte eintragen (Thukydides 1,132). Dieses Weihgeschenk hat seine eigene Geschichte. Im dritten Heiligen Krieg (356–346) ging der goldene Dreifuß verloren, wahrscheinlich prägten die Phoker aus dem Gold Münzen, mit denen sie ihre Söldner bezahlten. Mehr als 600 Jahre später ließ Kaiser Konstantin der Große die Säule in seine 324 n.Chr. neugegründete Hauptstadt Constan-

Abb. 8: Schlangensäule, Teil des Weihgeschenkes der Sieger von Plataiai, ursprünglich in Delphi aufgestellt, von Konstantin dem Großen nach Constantinopolis (heute Istanbul) gebracht.

tinopolis transportieren[18] (Abb. 8). Doch nicht nur die Sieger der Perserkriege sollten in Delphi repräsentiert sein. So besagt der Eid der Hellenen, die sich 480 gegen die Perser verschworen, daß diejenigen griechischen Gemeinwesen, die sich ohne Not den Persern ergeben hatten, an den delphischen Apollon den Zehnten entrichten sollten (Herodot 7,132). Damit wurde die Buße für den Verrat an der Sache der Griechen an einen neutralen Ort, nicht an einen der führenden Staaten wie Athen oder Sparta, geleistet.

Nach der erfolgreichen Abwehr der Perser 479 bildete sich eine Frontstellung zwischen Athen und Sparta heraus, die zum Peloponnesischen Krieg (431–404) führte. Im Unterschied zu den Athenern kümmerten sich die Spartaner vor der Eröffnung der Kampfhandlungen um eine Absicherung in Delphi und fragten an, ob der Krieg für sie gut ausgehen werde. Apollon machte den spartanischen Gesandten Mut: Wenn sie nach Kräften kämpften, werde der Sieg bei ihnen sein, und er selbst werde mit eingreifen, gerufen oder ungerufen (Thukydides 1,118).

Im Jahre 371 kam es zwischen Sparta und Theben zu einem Krieg, der in der Schlacht bei Leuktra mit einer verheerenden Niederlage für die Spartaner endete; sie verloren zwischen 1000 und 2000 Mann, angesichts der relativ niedrigen Anzahl spartanischer Vollbürger ein katastrophaler Verlust. Da hier erstmals die Spartaner in offener Feldschlacht unterlegen waren und in der Zeit danach nie wieder ihre alte Größe erreichen konnten, verwundert es nicht, daß sich Orakel und Vorzeichen um diese Schlacht ranken. Vor der Schlacht befragten die Thebaner unter anderem das Orakel des Trophonios im nahen Lebadeia, dessen Antwort als einzige überliefert ist:

> Bevor ihr mit der Lanze auf die Feinde stoßt, stellt ein Siegmal auf,
> Es schmückend mit dem Schild, den meinem Tempel brachte
> Der messenische Held Aristomenes. Aber ich werde dir
> Das Heer der schildtragenden Feinde vernichten (Pausanias 4,32).

Gemäß dem Orakelspruch errichteten die Thebaner ein Siegesmal (*tropaion*), das sie mit dem Schild des Aristomenes schmückten und so aufstellten, daß die Spartaner den Schild erkennen konnten. Aristomenes galt als Heros der Messenier, deren Anführer er in den Kriegen gegen Sparta von etwa 500–490/89 war. Als Aristomenes einst in einer Schlacht seinen Schild verloren hatte, stieg er auf Geheiß des Delphischen Orakels in die Orakelhöhle des Trophonios hinab, fand dort seinen Schild und stiftete ihn dem Trophonios als Weihgeschenk. Eigentlich war es ein Zeichen von Feigheit und Niederlage, den Schild in der Schlacht zu verlieren. Doch in diesem Fall, da offensichtlich eine höhere Macht eingegriffen hatte, drohte Aristomenes keine Schande – die Niederlage, die Aristomenes gegen die Spartaner erlitten hatte und die ihn dazu zwang, nach Rhodos zu flüchten, wurde durch die Orakel symbolisch zu einem Sieg aufgewertet. Später holten die Messenier die Gebeine des Aristomenes aufgrund eines delphischen Spruches aus Rhodos zurück. Auf dem Grab erhob sich eine Säule, an die man vor einem Opfer den Stier, der geschlachtet werden sollte, band. Rüttelte der Stier so stark an seinen Fesseln, daß die Säule sich bewegte, so war dies ein gutes Zeichen für die Messenier; bewegte sich die Säule hingegen nicht, so war Unheil zu befürchten. Insgesamt war die Figur des Aristomenes eng mit dem Wohl und Wehe der Messenier verbunden.

Wenn nun die Thebaner den Spartanern den Schild des Aristomenes vorführten, so war die Botschaft etwa folgendermaßen: „Seht her Spartaner, wir haben den Schild und die Unterstützung eines Mannes, der von euch nicht besiegt werden konnte.“ In Anbetracht solcher Konstruktionen ist es nur folgerichtig, daß Aristomenes selbst auf der Seite der Thebaner gekämpft haben und maßgeblich an der Niederlage der Spartaner beteiligt gewesen sein soll. Epameinondas, dem thebanischen Feldherren in der Schlacht bei Leuktra, genügte die Verwendung des mythischen Schildes nicht, sondern er ließ auch Trophonios selbst intervenieren: Ein dem Heer unbekannter Mann wurde mit Binden und einem Kranz dekoriert, gab sich als Abgesandter des Trophonios aus und verkündete, daß die Seite, welche die Schlacht begönne, siegen werde (Polyainos 2,3,8). Damit war die Motivation zum Angriff gesteigert.

Auch wenn Vorzeichen nicht direkt zum Themenkreis der Orakel gehören, lohnt sich ein kurzer Blick in die Liste der Zeichen vor der Schlacht bei Leuktra, die Cicero in seiner Schrift über die Weissagekunst anführt: Im Heiligtum des Herakles in Sparta schwitzte das Bild des Gottes, während sich in Theben im Heraklestempel die Türen von selbst öffneten und die Waffen, die sonst an den Wänden aufgehängt waren, auf dem Boden lagen. Die Botschaft dieser Zeichen ist eindeutig – Herakles deutete den Spartanern durch sein angstvolles Schwitzen ihre Niederlage an; den Thebanern hingegen öffnete er den Tempel und gab ihnen die Waffen. Als man bei Lebadeia dem Trophonios opferte, krähten die Hähne der gesamten Umgebung pausenlos – dies sagte den Sieg der Thebaner voraus, da Hähne nach einer Niederlage schweigen, nach einem Sieg hingegen krähen. Auf der Statue Lysanders in Delphi – er war einst der berühmteste Spartaner, denn er hatte die Athener in der Schlacht bei Aigospotamoi 405 geschlagen und damit das Ende des Peloponnesischen Krieges in greifbare Nähe gerückt – erschien urplötzlich ein Kranz aus struppigen und wilden Pflanzen. Ferner fielen goldene Sterne, die von den Spartanern nach einem Seesieg über Athen in Delphi gestiftet worden waren, von einem Denkmal ab und ließen sich nicht mehr auffinden. Als die Spartaner vor dem Beginn des Krieges das Losorakel in Dodona befragen wollten, ob es gut sei, den Krieg zu beginnen, kam ein Affe, den sich der König der Molosser, in dessen Gebiet Dodona lag, als Schoßtier hielt, und richtete ein großes Durcheinander an: Er warf die Lose und die übrigen Dinge, die zum Losen bereitstanden, umher und zerstreute alles kreuz und quer. Dies war keineswegs ein gutes Zeichen. Vielmehr verkündete die Priesterin, die das Losorakel verwaltete, die Spartaner sollten sich über ihre Rettung, nicht über ihren Sieg Gedanken machen (Cicero, De Divinatione 1,74–76). Hervorhebung verdient, daß sich die Vorzeichen in den Orakelstätten von Lebadeia, Delphi und Dodona ereignet haben sollen. Damit rücken die Vorzeichen an die Stelle der Orakelsprüche, ein Phänomen, das mehr den römischen als den griechischen Vorstellungen entsprach.

Wir kennen einen Fall aus dem Beginn des 4. Jahrhunderts, bei dem die gesamte Rahmenhandlung zeigt, daß der Orakelspruch keine eigentliche Bedeutung hatte, sondern lediglich zur Legitimierung spartanischer Machtgelüste diente. Da die Spartaner einen Feldzug gegen das benachbarte Argos planten, wollten sie sich zuvor der göttlichen Unterstützung versichern. Zuerst wurden Opfer durchgeführt, die den Übergang vom eigenen Gebiet auf das der Argiver gutheißen sollten, was auch gelang. Danach begab sich Agesipolis, der Sohn des spartanischen Königs Pausanias, zum Zeusorakel nach Olympia, da gegen den Feldzug religiöse Bedenken vorlagen – die Argiver begehrten Waffenstillstand mit dem Argument, daß bei ihnen gerade ein heiliger Monat sei; mit diesem Hinweis hatten die Argiver schon mehrmals einen Waffenstillstand bewirkt. Die

Antwort des Orakels läßt sich leicht erraten: Agesipolis erfuhr in Olympia, es sei kein Verstoß gegen die göttlichen Gebote, einen unter einem Vorwand unrechtmäßig beanspruchten Waffenstillstand abzulehnen. Doch damit war Agesipolis noch nicht zufrieden. Er reiste von Olympia noch nach Delphi, konsultierte die Pythia und erhielt auch hier die Zustimmung zum Feldzug. Dabei bediente er sich eines besonderen Kunstgriffes. Er fragte Apollon, ob er in bezug auf heilige Waffenruhen derselben Meinung sei wie sein Vater. Da im antiken Griechenland der Vater die herrschende Position innerhalb der Familie einnahm, blieb Apollon beziehungsweise seinem Orakel gar keine andere Wahl als die Zustimmung. Danach unternahmen die Spartaner den Angriff, gestützt durch den olympischen Zeus und den delphischen Apollon, und richteten beträchtliche Verwüstungen an, ohne allerdings entscheidende Erfolge zu erringen (Xenophon, Hellenika 4,7,2). Nur wenige Jahre zuvor hatte das Orakel in Olympia bei einer Anfrage der Spartaner die Auskunft verweigert und sich dabei darauf berufen, daß Griechen bei einem Krieg gegen Griechen kein Orakel befragen sollten – ein Grundsatz, gegen den allerdings oft genug verstoßen wurde.

Wagen wir gegen Ende der Untersuchungen zur Verknüpfung von Krieg und Orakeln noch einen Blick über die griechische Welt hinaus. Die Römer sollen das Delphische Orakel mehrfach befragt haben. Als um 500 v. Chr. in der Königsburg eine Schlange aus einer hölzernen Säule schlüpfte, genügte dem letzten König Tarquinius Superbus nicht die Konsultation der etruskischen Haruspices, sondern er wollte auch die Auskunft der Pythia. Dazu schickte er seine zwei Söhne Titus und Arruns, die ihren Vetter Lucius Iunius Brutus – er sollte später bei der Vertreibung des Tarquinius Superbus eine entscheidende Rolle spielen – als Begleiter mitnahmen. Aus Angst vor den Repressalien des Königs hatte er sich schwachsinnig gestellt. Wie Livius berichtet, nahmen die beiden Tarquinier Brutus eher zur Belustigung als zur Gesellschaft nach Delphi mit. Brutus weihte dem Apollon einen goldenen Stab, der in Kirschholz eingefaßt war – eine hintergründige Gabe. Das unsichtbare Gold stellte ein verborgenes Zeichen des Geistes dar. Livius berichtet weiter:

Als sie in Delphi ankamen, erledigten sie die Aufträge des Vaters. Danach hatten die jungen Männer plötzlich Lust zu fragen, auf welchen von ihnen die Herrschaft in Rom fallen werde. Da soll aus den Tiefen der Höhle eine Stimme ertönt sein: „Die höchste Macht in Rom wird der erhalten, ihr jungen Männer, der als erster von euch die Mutter küßt."

Die beiden Königssöhne beschlossen, die Sache für sich zu behalten, den vermeintlich tumben Brutus beachteten sie nicht. Brutus hingegen legte den Spruch anders aus: Bei der Heimkehr tat er, als stolpere er und küßte die Erde, die gemeinsame Mutter aller Menschen (Livius 1,56). Kurz danach wurde Tarquinius Superbus aus Rom vertrieben und das republikanische System mit jährlich wechselnden Oberbeamten eingeführt. Während die Söhne des Tarquinius Superbus von der Macht ausgeschlossen waren, bekleidete Brutus bereits im ersten Jahr der Republik den Konsulat. Läßt sich diese Konsultation des Delphischen Orakels als Versuch verstehen, die sagenumwobene Frühzeit Roms mit griechischen Motiven auszuschmücken, so gelangen wir mit den nächsten Beispielen in historisch wesentlich besser gesicherte Zeiten, in denen die Römer handfeste Gründe hatten, Delphi zu befragen.

Besonders während des 2. Punischen Krieges spielte der Dialog mit Delphi in Rom eine wichtige Rolle. Man schickte nach der katastrophalen Niederlage gegen Hannibal in der Schlacht bei Cannae (216 v. Chr.) eine Gesandtschaft unter Quintus Fabius Pictor nach Delphi, die eine schriftliche Antwort über die Riten, mit denen man bestimmte Gottheiten versöhnen konnte, erhielt:

Wenn ihr so handelt, Römer, werden eure Angelegenheiten besser und leichter sein, euer Staat wird sich mehr nach euren Wünschen entwickeln und der Sieg im Krieg dem römischen Volk gehören. Dem pythischen Apollon sollt ihr, wenn euer Staat gut geleitet und erhalten wurde, von dem Gewinn ein Geschenk senden, und zwar sollt ihr ihm von der Beute, dem Erlös der Beute und den erbeuteten Rüstungen ein Geschenk bringen. Überheblichkeit haltet von euch fern!

Quintus Fabius Pictor hatte bereits in Delphi die vorgeschriebenen Opfer vollzogen. Dabei trug er einen Lorbeerkranz, den er auf Geheiß eines Priesters in Delphi die gesamte Rückreise über aufbehalten hatte, um ihn schließlich auf dem Altar des Apollo in Rom niederzulegen (Livius 23,11). Durch den Transport des Lorbeerkranzes vom Apollonheiligtum in Delphi zum Apolloheiligtum in Rom wurde die Verbindung zwischen Rom und Delphi symbolisiert. Es gab kaum einen wirkungsvolleren Schachzug für die Römer, um für die Sympathien der Griechen zu werben und sich als Verehrer der hellenischen Kultur zu präsentieren, zumal Hannibal mit Philipp V. von Makedonien einen mächtigen Verbündeten in Griechenland gewonnen hatte. Die Beziehungen der Römer zu Delphi setzten sich in den kommenden Jahren fort. Nach der Schlacht am Metaurus (207), in der die Römer Hasdrubal, der mit Verstärkungen für seinen Bruder Hannibal über Südfrankreich und die Alpen in Norditalien eingefallen war, besiegt hatten, schickten die Römer Geschenke – eine goldene Krone und silberne Abbilder der Beutestücke – nach Delphi (Livius 28,45). Die Gesandten brachten günstige Orakel mit, hatte ihnen doch die Pythia verheißen, Rom stehe vor einem großen Sieg.

Drei Jahre später erhielten die Römer durch Vorzeichen den Auftrag, die Mater Magna, eine kleinasiatische Fruchtbarkeitsgöttin, die in Form eines schwarzen Meteorsteines verehrt wurde, aus Pessinus im Reich des pergamenischen Königs Attalos nach Rom zu holen. Die Aufnahme einer fremden Gottheit ins eigene Pantheon war in Rom durchaus üblich und wurde als Stärkung der eigenen Macht verstanden; im Fall der Mater Magna dokumentierten die Römer wiederum durch eine kultische Handlung ihre Verbindungen zur griechischen Welt. Die Gesandten, die gleich mit fünf Schiffen aufgebrochen waren, hielten unterwegs in Delphi und fragten, ob es ihnen gelingen werde, die Gottheit nach Rom zu bringen. Auch diesmal machte das Orakel Hoffnung: Attalos werde den Römern das Kultbild aushändigen (Livius 29,10–11). Wenn sich die Römer in der Not des 2. Punischen Krieges, der ihrem Staatswesen fast den Untergang gebracht hätte, an ein Orakel wendeten, so standen sie in einer uralten Tradition.

Die Auswirkungen des Schicksals

In den griechischen Mythen finden sich viele Beispiele von Menschen, die mit grausiger Schuld beladen Rettung in Delphi suchen. So fragen in den Mythen um Oidipus mehrmals die Protagonisten die Pythia um Rat. Auch wenn verschiedene Versionen des Mythos existieren, lohnt sich eine Auflistung der Orakel. Die Reihe beginnt damit, daß Oidipus von seinem Vater Laios und seiner Mutter Iokaste aufgrund eines Orakels ausgesetzt wird. Später will Oidipus in Delphi erfahren, wer sein Vater sei, und erhält eine Antwort, die scheinbar nicht die Frage berücksichtigt, sondern ihm prophezeit, er werde seinen Vater töten und seine Mutter heiraten. Auf dem Rückweg trifft Oidipus auf seinen leiblichen Vater Laios, der seinerseits beim Orakel erkunden will, was mit seinem ausgesetzten Sohn geschehen sei; Oidipus – der Laios ja nicht als seinen Vater erkennen kann – erschlägt ihn im Streit, heiratet dessen Frau, seine eigene Mutter, und wird so König in Theben. Als in Theben eine Seuche wütet, läßt Oidipus in Delphi nach einem Mittel gegen das Unheil fragen und erfährt, daß die Plage erst ein Ende haben werde, wenn der Mörder des Laios gefunden sei. Der Frevel kommt ans Licht, Oidipus sticht sich die Augen aus; einige Zeit danach entzweien sich seine beiden Söhne Eteokles und Polyneikes und jeder versucht, durch ein Orakel den Vater in seine Gewalt zu bringen[19]. In allen Konsultationen Delphis im Sagenkreis um Oidipus ist furchtbares Unglück der Auslöser, zum Teil sogar wird den Anfragenden neues Unglück vorhergesagt.

Griechische Mythen kennen nicht nur den Mord am Vater, sondern auch an anderen Familienmitgliedern. Alkmaion, der Sohn der Eriphyle und des Amphiaraos, der in Oropos Orakel erteilt, tötet die Mutter, weil er ihr die Schuld am Tod des Vaters gibt – im Wissen, daß Amphiaraos fallen wird, wenn er an den Kämpfen der Sieben gegen Theben teilnimmt, hatte sie ihn zum Kampf getrieben, da sie bestochen worden war. Alkmaion wird von den Rachegöttinnen mit einer schweren Krankheit bestraft, geht nach Delphi und erhält den Rat, wie er geheilt werden kann. Umgekehrt töten Eltern auch ihre Kinder: Im Heiligtum der Artemis in Kaphyai in Arkadien finden Kinder einen Strick, binden ihn um den Hals der Statue der Artemis und erklären, nun sei sie stranguliert. Zur Strafe für diesen Frevel werden sie von den Erwachsenen sofort gesteinigt, die Leichname blieben unbestattet. Als es in der Zeit danach nur noch Fehlgeburten gibt, schickt man eine Gesandtschaft nach Delphi; das Orakel gibt den Auftrag, die gesteinigten Kinder zu bestatten – erst danach können sich die Bewohner von Kaphyai wieder fortpflanzen (Pausanias 8,23–24).

Bei Seuchen, Gespenstern und anderem Unheil für ein Gemeinwesen wendete man sich ebenfalls an ein Orakel. Als die Bewohner von Orchomenos und ihre Tiere von einer verheerenden Krankheit heimgesucht wurden, schickten sie eine Gesandtschaft nach Delphi, die eine seltsame

Auskunft erhielt: Man müsse die Gebeine des Dichters Hesiod aus Naupaktos nach Orchomenos bringen, um die Seuche zu überwinden. In Orchomenos wußte man nicht, wie die Gebeine Hesiods zu finden seien; also ging eine zweite Gesandtschaft nach Delphi und bat abermals um Hilfe. Die Pythia antwortete, eine Krähe werde ihnen helfen. Wenig später wurde das Grab in einem Stein, auf dem eine Krähe saß, gefunden (Pausanias 9,38). In der antiken Literatur gibt es mehrere vergleichbare Fälle, in denen man die Gebeine eines Heroen holte, um von seinen Kräften zu profitieren[20]. So führten die Athener 476/75 aufgrund eines Orakelspruches die Gebeine ihres mythischen Königs Theseus von der Insel Skyros in einer großen Prozession und mit Opfern nach Athen zurück (Plutarch, Theseus 36). Auch die Thebaner holten die Gebeine Hektors aus Troia auf das Geheiß eines Orakels (Pausanias 9,18):

> Thebaner, die ihr Kadmos' Stadt bewohnt,
> Wenn ihr die Heimat mit lobesamem Reichtum bewohnt,
> Dann holt des Priamiden Hektor Gebeine nach Haus
> Aus Asien, auf Weisung des Zeus ihn als Heros zu ehren.

Solange die transportierten Knochen wieder bestattet wurden, tauchten keine Probleme auf. Unbestattete jedoch sollen ihr Unwesen getrieben haben. Aktaion etwa, den Artemis von seinen eigenen Hunden zerreißen ließ, weil er sie beim Bad erblickt hatte, blieb unbestattet und erschien in der Gegend von Orchomenos als Gespenst. Erst durch einen Rat aus Delphi nahm der Spuk ein Ende. Die Reste von Aktaions Körper wurden bestattet, ein bronzenes Abbild des Gespenstes hergestellt und in einer Art Bindezauber mit Eisen an einen Stein geschmiedet. Noch Pausanias (9,38) sah die Statue.

Auch Fragen des Alltags wurden in Orakeln thematisiert, wie vor allem die Bleitäfelchen aus Dodona belegen, von denen die meisten aus dem 4. Jh. v. Chr. stammen. Auch wenn von den mehreren Tausend gefundenen Täfelchen bisher nur wenige ediert sind, dokumentieren sie schon die beträchtliche Spannweite der angesprochenen Fragen. So bewegte beispielweise Kinderlosigkeit, vor allem das Fehlen von männlichen Nachkommen, die Menschen. Daher wollte in einem Fall ein Mann vom Orakel wissen, zu welchen Göttern er beten sollte, um von seiner Frau einen Sohn zu haben. Ein anderer Mann war sich nicht sicher, ob das von seiner Frau geborene Kind auch tatsächlich von ihm sei. Wieder andere

Abb. 9: Orakeltäfelchen aus Dodona, um 500 v. Chr., leicht vergrößert: „Hermon fragt an, an wen er sich wenden soll, damit ihm göttliche Kinder geboren werden von seiner Frau Kretaia, damit sie für seinen Lebensunterhalt von Vorteil sind."

Männer befanden sich bei der Anfrage noch in einem früheren Stadium, wie das Täfelchen oben zeigt: „Theris und Onesimos fragen, ob es gut ist für sie, sich eine Frau zu nehmen."[21] (Abb. 9)

Die Anfrage konnte auch ganz allgemein formuliert sein, wie etwa: „Zu welchem Gott muß ich beten, um das, was ich im Sinne habe, auch tatsächlich zu erreichen?" Nicht nur einzelne, sondern auch Poleis stellten ähnliche Fragen. So wollten die Bewohner von Korkyra, einer Insel an der Westküste Griechenlands, erfahren, „welchem Gott oder Heros sie Opfer darbringen und an wen sie ihre Gebete richten sollen, um möglichst gut zu leben jetzt, aber auch in Zukunft". Daneben belegt ein Täfelchen mit dem Text: „Die Bewohner von Dodona fragen Zeus und Dione, ob die Götter wegen der Lasterhaftigkeit einer bestimmten Person die

Stürme geschickt haben", daß ein Gemeinwesen durch das Orakel einen Sündenbock suchte[22]. Besonders in diesem Fall wüßten wir gerne die Antwort des Orakels und das weitere Verfahren, falls Zeus und Dione eine bestimmte Person schuldig gesprochen hatten – doch leider schweigen die Quellen.

Krankheit war oft ein Grund zur Befragung eines Orakels, wie ein weiteres Bleitäfelchen aus Dodona illustriert: „Es fragt Nikokrateia, welchem von den Göttern sie wohl günstiger und besser opfere und so von ihrer Krankheit loskomme"[23]. Der Umgang mit Krankheiten ist auch in der Literatur belegt. Aelius Aristides, ein Sophist und Redner des 2. Jh. n. Chr., hielt sich um 145 zwei Jahre lang im Asklepiosheiligtum von Pergamon auf, um eine Krankheit auszukurieren. In seinen *Heiligen Berichten* gibt Aelius Aristides selbst Zeugnis von seinen Erfahrungen (3,12). Als sein Leiden sich verschärfte, befragte er das Orakel des Apollon in Klaros. Er selbst war zu schwach, um die Reise anzutreten, und schickte daher einen Boten, der die Antwort erhielt:

> Gesund wird machen dich und heil Asklepios
> Zu Ehr und Ruhm der hehren Stadt des Telephos
> Von des Kaikos Wasserlauf nicht weit entfernt.

Damit machte das Orakel nicht nur Aelius Aristides Hoffnung, sondern bestätigte die Wirksamkeit der Heilstätte in Pergamon, die etwas umständlich als die Stadt des Telephos, in deren Nähe der Kaikos fließt, bezeichnet ist. Kommen wir zu einem weiteren Beispiel. Athenaios, der etwa um 200 n. Chr. ein Werk über gelehrte Tischgespräche zu allerlei Themen verfaßte, berichtet von einer seltsamen Krankheit, die durch eine Orakelstätte hervorgerufen und durch eine andere wieder geheilt wurde: Parmeniskos aus dem unteritalischen Metapont, ein Mann von vornehmer Abkunft, hatte das unterirdische Orakel des Trophonios in Lebadeia konsultiert. Als er aus der Höhle wieder herauskam, konnte er nicht mehr lachen. Da sich dieser Zustand auch nach längerer Zeit nicht mehr änderte, fragte er in seiner Verzweiflung in Delphi um Rat. Er bekam zur Antwort, daß die Mutter ihm das Lachen zurückgeben werde; sie solle er besonders ehren. Der Metapontier hoffte, bei der Rückkehr in die Heimat, die er für die Mutter hielt, geheilt zu werden, glaubte sich aber getäuscht, als dies nicht eintrat. Jahre später kam er zufällig nach

Delos und besuchte dort das Kultbild von Leto, der Mutter Apollons. Das Bild war aus Holz und sehr kunstlos gefertigt, eigentlich ein häßliches Stück – Parmeniskos mußte über die primitive Machart lachen. Da erkannte er, daß die Pythia ihm einen zuverlässigen Spruch erteilt hatte, und opferte der Leto (Athenaios 14,614).

Einen wesentlich weltlicheren Grund zum Gang nach Delphi hatte der Philosoph und Redner Dion Chrysostomos; er war von Kaiser Domitian (81–96) aus Rom verbannt worden und führte für einige Jahre ein Wanderleben. Von Dion Chrysostomos sind 80 Vorträge zu unterschiedlichen Themen der Bildung und des politischen Lebens erhalten. Er beschreibt in einer in Athen gehalteten Rede, wie er sich entschied, nach seiner Verbannung in alter Hellenensitte Apollon zu konsultieren (13,9). Der Gott trug ihm auf, mit allem Eifer das weiter zu betreiben, was er schon zuvor getan hatte, weil es eine schöne und einträgliche Tätigkeit sei, „bis du“, sagte er, „bis zum Ende der Erde gekommen bist“. Darauf sah sich Dion Chrysostomos in seiner Haltung als Kyniker bestätigt und zog in ärmlicher Kleidung als Wanderprediger durch die Lande. Nach dem Tod des Kaisers wurde Dion Chrysostomos rehabilitiert – der Orakelspruch hatte sich bewahrheitet.

Üblich war es auch, daß Athleten vor den Wettkämpfen ein Orakel nach ihren Siegeschancen befragten, wie Eubotas aus Kyrene, der 408 in der Oase Siwa von seinem Sieg erfahren hatte. In Olympia gab es ein Flammenorakel, das die Athleten konsultierten[24]. Um 130 n. Chr. ging der Athlet Apphion Heronas aus Alexandria zum Apollonorakel von Didyma und wollte folgendes wissen: „Da die Götter der Vorfahren und du immer ihm bei allen Unternehmungen beistanden, fragt er dich, Herr, ob er wie immer ehrenvoll aus den Wettkämpfen herausgehen wird.“ Als Antwort erhielt er: „Bete zu Phoibos, Serapis und Nemesis, die die Rennen der Athleten überwacht, und du wirst sie als Helfer deiner Wünsche haben“[25]. Die Auswahl dieser drei Gottheiten läßt sich unschwer erklären: Phoibos Apollon war der Herr in Didyma, während Serapis besonders in der Heimat des Athleten verehrt wurde; Nemesis schließlich galt als die Göttin, welche die Rennen überwachte. Frage und Antwort wurden an der Wand des Serapeion von Milet eingemeißelt. Wie kam Apphion Heronas auf die Wahl dieses Ortes? Zum einen wurde im Serapeion ein Kult praktiziert, der aus Ägypten stammte – Apphion dokumentierte damit seine Verbundenheit zu seiner Heimat. Zum anderen befand sich das Serapeion in der Nähe des Marktes und war damit ein stark frequentierter Ort – für Apphion konnte es kaum eine bessere Werbung geben, als hier den Orakelspruch, der ihm bei seinem risikoreichen Beruf Erfolg verhieß, zu veröffentlichen: Das Orakel hatte eine Funktion in der Gesellschaft.

Die Stiftung gesellschaftlicher Normen

Die Polisebene

Die zentrale Rolle von Orakeln bei der Stiftung, Bewahrung und Festschreibung gesellschaftlicher Normen ist in vielen Fällen erkennbar. Ein Paradebeispiel bietet sich in der Geschichte der athenischen Demokratie: Kleisthenes führte 508/07 v. Chr. eine Neuordnung der Gesellschaft durch und teilte die Bürgerschaft in zehn Phylen (Stämme) ein. Für jede der zehn neuen Phylen wurde ein Phylenheroe gesucht, mit dem eine religiös-soziale Bindung geschaffen werden sollte. Die Auswahl der zehn Heroen war offensichtlich nicht einfach. Daher legte man dem Delphischen Orakel eine Liste von 100 Kandidaten vor, aus denen das Orakel zehn aussuchte. Somit war die Reform, die Athen tiefgreifend veränderte und als ein entscheidender Schritt zur Entwicklung der Demokratie zu verstehen ist, religiös legitimiert[26].

Griechische Poleis waren bei der Verleihung des Bürgerrechts wählerisch. Selbst im klassischen Athen, das als die Wiege von Vorstellungen wie Freiheit und Demokratie gilt, wurde eifersüchtig über die Vergabe des Bürgerrechtes gewacht. In der Zeit des Perikles, in der Blütephase der Stadt, von der Athen bis heute zehrt, wurde die Vergabe des Bürgerrechts besonders restriktiv gehandhabt: Ein Gesetz aus dem Jahre 451 verlangte, daß weder der Vater noch die Mutter aus einer fremden Stadt stammen durften, wenn man Bürger werden wollte. Daher verwundert es nicht, wenn Orakel auch bei der Vergabe des Bürgerrechtes befragt wurden. Das erste Beispiel findet sich in Sparta. Teisamenos aus Elis brachte das nahezu unmögliche Kunststück fertig, in Sparta das Bürgerrecht zu erlangen. Als er einst in Delphi über seine Nachkommenschaft angefragt hatte, erhielt er die Antwort, er werde in den fünf größten Kämpfen als Sieger hervorgehen. Dies verstand Teisamenos als Ansporn zu sportlicher Betätigung, trainierte hart und gewann auch beinahe im olympischen Fünfkampf. Lediglich in einer Disziplin mußte er sich mit dem zweiten Platz begnügen. Bei diesem Ergebnis kam den Spartanern eine Erkenntnis: Apollon hatte mit den fünf großen Kämpfen nicht Spiele, sondern Schlachten gemeint. Sogleich warben sie um Teisamenos mit einer großen Geldsumme und versuchten, ihn auf ihre Seite zu ziehen. Der Athlet erkannte seinen Wert, erhöhte den Preis und forderte zusätzlich das volle Bürgerrecht in Sparta für sich sowie für seinen Bruder. Zuerst lehnten die Spartaner empört ab, doch als der Krieg gegen die Perser bevorstand, bewilligten sie die Forderungen des Teisamenos (Herodot 9,33).

Orakelsprüche, die inschriftlich fixiert öffentlich lesbar waren, nahmen soziale Funktionen ein und konnten in hohem Maße integrierend wirken. Gegen Ende des 3. Jahrhunderts v. Chr. überlegte man sich in Milet, ob man kretischen Söldnern das milesische Bürgerrecht geben solle. Die Entscheidung überließ man dem Orakel von Didyma, wie aus einer Inschrift hervorgeht:

Der Gott hat das Orakel erteilt: Nehmt mit Freude auf in eure Stadt die Männer, die zu euch als Helfer gekommen sind, das wird euch vorteilhaft sein.

Auch wenn der Orakelspruch nur fragmentarisch erhalten ist und noch mindestens zwei weitere Zeilen umfaßte, bestehen an der Zustimmung Apollons keine Zweifel. Potentielle Konflikte zwischen alten und neuen Bürgern ließen sich durch den Verweis auf das Orakel regeln. Der Unterschied zwischen Mensch und Gott manifestiert sich im Stil: Während die Anfrage in Prosa verfaßt ist, antwortet Apollon in Versen[27].

Kommen wir nun zu einer etwa gleichzeitigen Inschrift aus Kaunos, einer Stadt in der Südwestecke Kleinasiens. Der Text bewahrt den Namen des Gesandten, Menodoros, seine Anfrage sowie die Antwort des Orakels von Gryneion. Warum die Kaunier den Orakelspruch ausgerechnet in Gryneion einholten und nicht in den näher gelegenen Orakelstätten wie Klaros oder Didyma, bleibt unklar; möglicherweise bestanden alte Verbindungen zwischen Kaunos und Gryneion:

„Das Volk von Kaunos fragt an, welche Götter es verehren soll, damit die Früchte gut und nutzbringend werden.“ Der Gott hat die Weisung gegeben: „Wenn ihr

Phoibos (= Apollon), den Sohn der Leto, und den Stammvater Zeus ehrt, wird euer Ruhm auf immer mit unlöslichen Banden festgefügt stehen."[28]

Diese Inschrift läßt sich als ein Speichermedium verstehen, in dem mehrere Stufen der Kommunikation enthalten sind. Als erste Stufe ist die Besorgnis in Kaunos vorauszusetzen, die dazu führte, daß man Menodoros mit der Reise zum Orakel beauftragte; dabei läßt sich nicht mehr entscheiden, was der konkrete Anlaß für die Befragung – eine drohende Mißernte? – war. Den zweiten Schritt stellt die Anfrage beim Orakel dar, den dritten Schritt die Antwort, die durch die Abfassung in Versen eine zusätzliche Aufwertung erfuhr. Schließlich ist mit der schriftlichen Fixierung von Frage und Antwort, die es den Bürgern von Kaunos erlaubte, den Orakelspruch jederzeit zu lesen, eine vierte Stufe der Kommunikation zu beobachten. Dabei waren die Bedingungen so formuliert, daß sich immer ein Ausweg fand: Fiel die Ernte schlecht aus, so konnte das Orakel darauf verweisen, daß Apollon und Zeus nicht korrekt verehrt worden seien. Ein vierter Schritt der Kommunikation waren die Opferriten, mit denen die Polisgemeinschaft gefestigt wurde; in der Sprache der Sozialanthropologie spricht man von bandstiftenden Riten[29]. Durch die Verschriftlichung erhielten die Riten und ihre Wirkung Dauerhaftigkeit.

Eine um 200 v. Chr. abgefaßte Inschrift mit Bestimmungen über das Orakel des Apollon Ptoios legt beredtes Zeugnis ab vom Versuch, dem Orakel wieder Ansehen zu verleihen. Man führte Wettspiele ein, während deren Dauer – ähnlich wie bei den Olympischen Spielen – ein heiliger Frieden gelten sollte. Ferner diente das Heiligtum als Asyl, „in der Weise, wie es die Stelen abgrenzen, so wie das Heiligtum in Delphi". Gerade der Vergleich mit Delphi offenbart die Unterschiede zwischen den beiden Orakelstätten: Während sich um das Heiligtum in Delphi eine Mauer zog, war das Ptoion lediglich durch Stelen eingegrenzt. Der Beschluß aus dem Ptoion wurde im Heiligtum und in Delphi jeweils schriftlich fixiert. Weiter konsultierte ein Mann das Orakel des Trophonios und erfuhr folgendes: „Lebadeia sei dem Zeus Basileus zu weihen und dem Trophonios, und Akraiphia dem Apollon Ptoios, und niemand dürfe sie beeinträchtigen"[30]. An diesem Beschluß ist vor allem die Anbindung an zwei große Orakelstätten von Bedeutung: In Delphi wurden die Satzungen für die griechische Öffentlichkeit niedergelegt, in Lebadeia holte man Auskunft über die zu verehrenden Gottheiten. Damit sollte das Orakel des Apollon Ptoios eine Aufwertung erfahren.

Als sich in Didyma im 2. Jahrhundert v. Chr. ein Zeichen göttlichen Zornes ereignete, möglicherweise ein Erdbeben, befragte Andronikos, der Schatzmeister des örtlichen Tempels, das mit dem Tempel verbundene berühmte Orakel. Andronikos erhielt die Antwort, daß Opfer für Poseidon darzubringen seien – die Wahl der Gottheit überrascht nicht, wird doch Poseidon bereits bei Homer als „Erderschütterer" bezeichnet. Aufmerksamkeit verdient vielmehr der Sachverhalt, daß der Schatzmeister das Orakel konsultierte, dessen Geschäfte er führte. Der Schatzmeister ließ einen Altar aufstellen, auf dem neben dem Orakelspruch auch berichtet wird, daß Andronikos zehn Jahre lang sein Amt ohne Lohn ausgeübt und aufwendige Feste zu Ehren des Poseidon finanziert habe. Durch diese Formulierungen wird erkennbar, daß das Erdbeben für den Schatzmeister ein willkommener Anlaß war, der Öffentlichkeit seine Leistungen für das Gemeinwesen zu präsentieren[31].

Gleichwohl darf dieser Fall nicht dazu verleiten, die psychologische Wirkung von Erdbeben zu unterschätzen. Aelius Aristides schreibt in seinen „Heiligen Berichten" (3,38) davon, wie die Erdbeben der Zeit um 150 n. Chr., die in rascher Folge mehrere Städte in Kleinasien verwüsteten, eine Massenpanik verursachten. Viele Städte schickten Gesandtschaften zum Apollonorakel von Klaros, was dazu führte, daß zwischen den Abgesandten der Städte heftige Streitereien um die Reihenfolge der Befragung ausbrachen. Über die Auswirkungen der Orakelsprüche selbst erwähnt Aelius Aristides nichts, doch während sich die Gesandtschaften noch beim Orakel aufhielten, wurden in den Städten Bittprozessionen durchgeführt. Die Menschen zogen mit Ölzweigen in den Händen um die Altäre der Götter, um die Marktplätze und um die Städte herum. Es wurden also Riten begangen, die nicht nur die Götter besänftigen sollten, sondern die auch eine bandstiftende Funktion für die Bewohner der Stadt besaßen, ging man doch gemeinsam zu den wichtigsten Orten der städtischen Identität: An den Altären und Tempeln manifestierte sich der kultische, an den Marktplätzen der politische, an den Stadtmauern der topographische und militärische Zusammenhalt der Bürger[32].

Eine kleinasiatische Gemeinde fragte im 1. Jahrhundert n. Chr. in Didyma an, wie man das Priesteramt der Athena vergeben solle. Ob es besser sei, das Amt auf Lebenszeit zu verkaufen oder durch jährliche Wahl zu bestimmen; beide Möglichkeiten waren durchaus üblich. Das Orakel antwortete:

Wer nach Abstammung und Lebenslauf ganz oben in der Reihe steht, den wählt unter den Bürgern jedes Jahr[33].

Durch diesen Orakelspruch wurde die Ehre der Priesterschaft nicht auf lange Zeit an eine bestimmte Person, sondern jedes Jahr aufs neue vergeben. Damit war eine dynamische Lösung gefunden, die es erlaubte, daß alle Angehörigen der lokalen Oberschicht im Laufe ihres Lebens das Amt bekleideten und sich mithin eine relativ große Zahl von Bürgern am öffentlichen Leben beteiligen konnte. Auf dem Stein, auf dem das Orakel eingemeißelt war, findet sich auch eine ausführliche Liste der Priester. Diese lange Liste symbolisierte das Kontinuum der Priester, aber auch die Dauerhaftigkeit der Polis und wirkte damit ebenfalls identitätsstiftend.

In einem kleinen Ort in Lydien beschloß man im 2. Jh. n. Chr., als sich Seuchen und Mißwuchs mehrten, das Orakel von Klaros zu befragen. Die Antwort, eine der am ausführlichsten überlieferten überhaupt, wurde auf einer Inschrift festgehalten. Apollon, der Herr des Orakels von Klaros, fragte die Bewohner des Ortes:

Wieso schwärmt ihr jetzt voll Staunen um meine Schwelle und wünscht, daß die Wahrheit euch zu Ohren komme? Da ihr darum bemüht seid, will ich euch einen gänzlich wahren Spruch zurufen. Wehe wehe, ein schlimmes Leid fällt das Feld an, ein unentrinnbarer Seuchen-Dämon, der in der einen Hand ein strafendes Schwert hält und in der anderen die frisch getöteten, schlimm entstellten und sehr beklagten Leichen der Menschen in die Höhe hält. Er zermürbt ganz und gar die umgepflügte Ebene, mäht dahin die Neugeborenen, alles, was wachsen soll, geht zugrunde …

Bis hier geht die Beschreibung des Zustandes. Als Rettung von der Seuche empfahl Apollon folgendes:

So sucht einen reinen Trank aus sieben Quellen zuzubereiten, ihn aus der Ferne mit Schwefel zu reinigen und dann rasch zu schöpfen und dann die Häuser zu besprengen mit den Nymphen (= dem Wasser), die so lieblich sind, damit die Männer, welche auf dem Land noch nicht angesteckt und übriggeblieben sind, aus dem wiederauflebenden Wachstum genug schöne Opfer darbringen können.

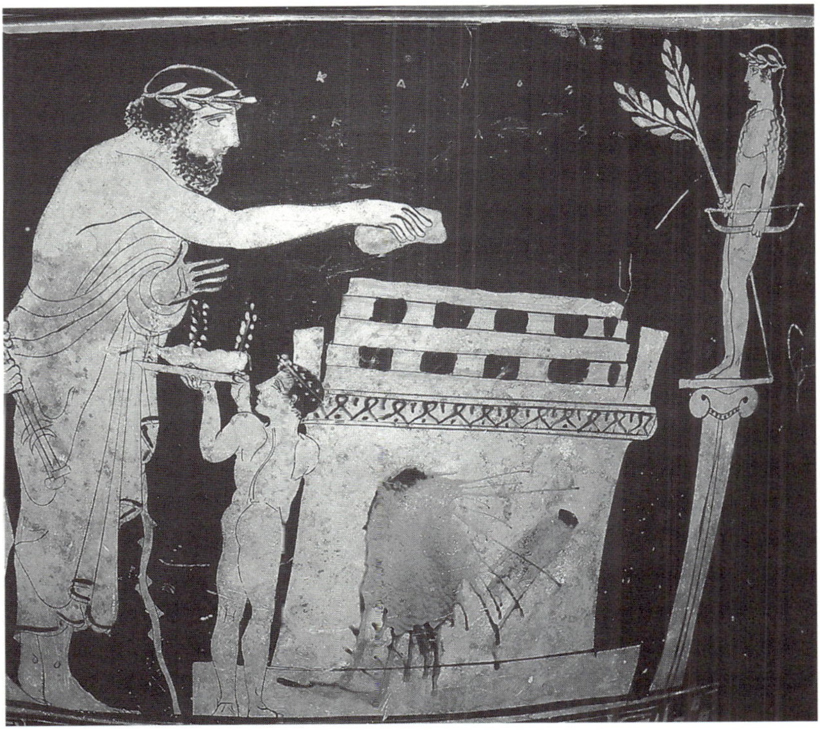

Abb. 10: Opferszene: Ein Opfernder, assistiert von einem Knaben, legt Fleischstücke auf die auf dem Altar geschichteten Holzscheite; rechts Statue des Apollon mit Bogen und Lorbeer auf einer ionischen Säule. Glockenkrater, 440/430 v.Chr.

Zum Lohn für seine Hilfe forderte Apollon eine Statue, die ihn als Bogenschützen darstellte[34] (Abb. 10). Daß Apollon als Bogenschütze präsentiert werden sollte, verwundert nicht, ist er doch bereits bei Homer der Gott, der die Menschen mit einer Seuche dahinrafft, wobei die Krankheit mit den Pfeilen symbolisiert wird, mit denen er die Sterblichen erschießt (Homer, Ilias 1,43–52)[35]. Ähnlich ist ein Orakel aus derselben Zeit, in dem für die Einwohner von Pergamon ein Mittel gegen eine Seuche gegeben wurde. Ein wiederum sehr ausführlicher Spruch forderte, daß die jungen Männer in vier Gruppen aufgeteilt werden und unterschiedliche Gottheiten in einem Lied besingen; ferner sollen sieben Tage lang Opfer für Athene, Zeus und Dionysos dargebracht werden; schließlich soll man

Trankopfer verrichten und von den Göttern ein Heilmittel gegen die Seuche erflehen[36]. Solche Riten konnten nichts gegen eine akute Krankheit ausrichten, vermochten aber allein durch die lange Dauer von sieben Tagen und die umständlichen Vorschriften ein Gefühl von Frömmigkeit und Sicherheit aufkommen zu lassen[37]. Nebenbei mögen diese beiden Inschriften als Indikatoren für einen Aufschwung des Orakels von Klaros in der römischen Kaiserzeit dienen.

Wir verlassen nun die von einer Polis erfolgten Anfragen und wenden uns zu den Fällen, in denen Individuen in eigener Sache ein Orakel konsultierten. Allerdings wird sich erweisen, daß die Gemeinde immer noch der letztliche Bezugspunkt von Frage und Antwort war.

Auch Rechtsstreitigkeiten konnten durch die Hilfe eines Orakels geklärt werden, was ebenfalls die Einheit der Polis wiederherstellte. Anfragen dieser Art sind auch in den Täfelchen aus Dodona bezeugt. Man fragte das Orakel, ob eine bestimmte verdächtigte Person einen Diebstahl begangen habe. Zu den gestohlenen Dingen gehörten unter anderem Gewänder oder Geld[38]. Auch wenn die Antworten leider nicht erhalten sind, läßt sich erkennen, welche Rolle ein Orakel zur Lösung von Konflikten annehmen konnte. Deutlicheres Profil gewinnt dieser Aspekt bei einem anderen Fall, der rund ein halbes Jahrtausend später in Milet die Gemüter bewegte. Am Theater von Milet standen Renovierungsarbeiten an, über die Ulpianos, der Prophetes von Didyma, die Aufsicht führte. Als Ulpianos im Jahre 120 n. Chr. starb, kam es offensichtlich zu Unklarheiten und Streitigkeiten über die Modalitäten des Baus. Deshalb fragten die Bauunternehmer in Didyma an, ob es besser sei, weiter im Theater zu arbeiten, oder ob sie sich um einen anderen Auftrag bemühen sollten. Der Gott erteilte ihnen die Antwort, Opfer zu bringen, am Theater weiterzubauen und sich dem Nachfolger des Ulpianos zu fügen[39]. In der Mitte des 3. Jahrhunderts n. Chr. treffen wir auf einen Mann, der wahrscheinlich ein Nachfahre des Ulpianos ist. Titus Flavius Ulpianos, ein Mitglied der lokalen Oberschicht, wird durch das Orakel ausführlich gepriesen und gleich mehrerer Orakelsprüche für würdig befunden. Doch damit nicht genug – in der Inschrift werden auch sieben Vorfahren des Ulpianus aufgelistet, die ebenfalls das Amt des Prophetes bekleidet hatten[40]. Dieser übertriebene Lobpreis des Ulpianos erweckt den Verdacht, daß er trotz aller Verdienste seiner Vorfahren vielleicht doch nicht unumstritten war.

Deutlicher wird dieses Problem im nächsten Beispiel. Um die Mitte des zweiten nachchristlichen Jahrhunderts beschlichen Alexandra, die neu eingesetzte Priesterin der Demeter Thesmophoros in Didyma, Zweifel, ob sie in ihrem Amt den Göttern genehm war – seit sie das Priesteramt übernommen hatte, waren ihr die Götter nicht mehr so oft im Traum erschienen wie früher. Deshalb befragte sie das örtliche Orakel des Apollon; aus der nur noch fragmentarisch erhaltenen Antwort und dem Kontext geht hervor, daß Alexandra in ihrem Priesteramt bestätigt wurde[41]. Wir wissen nicht, wie lange Alexandra schon auf ein günstiges Zeichen der Götter gewartet hatte. Möglicherweise waren schon Zweifel an ihrer Tauglichkeit zum Priesteramt aufgekommen, vielleicht hatte gar die Familie einer Konkurrentin um das Amt Gerüchte gestreut. Durch die Autorität des Orakels, das mit der Aufforderung zu Opfern und Gebeten die Anfrage der Alexandra günstig beschied, war die neue Priesterin endlich durch göttlichen Spruch legitimiert[42].

In Pergamon gab es ein Orakel des Heilgottes Asklepios, wie eine Inschrift aus der Zeit um 200 n. Chr. belegt. Es handelt sich um ein Monument, mit dem die Pergamener ihren verdienten Mitbürger Lucius Flavius Hermokrates postum ehrten. Er hatte unter anderem das Amt des Kaiserpriesters der römischen Provinz Asia, deren Hauptstadt Pergamon war, bekleidet. Man errichtete ihm eine Statue mit einer ausführlichen Ehreninschrift. Offenbar wußten die Pergamener nicht recht, wie weit sie mit den Ehrungen für Hermokrates gehen konnten, und befragten Asklepios, dessen Spruch auf der rechten Nebenseite des Sockels zu lesen ist: „Nicht unsterblich war dieser sterblich Geborene, sondern vielmehr ist er allein der beste der zu Heroen erhobenen Toten gewesen“[43]. Es hat den Anschein, als wollten die Pergamener ursprünglich ihren Verstorbenen mit göttlichen Ehren überhäufen; erst Asklepios bot den Mittelweg zwischen Gottheit und Mensch an.

Angelegenheiten des Kultes waren also am besten im Dialog mit einem Orakel zu behandeln. Dies läßt sich nicht nur anhand von Passagen aus der antiken Literatur belegen, sondern auch durch ein Täfelchen aus Dodona, auf dem die Anfrage der Bewohner einer benachbarten Stadt überliefert ist, die wissen wollten, ob es besser und ratsam sei, den Tempel der Stadtgöttin Athena an einem anderen Ort zu errichten[44]. Auch wenn die Antwort nicht erhalten ist, können wir davon ausgehen, daß das Orakel dem Neubau des Tempels zustimmte – ging es doch lediglich um die göttliche Legitimation einer von den Menschen bereits beschlossenen Sache. Ausnahmen von dieser Regel sind Fälle wie die im ersten Kapitel behandelte Anfrage der Athener über den Umgang mit der Heiligen Au von Eleusis, als dem Delphischen Orakel zwei echte Alternativen vorlagen.

Bei der folgenden Anfrage blieb dem Orakel keine Alternative: In der Herrschaftszeit des römischen Kaisers Diokletian (284–305) fiel dem Priester Damianos auf, daß im heiligen Bezirk Apollons in Didyma kein Altar für Kore, die Tochter der Demeter, stand. Damianos fragte das Orakel, ob er einen Altar stiften dürfe; Apollon bejahte dies. Als Damianos nicht wußte, mit welchem Beinamen Kore anzusprechen und zu ehren sei, konsultierte er abermals das Orakel und erhielt den Spruch:

> Soteira (= Retterin) wollen wir sie anrufen in heiligem Ruf, sie soll stets gnädig uns entgegentreten mit ihrer Mutter Deo (= Demeter)[45].

Zwei Aspekte dieses Entscheidungsprozesses zwischen einem einzelnen und dem Orakel verdienen Erwähnung. Zum einen erscheint diese Weihung eines Altars kurz vor der offiziellen Anerkennung des Christentums durch Galerius (311) als eine der letzten Bemühungen des Paganentums, seine Götter zu bewahren. In der Inschrift mit den Orakelsprüchen Apollons soll allen nochmals unübersehbar die Wirkmächtigkeit und Überlegenheit des Gottes vor Augen geführt werden; eine Steigerung erfährt dies durch die Dialogisierung. Zum anderen präsentiert sich Damianos durch die inschriftlich fixierten Orakelsprüche als Wohltäter der Kultstätte. Seine Anfragen sind recht ausführlich dokumentiert – wesentlich länger als die Antworten – und kaum übersehbar. Damianos erhöhte sein Ansehen, wie viele andere auch, durch einen Orakelspruch und seine Publikation.

Es ist kein Zufall, daß es sich dabei in den meisten Fällen um Männer handelte. An dieser Stelle bietet es sich an, kurz die durch Orakel transportierten Geschlechterkonstruktionen zu beleuchten; eine ausführliche und auf dieses Thema reduzierte Betrachtung der Orakel ergibt keinen Sinn, da Aspekte der *gender studies* in vielen Sprüchen vorkommen, aber zumeist nur einen von mehreren Interpretationsansätzen darstellen. Betrachten wir ein erstes Beispiel. Große Ängste um seine Qualifikation als

Priester bedrückten einen aus Phokien kommenden Priester des Herakles Misogynos, der wohl in der zweiten Hälfte des ersten nachchristlichen Jahrhunderts schuldbeladen die Pythia befragte. Er hatte in betrunkenem Zustand mit einer Frau verkehrt und somit sein priesterliches Zölibat gebrochen. Nicht alle antiken Priesterstellen verlangten von ihren Amtsträgern Enthaltsamkeit, doch im Falle des Herakles Misogynos (= Frauenhasser) ist es leicht vorstellbar, daß der Priester sich der Frauen enthalten mußte; zumindest war es oft üblich, daß Frauen Heiligtümer eines, wie Jan Bremmer es drastisch ausdrückt, „Macho-Gottes" wie Herakles nicht betreten durften[46]. Der zerknirschte Priester wollte vom delphischen Apollon wissen, ob seine Tat vergeben werden könne. Apollon machte ihm Hoffnung und antwortete, daß er alle Taten, die in unkontrolliertem Zustand begangen werden, verzeihe (Plutarch, Moralia 404 a).

Zu dieser Episode paßt, daß sich laut Plutarch (Moralia 385 C) in Delphi keine Frau dem Orakel nähern durfte. Solch ein Verbot wäre nicht einmal wirklich notwendig gewesen, da die Mechanismen der sozialen Kontrolle, die mit der Dichotomie zwischen Öffentlichkeit und Privatsphäre operierten – grob vereinfacht und ohne Berücksichtigung des sozialen Ranges und lokaler Sitten – von vornherein dafür sorgten, daß die Frau im Haus blieb, während der Mann in der Öffentlichkeit agierte.

Allerdings sind Ausnahmen zu machen; erinnern wir uns nur an die Anfrage der Nikokrateia in Dodona aus dem 4. oder 3. Jh. v. Chr. Es ist zwar unvorstellbar, daß eine Frau etwa aus Pharai im Norden der Peloponnes nach Dodona oder Delphi zog, um ein renommiertes Orakel zu befragen – es ist aber sehr wohl möglich, daß diese Frau in ihrer Heimat das Orakel des Hermes konsultierte, für das sie keine Priester brauchte, sondern nur dem Götterbild ins Ohr flüstern mußte. Daher scheint es plausibel, daß den Frauen die großen Orakel verwehrt waren, die kleinen jedoch nicht – durch den sozialen Status einer Frau bedingte Ausnahmen sind stets möglich.

Insgesamt ist Bremmers These zuzustimmen, daß die Religion zur Aufrechterhaltung des Gesellschaftssystems beitrug, also auch die Geschlechterdiskurse stabilisierte: Im normalen Leben wie auch im Kult nahmen Frauen eine untergeordnete Position ein. Die einzige Möglichkeit, zeitweilig diesem System zu entfliehen, boten wenige Feste, die Frauen vorbehalten waren. Solche Feste konnten – ähnlich wie andere Kulte auch – durch Delphi legitimiert sein, wie aus einer Inschrift aus Magnesia am Maiander hervorgeht, die davon spricht, daß Mainaden mit Billigung des Delphischen Orakels aus Theben nach Magnesia kommen[47]. Im Mythos sind Mainaden Anhängerinnen des Dionysos, die alles Zivilisierte ablegen und sogar ihre eigenen Kinder zerreißen und verschlingen; im Unterschied dazu waren die Riten der Mainaden, die von Theben nach Magnesia kamen, gerade mit Berufung auf die Mythen peinlich genau geregelt. Ein Reflex der männlichen Ängste vor den zum Wilden und Unzivilisierten neigenden Frauen findet sich in der argolischen Stadt Alea. Hier wurde alle zwei Jahre ein Fest zu Ehren des Gottes Dionysos begangen, bei dem man – nach einem Spruch aus Delphi – die Frauen auspeitschte (Pausanias 8,23)[48].

Betrachten wir noch ein Fallbeispiel, in dem Orakel, Politik und Geschlechterrollen untrennbar miteinander verflochten sind. Periandros, der Sohn des Kypselos, herrschte in der ersten Hälfte des 6. Jahrhunderts etwa 40 Jahre lang über Korinth und entfaltete den Bürgern seiner Stadt gegenüber den gesamten Katalog tyrannischer Verhaltensformen von Geldgier bis hin zu Verbannungen und Hinrichtungen. Als einst die Suche nach einem wertvollen Pfand, das ein Gastfreund bei ihm hinterlegt hatte, erfolglos blieb, schickte Periandros Boten zum Totenorakel von Ephyra. Bei der Orakelbefragung erschien seine verstorbene Gattin Melissa, verweigerte jedoch jegliche Auskunft, da sie nicht dem Ritus gemäß beigesetzt worden sei: Ihre Kleider seien nicht verbrannt worden, so daß sie in der Unterwelt frieren müsse. Den Boten gab sie einen privaten Hinweis, der Periandros unmißverständlich zeigen sollte, daß sie mit seiner Gattin gesprochen hatten: Er habe nämlich die Brote in einen kalten Backofen geschoben. Da Periandros mit der bereits toten Melissa geschlechtlich verkehrt hatte, war für ihn das Gleichnis mit den Broten im kalten Backofen der Beweis, daß tatsächlich der Geist Melissas zu den Boten gesprochen hatte. Sogleich ließ der Herrscher durch ein Edikt alle Frauen Korinths in den Heratempel rufen. Die korinthischen Frauen vermuteten einen festlichen Anlaß und kamen in den schönsten Gewändern zum Tempel. Dort wurden sie zu ihrem Entsetzen unterschiedlos von den Leibwächtern des Tyrannen ergriffen, die ihnen die Kleider vom Leib rissen; den Frauen geschah kein Leid, doch ihre Kleidungsstücke warf man in eine Grube und verbrannte sie unter Anrufung der Melissa. Danach schickte Periandros eine zweite Gesandtschaft an das Totenorakel und der versöhnte Geist seiner Frau verriet diesmal das Versteck des wertvollen Pfandes (Herodot 5,92).

In dieser Episode finden sich mehrere Motive, die Periandros als einen typischen Tyrannen charakterisieren, wobei sich der Machtmißbrauch des Periandros vor allem im Umgang mit dem weiblichen Körper manifestiert. Erstens konnte Periandros seine Lust nicht zügeln und schändete den Leichnam seiner eigenen Frau; der Backofen als Metapher für den empfangenden und gebärenden Bauch der Frau ist nicht selten belegt. Zweitens vergaß der Tyrann in seiner Selbstsucht, der Gattin eine geziemende Bestattung zukommen zu lassen. Erst nach einem Orakelspruch, den er aufgrund seiner Habgier erhalten hatte, kümmerte er sich um die Einhaltung der rituellen Vorschriften. Drittens bediente sich Periandros einer heimtückischen List, indem er die Frauen unter einem Vorwand zum Tempel lockte. Im Tempel offenbarte sich, wie wenig Respekt der Tyrann für die Gattinnen seiner Bürger und damit indirekt auch für die Bürger selbst empfand – sie wurden unterschiedslos gedemütigt. Letztlich zeigte sich im Verhalten des Periandros gegenüber den Frauen zugleich ein Vergehen an der Polis, das ihn als gesetzlosen Herrscher erwies.

Ging es darum, Macht zu legitimieren, so wurde zumeist ein Orakel aus Delphi in Anspruch genommen, nebenbei ein weiteres Indiz für die herausragende Bedeutung dieses Ortes. Beginnen wir mit einem frühen Beispiel. Nach Herodot kam der lydische König Gyges auf eine seltsame Art und Weise zur Herrschaft. Bevor er König wurde, war er der Vertraute des Kandaules, des Tyrannen von Sardes. Kandaules wollte ihm heimlich die Schönheit seiner Frau vor Augen führen. Gyges versteckte sich im Schlafzimmer und erblickte sie nackt. Als er sich aus dem Zimmer stehlen wollte, erkannte sie ihn. In einer Mischung aus verletzter Scham und Rache forderte sie ihn später auf, Kandaules zu töten. Dazu sollte er sich an genau der Stelle verstecken, an der er schon einmal gelauert hatte: Die Rache sollte vom gleichen Ort wie die Schmach ausgehen. Nach der Tat schwang sich Gyges zum Herrscher auf und soll von den über den Mord empörten Lydern erst anerkannt worden sein, als das Delphische Orakel ihn als König bestätigte (Herodot 1,8–13). Auch wenn diese Geschichte in einer hellenozentrischen Sichtweise konstruiert sein mag, besitzt sie ihren Wert. Die Gygesepisode steht am Anfang von Herodots Werk und stellt damit bereits zu Beginn klar, daß Herrschaft durch Delphi legitimiert werden kann. Verstärkt wird dieses Argument noch dadurch, daß es sich um einen nichtgriechischen König handelt – wenn schon Außenstehende Delphi anerkennen, so muß dies um so mehr für Griechen gelten.

In der griechischen Welt gab es mit der Ausnahme Spartas in der nachhomerischen Zeit keine Könige mehr, wohl aber war die Tyrannis in archaischer Zeit ein weitverbreitetes Phänomen. Dabei ist es von besonderem Interesse, das Verhältnis zwischen Tyrannen und Delphi zu beleuchten. Kypselos, der im 7. vorchristlichen Jahrhundert als einer der ersten Tyrannen auftrat, war Herrscher über Korinth. Um seine Machtübernahme rankt sich ein Orakelspruch, den er erhielt, als er die Pythia aus einem anderen Grund aufsuchte (Herodot 5,92):

> Sieh, ein gesegneter Mann, der jetzt betritt meine Wohnung,
> Kypselos, Sohn des Eetion, König des hehren Korinthos;
> Er und die Kinder nach ihm, doch nicht mehr die Kinder der Kinder!

Dieser Spruch legitimiert die Macht des Kypselos und seiner Familie, allerdings nur auf Zeit – seine Enkel werden schon nicht mehr herrschen. Auch hier läßt sich nicht mehr sagen, wann der Spruch konstruiert wurde – in jedem Fall aber erst nach dem Tod von Kypselos' Sohn Periandros, der von ca. 600–560 v. Chr. Stadtherr von Korinth war. Eine Bemerkung zur Terminologie sei noch erlaubt: Wenn das Orakel Kypselos als „König" (*basileus*) und nicht als „Tyrann" (*tyrannos*) bezeichnet, so ist dies zum einen auf eine gewisse begriffliche Unschärfe zurückzuführen, zum anderen läßt sich beobachten, daß sich kein griechischer Alleinherrscher je als „tyrannos" apostrophierte[49].

Benutzten andere griechische Tyrannen Delphi als Legitimationsinstanz und Ort, an dem sie ihre Größe vorführen und mit anderen Herrschern in Konkurrenz treten konnten, so bietet sich für die athenische Tyrannenfamilie der Peisistratiden ein anderes Bild. Sie konsultierten Delphi nicht, wahrscheinlich weil sie dem Orakel mißtrauisch gegenüberstanden. Deshalb aus einer Andeutung bei Herodot (8,41) ein Orakel auf der Akropolis zu postulieren, bei dem das Freßverhalten einer heiligen Schlange beobachtet wurde, überzeugt nicht; die Quellenlage zu Athen ist so gut, daß die Existenz eines Orakels in dieser Stadt ausführlich überliefert wäre[50]. Statt dessen schufen die Peisistratiden durch eine Orakelsammlung, die auf der Athener Akropolis verwahrt wurde, eine Konkurrenz[51]. Auch wenn über die Zusammensetzung und den Inhalt dieser Sprüche nichts bekannt ist, zeigt die Sammeltätigkeit, daß die Peisistratiden erkannt hatten, welche politische Bedeutung die Kontrolle über die Orakelsprüche besitzen konnte. Ein Ereignis vermag ein Schlaglicht auf die Brisanz der ganzen Angelegenheit zu werfen. An der Redaktion der Sammlung waren verschiedene Personen beteiligt, unter anderem der Chresmologe Onomakritos; mit dem Begriff „Chresmologe" werden sowohl „Orakelkünder" als auch „Orakelsammler" bezeichnet. Als man Onomakritos dabei ertappte, wie er in die Sammlung eine Weissagung einschob, daß die Insel Lemnos im Meer versinken würde, wurde er von Hipparchos, einem der Söhne des Peisistratos, aus Athen vertrieben, obgleich die beiden zuvor, und dies ist der springende Punkt, die besten Freunde gewesen waren: Die Peisistratiden wachten eifersüchtig darüber, daß die letztliche Kontrolle über den Inhalt der Sprüche bei ihnen lag (Herodot 7,6).

Peisistratos fand religiöse Legitimation auch durch einen Seher. Bevor er 546/45 v. Chr. zum dritten Mal nach der Macht griff, war Peisistratos 10 Jahre im Exil und erwarb sich ein Vermögen durch Gold- und Silberminen in Thrakien, durch das er Söldner engagierte, um endgültig die Macht an sich zu reißen. Als er mit seinem Heer in Attika eingefallen war, trat vor der entscheidenden Schlacht der Seher Amphilytos auf, der ihm den folgenden Spruch erteilt haben soll:

> Schon ist geworfen das Garn und ausgebreitet das Netzwerk,
> Thunfische werden darauf sich stürzen im Scheine der Mondnacht.

Peisistratos nahm das Orakel an und betrachtete es als Zeichen zum sofortigen Angriff. Die Falle war gestellt und brauchte nur noch zuzuschnappen, hatten sich doch die Athener zum Essen gesetzt und rechneten nicht mit einer Attacke (Herodot 1,62). Doch warum ist ausgerechnet von Thunfischen die Rede? Zum einen gehörten Thunfische zu den größten Fischen des Mittelmeers – daher konnten die Aristokraten, die natürlichen Gegner eines jeden Tyrannen, durch Thunfische symbolisiert werden. Thunfischfang war in der Antike eine blutige Angelegenheit: Man spannte ein weites Netz aus, zog es immer näher zusammen, um schließlich die Fische von Booten aus zu erschlagen. Solch eine Fangtechnik erinnerte an Krieg. Zum anderen war Thunfisch sehr begehrt, vor allem sein Bauchfleisch galt als außergewöhnliche Delikatesse und kostete wesentlich mehr als jeder andere Fisch. Wer teuren Fisch kaufte, so geht der Gedankengang, der machte den ersten Schritt, sein Vermögen zu verprassen. Von da war es nach griechischer Vorstellung zum Streben nach der Tyrannis nur noch ein kleiner Schritt[52]. Auch wenn Peisistratos in dieser Szene nicht selbst Thunfisch ißt, wird der wirtschaftliche Wert des Fisches zum Indikator für die politischen Gelüste des Tyrannen.

Später verbannte Peisistratos seine wichtigsten Gegner aus Athen. Hierzu gehörten auch Angehörige der Familie der Alkmaioniden, der über Jahrhunderte einflußreichsten Familie Athens, zu der unter anderem Solon, Kleisthenes und Perikles zählen. Die Alkmaioniden konnten ein beträchtliches Vermögen aus Athen mitnehmen, das sie einsetzten, um von außen gegen Peisistratos zu wirken. Beim Neuaufbau des Apollontempels in Delphi finanzierten die Alkmaioniden die Ausstattung der Giebel. Dabei griffen sie tiefer in die Tasche als vorgesehen und ließen die Giebel aus parischem Marmor, dem teuersten und berühmtesten Stein, erstellen. Damit erhöhten sie nicht nur ihr Ansehen in der griechischen Öffentlichkeit, sondern machten sich auch das Orakel geneigt: Bei jeder Anfrage der Spartaner fügte die Pythia in der Antwort hinzu, man solle Athen von den Tyrannen befreien. Schließlich sandten die Spartaner auch ein Heer aus, dem es im zweiten Anlauf gelang, Hippias, den Sohn des bereits 528/27 verstorbenen Peisistratos, aus Athen zu vertreiben; als Beute nahmen sie unter anderem die Orakelsammlung der Peisistratiden mit.

Einen Teil der Sammlung scheint Hippias gerettet zu haben. Der Verbannte begab sich zusammen mit Onomakritos, mit dem er sich versöhnt hatte, an den Hof des Perserkönigs. Für Hippias diente der Chresmologe als Werkzeug, den Perserkönig zum Zug gegen Athen zu bewegen. Sooft Onomakritos vor den König gerufen wurde, trug er nur solche Orakelsprüche aus seiner Sammlung vor, die für den Perserkönig günstig waren, unter anderem die Prophezeiung, daß einst nach dem Geschick ein Perser den Hellespont überbrücken werde (Herodot 7,6)[53]. Für Herodots Publikum war die Anspielung klar, ließ doch Xerxes 480 eine Schiffbrücke über den Hellespont bauen, mit der sein Heer bequem von Asien nach Europa übersetzen konnte.

In Sparta bestand ein Doppelkönigtum, das aus den Mitgliedern von zwei großen Dynastien zusammengesetzt war. Diese einzigartige Konstellation sollte eine gegenseitige Kontrolle gewährleisten und damit eine Machtkonzentration verhindern. Die Überwachung der Könige wurde noch durch eine weitere Einrichtung unterstützt. Wie Plutarch (Agis und Kleomenes 11,3) berichtet, wurde im neunten Jahr der Herrschaft eines Königs überprüft, ob er noch die Gunst der Götter besitze oder ob er sich eines Frevels schuldig gemacht habe. Dazu beobachtete man in einer klaren und mondlosen Nacht unter tiefem Schweigen den Himmel. Erschien ein Meteor, so galt dies für ein Zeichen göttlichen Unwillens und der König wurde seines Amtes enthoben. Als einzige Möglichkeit zur Rehabilitation des Herrschers galt ein günstiger Orakelspruch aus Delphi oder Olympia. Da zwei Orakelstätten in Frage kamen, besaß der König eine zusätzliche Revisionsinstanz: Im Fall einer Ablehnung in Olympia hatte er immer noch Delphi in der Hinterhand. Zugleich gewann man in Sparta bis zur Rückkehr der Gesandtschaften Zeit, in der mögliche Probleme und Unstimmigkeiten zwischen den beiden Königen beigelegt werden konnten.

Allerdings wurden Orakelsprüche aus Delphi auch mißbraucht. Im Jahre 491 erreichte bei einem erbitterten Streit der beiden Könige Demaratos und Kleomenes der letztere die Absetzung seines Kollegen, indem er das Delphische Orakel bestach[54].

Auch in anderen griechischen Gemeinwesen konnte Delphi in der innenpolitischen Debatte als Argumentationshilfe verwendet werden. So bedienten sich Demosthenes und Isokrates, die beiden großen Kontrahenten in Athen in der Mitte des 4. Jahrhunderts v. Chr., der Orakel aus Delphi. Beide sind für ihre Reden berühmt, wobei nur Demosthenes vor der Volksversammlung auftrat, Isokrates hingegen nie. Der hauptsächliche Streitpunkt zwischen den beiden war die Haltung gegenüber dem Makedonenkönig Philipp II. – während Demosthenes ihn als den Totengräber der Freiheit der Hellenen ansah, verehrte Isokrates den König und betrachtete ihn als Hoffnungsträger der panhellenischen Idee. Vor der Schlacht bei Chaironeia (338 v. Chr.), in der Philipp II. sich gegen ein Bündnis aus Athen, Theben, Korinth und weiteren griechischen Poleis durchsetzte und als deren Ergebnis Athen vorübergehend seine Selbständigkeit verlor, hatten die Athener Orakelsprüche aus Delphi erhalten, die zur Unterwerfung rieten. Da die Sprüche nicht in das Konzept des Demosthenes paßten, warnte er in der Volksversammlung seine Landsleute immer wieder davor, auf Orakel zu vertrauen. Er verwies auf Perikles, der immer seinem Verstand und nicht irgendwelchen Prophezeiungen gefolgt sei (Plutarch, Demosthenes 20). Für Isokrates dagegen galt Delphi als ein Ort, an dem man Wahrheiten erfuhr (Panathenaikos 230).

Allerdings stand Demosthenes Orakelsprüchen nicht immer so kritisch gegenüber. Er setzte in seiner um 349 entstandenen Rede gegen Meidias sogar den Wortlaut eines Orakelspruches als Beweisstück und Argumentationshilfe ein. Meidias hatte Demosthenes bei der Ausübung eines öffentlichen Ritus behindert und beleidigt, worauf Demosthenes einen Prozeß anstrengte und selbst die Anklage übernahm. So verwendete er ein Orakel aus Dodona, das den Athenern Kultvorschriften erteilt hatte (53):

Der Prophet des Zeus verkündet dem Volk der Athener: Da ihr schon die Zeit des Opfers und der Gesandtschaft verstreichen ließt, trägt er euch auf, neun ausgewählte Gesandte zu schicken, und zwar möglichst bald. Opfert dem Zeus drei Stiere und mit jedem Stier ein Schaf; der Dione einen Stier und einen ehernen Tisch für die Gabe, die das Volk der Athener dargebracht hat. Der Prophet des Zeus verkündet: Bringt dem Dionysos öffentliche Opfer dar und mischt einen Mischkrug mit Wein und laßt Tänze aufführen. Dem Apollon opfert einen Stier, wobei Freie und Sklaven einen Kranz tragen; legt einen Ruhetag ein; dem Zeus opfert einen weißen Stier.

Auch wenn dieser Spruch gänzlich unspektakulär ist, läßt diese Stelle den Rückschluß zu, daß in Athen spätestens im 4. Jahrhundert die Orakelsprüche ebenso wie die Gesetzestexte schriftlich niedergelegt waren. Im Gegensatz zur Situation unter den Peisistratiden konnte im demokratischen Athen, in dem die politische Macht zumindest der Idee nach auf alle Bürger gleichermaßen verteilt war, jeder Bürger auch die gesammelten Orakel einsehen.

Diese enge Verknüpfung von Wissen und Macht manifestiert sich in der folgenden Szene. Am Ende des Dritten Makedonischen Krieges (171–168) unternahm der siegreiche römische Feldherr Lucius Aemilius Paullus eine Griechenlandreise, in der er sich als Sieger präsentierte. Neben berühmten Orten wie Athen, Korinth oder Epidauros besuchte er auch drei Orakelstätten; an zwei Orakeln vollzog der Römer symbolische

Handlungen. Zunächst führte ihn der Weg nach Delphi, wo er von der Säule, die sein Widersacher, der Makedonenkönig Perseus, errichtet hatte, die Statue des Königs herabholen und durch sein eigenes Abbild ersetzen ließ; dies wurde auch auf der Inschrift festgehalten, die besiegten Gegner dadurch vor der griechischen Öffentlichkeit gedemütigt. Weiterhin reiste Aemilius Paullus nach Lebadeia. Hier überreichte ihm ein Priester eine eherne Tafel mit Weissagungen für die Römer, wobei unsere Quelle nichts über den Tenor der Prophezeiungen verlauten läßt (Obsequens 50). Damit erlangten die Römer die Kontrolle über das schriftlich gespeicherte Wissen um das Schicksal ihres Staates – eine äußerst symbolträchtige Handlung, die unzweideutig vorführte, daß nach der militärischen Macht auch das Wissen über die göttlichen Pläne von den Griechen auf die Römer übergegangen war[55].

Gleichwohl waren den Möglichkeiten zur Einflußnahme durch Delphi oder andere Orakelstätten Grenzen gesetzt. Wie das Beispiel der Peisistratiden zeigt, die in Athen eine ihren Bedürfnissen angepaßte Orakelsammlung angelegt hatten, um damit nicht von einem panhellenischen und damit für sie unkontrollierbaren Zentrum abhängig zu sein, konnte Delphi nicht zur unverhohlenen Ausübung von Macht dienen. Im Regelfall boten Orakel die Möglichkeit, Ordnung innerhalb der Polis durch Konsens zu gewinnen, nicht durch das Diktat eines einzelnen.

Die panhellenische Ebene

In der modernen Literatur findet sich bisweilen die Ansicht, daß Delphi durch sinistre Propheten oder herrschsüchtige Priester beeinflußt wurde, die im Verborgenen agierend die Geschicke der griechischen Welt leiteten. Ein Divinationssystem mag in einem zentral regierten Staat wie etwa im Alten Ägypten oder in Rom eine gewisse politische Macht besessen haben[56]. Doch gerade der Vergleich mit Rom schärft den Blick für die ungleich komplexere Situation in der griechischen Welt: Es gab mehrere hundert selbständige Staatswesen, von denen viele erst gegen Ende des 4. Jahrhunderts v. Chr. mit Gewalt zu höchst labilen Flächenstaaten zusammengefügt wurden, aus denen einzelne traditionsreiche Poleis wie etwa Athen oder Sparta immer wieder auszuscheren versuchten. In dieser unübersichtlichen Situation stellte das Orakel von Delphi oft den wichtigsten Bezugspunkt dar, der eine wirksame Repräsentation vor der griechischen Öffentlichkeit ermöglichte.

Eine panhellenische Funktion läßt sich auch in Dodona beobachten, das ein höheres Alter als Delphi beanspruchte: Herodot (2,52) will in Dodona erfahren haben, daß die Pelasger, die man als die vorgriechische Bevölkerung Griechenlands ansah, anfangs den Göttern opferten, ohne ihre Namen zu kennen. Als die Pelasger von den ägyptischen Götternamen hörten, fragten sie in Dodona an, ob sie die Namen aus der Fremde annehmen sollten. Das Orakel bejahte dies; später übernahmen die Griechen die Namen der Götter von den Pelasgern. Diese Passage eröffnet zwei Aspekte: Zum einen zeigt sich der enorme Einfluß, den die ägyptische Kultur in den Augen Herodots auf die griechische Welt hatte; zum anderen bestätigt das Orakel die von den Ägyptern übernommenen Namen. Da sich die Griechen nach eigenem Selbstverständnis durch ihre Sprache und ihre Kulte von den Barbaren abgrenzten, läßt sich die Bestätigung der Götternamen durch Dodona als Stiftung griechischer Identitäten beschreiben.

Alle weiteren identitätsstiftenden Faktoren werden Delphi zugeschrieben. Wie Pausanias berichtet, waren im Pronaos des Apollontempels die Sprüche der Sieben Weisen zu sehen (10,24,1). Wahrscheinlich konnte Pausanias die folgende Zusammensetzung lesen: Thales von Milet: „Erkenne dich selbst!", Bias von Priene: „Die meisten sind schlecht!", Pittakos von Mitylene: „Erkenne den passenden Augenblick!", Kleobulos von Lindos: „Maß ist das Beste!", Solon aus Athen: „Nichts zu sehr!", Chilon aus Sparta: „Bürgschaft – schon ist Unheil da!", Periandros von Korinth: „Alles ist Übung!"[57] Auch wenn der Kanon der Sieben Weisen variiert und Pausanias sich vielleicht teilweise andere Sprüche darboten, soll dies nicht stören. Wichtig ist vielmehr, daß im Apollontempel handfeste Lebensregeln zu lesen waren, die auf die berühmtesten Denker Griechenlands zurückgingen.

Vergleichbar mit den Sprüchen der Sieben Weisen enthalten auch die Orakel aus Delphi bisweilen einen didaktischen Anspruch. Als Gyges, der damals mächtigste Mensch der Welt, in Delphi anfragte, wer der glücklichste Mensch der Welt sei, antwortete Apollon: „Aglaos aus Psophis ist glücklicher als du." Aglaos war ein älterer Mann, der in einem dürftigen

Winkel Arkadiens einen kleinen, aber für den Lebensunterhalt ausreichenden Hof bewirtschaftete. Er hatte diesen Hof nie verlassen, hatte keine Wünsche und lebte somit glücklicher als der König (Plinius, Naturalis historia 7,151). „Die besten Pferde gibt es in Thessalien, die besten Frauen in Sparta, die besten Männer sind die, die das Wasser der schönen Arethusa trinken." Dieser Orakelspruch aus Delphi, den uns Athenaios (278e) überliefert – eine Quelle mit dem Namen Arethusa existierte in Syrakus und in Chalkis auf Euboia –, bietet ein antikes Ranking von Städten und Landschaften. Leider sind sowohl die Überlieferung als auch der Zusammenhang dieses Spruches höchst unklar. Die *Suidas*, ein byzantinisches Lexikon aus dem 10. Jahrhundert, das zu zahlreichen Fragen der antiken Kulturgeschichte Bescheid weiß, kennt zwei verschienene Adressaten: zum einen die Bewohner von Megara, zum anderen die Bürger eines kleinen Gemeinwesens namens Aigai – in beiden Fällen ist eine genaue Identifikation nicht mehr möglich, da es jeweils mehr als nur einen Ort dieses Namens gab und eine genaue Zeitangabe fehlt. Um welche Stadt auch immer es geht, Hintergrund der Anfrage war, daß ihre Bewohner einen Fünfzigruderer gekapert und den Zehnten der Beute dem delphischen Apollon gestiftet hatten; durch ihren Sieg verblendet, fragten sie an, ob es unter den Hellenen bessere gebe als sie. Das Orakel holte die Fragenden auf den Boden der Tatsachen zurück und stufte sie nicht einmal unter den angesehensten zwölf griechischen Gemeinwesen ein.

Doch Delphi gab – wie wir wissen – nicht immer eindeutige Auskünfte, sondern war auch von mehreren Rätseln und Geheimnissen umrankt. Über das Phänomen des Geheimnisses schrieb der Soziologe Georg Simmel: „Der natürliche Idealisierungstrieb und die natürliche Furchtsamkeit des Menschen wirken dem Unbekannten gegenüber zu dem gleichen Ziele, es durch die Phantasie zu steigern und ihm eine Aufmerksamkeitsbetonung zuzuwenden, die die offenbarte Wirklichkeit meistens nicht gewonnen hätte."[58] Überträgt man diese Einsicht auf die Situation in griechischen Orakeln, führten die Rätsel dazu, daß ein Orakel ein erhöhtes Ansehen genoß. Zugleich durfte die Quelle des Geheimnisses um keinen Preis anderen zugänglich gemacht werden. Das gemeinsame Geheimnis, die von allerlei Spekulationen umrankte Leerstelle, wirkte identitätsstiftend[59]. Da Delphi als der Zentralort der griechischen Welt gelten kann, stellten die Geheimnisse um das Heiligtum einen Kristallisationspunkt gesamtgriechischer Identitäten dar. Die Rätsel mußten nicht gelöst werden. Wichtig war vielmehr, daß man darüber nachdachte, debattierte und gelehrte Abhandlungen verfaßte.

Das erste Rätsel betraf Homer. Im Apollontempel befand sich ein bronzenes Bild Homers zusammen mit dem Orakelspruch, der dem Rhapsoden zuteil geworden sein soll; Pausanias (10,24,2) referiert den Wortlaut:

> Glücklicher und Unseliger, denn zu beidem wurdest du geboren,
> Das Vaterland suchst du; ein Mutterland, kein Vaterland hast du.
> Ios, die Insel, ist das Vaterland der Mutter, die dich im Tode
> empfangen wird. Doch hüte dich vor dem Rätsel der Jungen.

Mit dem „Rätsel der Jungen“, das zu Homers Tod führte, hat es folgende Bewandtnis: Homer saß, schon hochbetagt, am Strand und fragte junge Fischer, die vorbeikamen, was sie gefangen hätten. Die Fischer antworteten in einem scherzhaften Rätsel: „Was wir fingen, das ließen wir zurück, was wir nicht fingen, das tragen wir mit uns.“ Sie meinten damit Läuse, die sie teils an sich trugen, teils gefangen hatten. Homer, so heißt es, starb aus Gram, weil er die Lösung des Rätsels nicht finden konnte.

Der Rest des Orakelspruches wird erst vor dem Hintergrund der Herkunft Homers verständlich. In der Antike stritten sich mehrere Städte um die Ehre, Geburtsort des berühmtesten aller Dichter zu sein. Eine solche Unklarheit, bei keiner anderen antiken Gestalt in diesem Ausmaß zu finden, ist auf die Überlieferungssituation der Homerischen Epen zurückzuführen: Wandernde Rhapsoden trugen Teile der von Troia und Odysseus handelnden Epen vor, wandelten den Text ab und sponnen die Handlung weiter. Erst im 6. Jahrhundert v. Chr. wurde der Wortlaut erstmals in Athen festgelegt, etwa dreihundert Jahre später sorgten die ersten Philologen in Alexandria für die endgültige Redaktion. Kombinieren wir diese Voraussetzung mit dem in Delphi schriftlich fixierten Orakelspruch, so läßt sich die folgende Episode konstruieren: Homer selbst wußte nicht, welche seine Heimatstadt war, und ging nach Delphi, um Auskunft zu erhalten. Doch auch das Orakel hielt sich zurück und gab nur den Ort seiner zukünftigen Grabstätte an. Da nicht einmal Apollon die Heimat Homers nannte, war das Bemühen jeder Stadt, Homer für sich einzunehmen, durch göttlichen Spruch zunichte gemacht. Bedenken wir die Bedeutung der Homerischen Epen, die einen wichtigen Bestandteil des kulturellen Gedächtnisses der Griechen und damit auch der griechischen Identitäten bildeten, so erahnen wir die Absicht und Tragweite der Antwort des Delphischen Orakels[60].

Das zweite Rätsel war das sogenannte delphische E, über das Plutarch eine eigene Schrift verfaßte. Nach Plutarch war dieser Buchstabe, der im Tempel hing, wie eine Weihegabe und sehenswert; man maß ihm eine besondere Kraft bei (Plutarch, Moralia 385 A). Plutarch selbst, der einige Jahre in Delphi als Priester verbrachte, hörte oft von Reisenden die Frage, was der Buchstabe bedeute, entzog sich aber dem Problem. Erst auf Bitten seiner Söhne, einigen Gästen vor der Abreise von Delphi Auskunft zu geben, stellte er sich dem Problem. Man setzte sich beim Tempel des Apollon nieder und diskutierte. Auch wenn die Beschreibung der Umstände bei Plutarch ein literarisches Mittel zu sein scheint, so läßt sich ermessen, wie sehr der Buchstabe die Menschen beschäftigen konnte. Plutarch bietet insgesamt sieben Deutungen des „E" an: 1. Das E (*epsilon*) ist der fünfte Buchstabe im Alphabet und steht auch als Zahlzeichen für „fünf". Ursprünglich war die Zahl der Weisen nicht sieben, sondern fünf; Kleobulos, der Tyrann von Lindos auf Rhodos, und Periandros, der Tyrann von Korinth, die auch zu den Sieben Weisen zählten, sollen sich durch ihre Macht, die Hilfe ihrer Freunde und reiche Geschenke unrechtmäßig die Aufnahme in die Reihe der großen Weisen ergattert haben. Als Reaktion darauf brachten die fünf Weisen das E als Zahlzeichen an, um ihren Widerstand gegen die beiden Tyrannen denjenigen deutlich zu machen, die es verstehen konnten. 2. E ist der zweite Vokal im Alphabet, die Sonne ist der zweite Planet, Apollon ist mit der Sonne gleichgesetzt – das E symbolisiert also den Gott Delphis. 3. E, das als EI ausgesprochen wurde, heißt „wenn" und stellt somit den Anfang der meisten Anfragen an das Orakel dar; dies war angeblich die Meinung der Priester in Delphi. 4. Zugleich wird das Wort EI = „wenn, wenn doch" oft bei Gebeten verwendet. 5. „Wenn" wird oft in der Logik zur Konstruktion eines Syllogismus gebraucht; Apollon selbst gilt durch die doppelsinnige Art seiner Antworten als der größte Dialektiker und fordert scharfsinnige Schlußfolgerungen heraus. 6. Die Fünf ist eine höchst bedeutsame Zahl in Mathematik, Philosophie und Musik. Um nur einen Aspekt herauszugreifen: Den Anfang der geraden Zahlen bildet die Zwei, den Anfang der ungeraden Zahlen – zumindest nach antiker Vorstellung – die Drei. Da die geraden Zahlen als weiblich erkannt werden, die ungeraden als männlich, stellt die Fünf als Summe von 2 und 3 die Ehe der beiden ersten Zahlen dar. Solche Geschlechterzuschreibungen lassen sich einfach erklären: Zählt man zwei gerade Zahlen zusammen, so ergibt dies eine gerade Zahl. Zählt man eine gerade und eine ungerade Zahl zusammen, so kommt in der Addition stets eine ungerade Zahl heraus. Die Addition von zwei ungeraden Zahlen ergibt eine gerade Zahl. Ungerade Zahlen sind also fähig, etwas anderes zu erzeugen, sie sind mächtiger – und somit männlicher – als die schwachen geraden Zahlen. 7. EI bedeutet als Verb „du bist" und wird von den Klienten als Ausdruck von Apollons Unsterblichkeit verwendet (Plutarch, Moralia 384–394)[61].

Abbildungen dieses rätselhaften E finden sich auf Münzprägungen der römischen Kaiserzeit; bei einer Frontalansicht des Tempels steht das E in der Mitte zwischen den auseinandergezogenen Säulen. Doch nicht nur in der Antike, sondern auch in der modernen Forschung wurde viel gelehrte Spekulation um dieses E angestellt. Man sah es als Überbleibsel einer minoischen Tradition und verglich es mit einem aus dem früheisenzeitlichen Mittelitalien bekannten Bauschmuck, der in Delphi erst sekundär als Buchstabe verstanden wurde. Ein anderer Weg, der in der Forschung beschritten wurde, war der Versuch einer Ergänzung: So wurde das E mit dem Verweis auf die ursprüngliche Gottheit Ge in Delphi als Ligatur von GE interpretiert oder als übriggebliebener Teil des Namens GE, wobei das Gamma (= G) vor langer Zeit abgebrochen und längst vergessen war[62]. All dies läßt keine plausible Erklärung für das E zu, weder in der Moderne noch in der Antike. Doch gerade diese Unklarheit ist der Schlüssel: Das E war ein Rätsel, das Spekulationen zuließ.

Der Buchstabe wurde zweimal ersetzt, wobei nicht ganz klar ist, ob der jeweilige Vorgänger abgenommen wurde oder hängenblieb. Plutarch weiß von einem ersten E, das aus Holz war und den Sieben Weisen zugeschreiben wurde, die Athener sollen ein bronzenes E gestiftet haben, während Livia, die Gattin des Augustus, ein vergoldetes E anbringen ließ (Plutarch, Moralia 385 F–386 A). Im Falle des goldenen E reflektiert sich in einem einzigen Buchstaben ein entscheidender Wandel in der epigraphischen Kultur der antiken Welt. Augustus (27 v.–14 n. Chr.) ließ *litterae aureae*, goldene Buchstaben, bei der Beschriftung seiner wichtigen Monumente verwenden; dies sollte jedermann anzeigen, daß ein neues

Goldenes Zeitalter angebrochen sei[63]. Livia, mit ihr Augustus und Rom, übertrafen durch einen goldenen Buchstaben den bronzenen Buchstaben, den einst die Athener gestiftet hatten: Rom löste auf symbolischer Ebene Athen ab.

Das dritte Rätsel war die Herkunft des Dreifußes, auf dem die Pythia sitzend ihre Sprüche erteilt haben soll. In der Antike kursierten mehrere Varianten. Einmal waren es die Delpher selbst, die den Dreifuß konstruierten (Diodor 16,26), einmal wurde er von Handwerkern auf Geheiß des korinthischen Tyrannen Periandros oder in einer anderen Variante im Auftrag der Argiver hergestellt, schließlich ist auch davon die Rede, der Schmiedegott Hephaistos persönlich habe den Dreifuß geschaffen. Der Dreifuß ging durch mehrere Hände; als er im Besitz des Menelaos war, raubte ihn Paris zusammen mit Helena. In der Nähe Troias soll Helena den Dreifuß ins Meer geworfen haben mit den Worten: „Das wird der Grund zu vielem Streit werden." Schon zu Beginn wird dieser Ausspruch ausgerechnet der Frau, die selbst der Anlaß für den Troianischen Krieg wurde, bedeutungsträchtig in den Mund gelegt. Später wurde der Dreifuß von Fischern aus dem Meer gezogen, wobei auch hier wieder mehrere Orte angeführt sind: Einmal ist von Milesiern die Rede, einmal von Fischern der Insel Kos, einmal von Athenern. Bald geriet der Dreifuß zum Objekt des Begehrens. Zunächst stritten sich die Städte Milet und Kos um den Dreifuß, der Konflikt eskalierte zu einem blutigen Krieg, in dem keine Seite sich durchzusetzen vermochte. Deshalb rief man ein Orakel an; in einer Überlieferung war es Didyma, das nächstgelegene renommierte Orakel; nach einer anderen Tradition fragte man in Delphi. Die Bürger von Kos erhielten die Auskunft, daß der Streit um den Dreifuß erst enden werde, wenn er ins Haus des Mannes gelange, „der mit Schärfe erkennt, was ist, was kommt, was gewesen". An die Milesier erging ein ähnlicher Spruch: „Wer der Weiseste ist, dem gebührt, so sag ich, der Dreifuß." Daraufhin übergab man den Dreifuß dem Philosophen Thales von Milet, einem der Sieben Weisen. Von diesen sieben gab jeder den Dreifuß weiter, bis ihn am Ende der Athener Solon erhielt. Der wiederum erklärte Apollon für den Weisesten und schickte den Dreifuß nach Delphi. Nach einer anderen Variante erhielt Thales abermals den Dreifuß und stiftete ihn ins Orakelheiligtum von Didyma (Diogenes Laertios, Thales 27–33). Letztlich wurde Apollon als der Weiseste anerkannt und damit die Gültigkeit seiner Orakel bestätigt. In einem weiteren Mythos macht Herakles Apollon den Dreifuß streitig[64] (Abb. 11).

Abb. 11: Herakles mit Löwenfell entführt den Dreifuß, vom bogentragenden Apollon verfolgt. Schwarzfigurige Oinochoe, um 520 v. Chr.

So wie vieles um den Dreifuß unklar war, konnten auch andere Denkmäler in Delphi Fragen aufwerfen. In diese Lücke stießen die professionellen Reiseführer, die den Gästen ihre Dienste anboten. Doch selbst die Reiseführer standen bisweilen vor Problemen. So befand sich im Schatzhaus der Korinther eine bronzene Palme, auf deren Basis Frösche und Wasserschlangen abgebildet waren. Da allerdings Palmen in einer trokkenen Umgebung wachsen, fragte man sich, was die Wassertiere mit dem Baum zu tun hatten – ein Rätsel, über das man diskutierte. Das größte Rätsel allerdings stellte das Orakel selbst dar. Wie kam es dazu, daß Apollon über die Pythia seine Sprüche erteilte? Es hat sich gezeigt, daß selbst Plutarch als Priester in Delphi die Rede vom Erdspalt weiterführte, obwohl er wissen mußte, daß es ihn nicht gab. Doch auch andere Fragen wurden gestellt: Warum verbrennt man in Delphi beim heiligen Feuer nur Fichtenholz? Warum verwendet man zum Räuchern nur Lorbeer? Warum haben in Delphi nur zwei Schicksalsgöttinnen ein Denkmal, während man überall sonst an drei Moiren glaubt? Warum darf keine Frau zum Orakel kommen? (Plutarch, Moralia 399–400). Warum werden die Orakelsprüche nicht mehr in Versform erteilt? Warum haben die Orakelstätten ihre Kraft verloren?[65] Auch wenn Plutarch scheinbar Fragen um das Orakelwesen löste, trug er in Wirklichkeit dazu bei, den Nebel weiter zu verdichten.

Neben den Rätseln existierte in Delphi noch eine bedeutende Leerstelle. Das eigentliche Orakelmedium, die Pythia, war weiblich. Zumindest in hellenistischer Zeit – über frühere Epochen sagen die Quellen nichts aus – war die Seherin von acht männlichen Kultfunktionären geradezu eingerahmt: Es gab um 200 v. Chr. einen Propheten, zwei als Hiereus und fünf als Hosios bezeichnete Priester. Auch wenn wir nicht genau den Aufgabenbereich der Priester kennen, und auch wenn ihre Anzahl im Lauf der Jahrhunderte geschwankt haben mag, so standen der Pythia mehrere männliche Priester gegenüber[66]. Wenn es stimmt, daß die Pythia als reife Frau unverheiratet sein mußte, so trat sie damit auch aus der Gruppe der Frauen heraus und gewann einen eigenen Status, der sich als liminal beschreiben läßt; sie war alt genug, um wie alle anderen Frauen verheiratet zu sein, lebte aber wie eine noch Unverheiratete. Dennoch lassen sich Unterschiede zwischen der Pythia und den Priestern festhalten. Während die Pythia aus dem Volk kam, gehörten die Priester der Oberschicht an. Während die Pythia nur im Inneren des Tempels agierte, traten die Priester auch außerhalb als Helfer der Anfragenden auf. Im Gegensatz dazu wurde die Pythia, folgt man dem, was in den Quellen über sie geschrieben wird, in einem passivischen Akt vom Gott erfüllt, um nicht zu sagen: penetriert[67]. Daher läßt sich die Pythia als Leerstelle, als Projektionsfläche von Apollons Auskünften – und zugleich auch als Projektionsfläche der Hoffnungen der Griechen – verstehen.

Ein abschließendes Beispiel soll dies verdeutlichen: Vor dem Aufbruch zu seinem Feldzug gegen das Perserreich wollte Alexander der Große das Delphische Orakel befragen. Nun war er zu einem ungünstigen Zeitpunkt angekommen und hätte eigentlich mehrere Tage bis zur nächsten Sitzung der Pythia ausharren müssen. Alexander jedoch wollte nicht warten und ließ die Pythia herbeirufen. Als sie sich weigerte zu kommen und sich auf das Gesetz berief, ging er selbst zu ihr und zerrte sie mit Gewalt zum Tempel. Da sagte sie überwältigt von seinem Eifer: „Du bist unbesiegbar, mein Sohn!“ (Plutarch, Alexander 14). Es gibt sicherlich mehrere Deutungsmöglichkeiten dieser Anekdote. Alexander jedenfalls soll den Ausspruch auf seine Feldzugspläne bezogen haben. Prompt ließ er von ihr ab und erklärte, er habe damit den Orakelspruch, den er erhofft hatte, erhalten. Zwei Aspekte verdienen besondere Betonung: Zum einen benahm sich Alexander einmal mehr als ungestümer junger Mann – ebenso wie er in seinen Schlachten in vorderster Linie kämpfte, und ebenso wie er den unauflösbaren Gordischen Knoten nicht aufknüpfte, sondern mit dem Schwert durchhieb, ließ sich Alexander in Delphi nicht durch den örtlichen Terminkalender aufhalten, sondern suchte und fand eine schnelle Lösung. Zum anderen war dies der einzige Orakelspruch, den Alexander in Griechenland erhielt. Die Pythia und Delphi standen stellvertretend für Griechenland – nichts verdeutlicht besser die panhellenische Funktion Delphis.

Wurde in diesem Kapitel vorgeführt, in welchem Maß Orakel Botschaften verkündeten, so soll im nächsten Kapitel der Versuch unternommen werden, die Wege der Kommunikation und die dabei in Aktion tretenden Medien näher zu beleuchten.

III.

Eine kleine Mediengeschichte der Orakel

und hörst, wie drinnen
Aus silbernen Opferschalen
Der Quell rauscht
Hölderlin, Die Wanderung

Quellen und Erdspalten als Durchgangsorte

„Das Medium ist die Botschaft" – so verkündete in den 1960er Jahren der kanadische Medienwissenschaftler Marshall McLuhan; er meinte damit, daß die Existenz eines Mediums wichtiger sei als die einzelne durch das Medium transportierte Botschaft. In diesem Kapitel soll versucht werden, McLuhans These für die griechischen Orakel fruchtbar zu machen. Dabei wird unter dem Begriff „Medium" all das subsumiert, was Funktionen in sozialen Informations- und Kommunikationssystemen übernimmt, mit dessen Hilfe Menschen Informationen erheben, speichern und weitergeben können[1]. Unter dieser Prämisse erkennen wir mehrere Gruppen von Medien: Erstens fungieren die Götter als Medium, da sie das Wissen über das Schicksal an die Menschen, wenn auch oft dunkel und undeutlich, weitergeben. An zweiter Stelle sind die Menschen anzuführen. Seher und Priester[2] agieren als Mittelspersonen zwischen Göttern und Klienten, bisweilen übernehmen die Anfragenden selbst diese Rolle. Zum dritten dienen Objekte wie Weihgeschenke oder Inschriften als Medium zu den Göttern, zu den Mitmenschen und zur Nachwelt. Viertens ist darauf hinzuweisen, daß orale Kulturen – auch die antike Welt war trotz des Gebrauchs von Schrift weitgehend von Mündlichkeit geprägt[3] – sich vor allem bei Riten zu multimedialen Kommunikationsgemeinschaften zusammenfinden, in denen der gesamte Körper an der Erhebung, Speicherung und Übertragung von Daten beteiligt sein kann[4]. Daher sollen auch Riten wie die Befragung selbst – denken wir nur an die Vorschriften aus Korope oder Lebadeia – sowie die Riten, die aufgrund eines Orakelspruches vollzogen wurden, als Medien gelten.

Bei der Untersuchung der Kommunikationswege mit den Göttern

lassen sich idealiter immer wieder drei Schritte feststellen: 1. die Bitte an die Gottheit; 2. die Hilfe der Gottheit; 3. der Dank des Menschen in Form eines Opfers oder Geschenkes. Dieser Dreischritt ist mit einer leichten Modifizierung auch bei Orakeln erkennbar: 1. statt einer Bitte steht am Anfang die Frage; 2. die Antwort der Gottheit; 3. der Dank, zumeist in Form eines Weihgeschenkes. Dies zeigt, daß die Befragung eines Orakels lediglich eine modifizierte Sonderform der Kommunikation mit den Göttern darstellt, wobei eine Orakelanfrage im Unterschied zu einem Gebet an bestimmte Orte gebunden war[5].

Aristoteles erwähnt in seiner Schrift über die Rhetorik, daß der Kreter Epimenides keine Prophezeiungen über die Zukunft anstellte, sondern nur über bereits Geschehenes, das aber noch nicht ans Licht gekommen war (3,17 p. 1418 a). Auch wenn wir nicht wissen, ob Epimenides in den Augen des Philosophen einen Sonderfall darstellte, und auch wenn die Einteilung in Zukünftiges und Vergangenes charakteristisch für gerade dieses Werk des Aristoteles sein mag, so ist das Konzept von Wahrsagerei als Entdeckung von etwas bereits Vorhandenem überaus fruchtbar für die Untersuchung der Orakelstätten – auch Orakel waren die Entdeckung von Verborgenem. Ähnlich können Erdbeben nicht nur als der Zorn des „Erderschütterers" Poseidon gelten, sondern auch als Offenbarung verborgener Dinge wie Bodenschätze, Heroengräber und Wasser fungieren, da sie ebenfalls eine Verbindung zwischen oben und unten herstellen[6].

Bereits bei Homer besitzen die Bewohner der Unterwelt eine prophetische Begabung – wenn einige Orakelstätten wie etwa Delphi vor der Inbesitznahme durch Apollon als Heiligtümer der Erdgottheit Gaia galten, so deutet dies auch darauf hin, daß man unterhalb der Erdoberfläche Wissen vermutete[7]. Im elften Gesang der *Odyssee* steigt Odysseus in die Unterwelt hinab und befragt die Toten, wie er nach all den Jahren der Irrfahrt endlich nach Ithaka zurückkehren könne. Dazu gräbt er mit dem Schwert ein Loch und gießt ein Honiggemisch, süßen Wein sowie Wasser als Trankspende für die Toten aus; danach betet er und gelobt, den Toten bei seiner Rückkehr nach Ithaka ein Rind zu opfern. Dem Seher Teiresias, von dem sich Odysseus besondere Auskünfte erhofft, verspricht er sogar, gesondert ein Schaf zu opfern. Dann erst ergreift er die Schafe, schneidet ihre Kehlen durch und läßt das Blut in die Grube rinnen. Gierig nähern sich die Geister der Toten. Odysseus bewacht das Opfer mit gezücktem Schwert; die Geister müssen ihm zuerst weissagen, bevor sie vom Blut trinken dürfen (Homer, Odyssee 11,23–332). Die Grube, in die Odysseus das Blut der Opfertiere laufen ließ, verdient Beachtung, ist sie doch als Negativform eines Altars zu verstehen, auf dem den Himmelsgöttern geopfert wurde; durch die Grube kommunizierte Odysseus mit den Wesen der Unterwelt.

Ein Totenorakel gab es in Ephyra im Nordwesten Griechenlands, doch besitzen wir keine sichere Kenntnis über die Vorgänge bei der mantischen Sitzung. Ephyra liegt am Acheron, dem Fluß, der durch die Unterwelt verlief. Nach Sotirios Dakaris, dem Ausgräber von Ephyra, ist hier die Szene aus der *Odyssee* zu lokalisieren, in der Odysseus die Toten befragt[8]. Allerdings entbehrt diese Gleichsetzung jeglicher Grundlage. Homer erwähnt mit keinem Wort Ephyra, sondern verlegt den Ort der Befragung ins Land der Kimmerier an den Rand des Okeanos. Dieses weitgehend in mythischen Nebeln verlorene Volk lebte nach antiken Vorstellungen am Schwarzen Meer. Bei Homer wird ihre Heimat wenig anziehend beschrieben. Nie scheint dort die Sonne, „schreckliche Nacht umfängt die elenden Menschen“ (Odyssee 11,19). All dies trifft auf Ephyra nicht zu. Ohnehin ist es mehr als fragwürdig, die Stationen der Irrfahrt des Odysseus lokalisieren zu wollen. Mit dem gleichen Recht könnte man, wie Hans Traxler in der köstlichen Satire „Die Wahrheit über Hänsel und Gretel“ 1978 vorgeführt hat, das Hexenhaus suchen, in dem das Geschwisterpaar zu leiden hatte.

Allein die Existenz eines Totenorakels zeigt aber einmal mehr die Fähigkeiten, die man den Toten oder generell dem Bereich der Unterwelt zuschrieb. Kehren wir nochmals zu Odysseus zurück. Er mußte die Grenze zwischen Ober- und Unterwelt überschreiten, um Erkenntnisse über seine Zukunft zu erhalten. Eine Rückkehr aus dem Totenreich war nur den mythischen Helden wie etwa auch Herakles und Orpheus möglich, den Sterblichen aber verwehrt. Deshalb verwundert es nicht, wenn die Analyse der Orakelstätten ergibt, daß sich Orakel an Quellen, Brunnen, Höhlen oder Erdspalten, kurz an Orten, die als Kontaktstelle zwischen Ober- und Unterwelt gelten konnten, befanden[9]. Dieser Faden läßt sich noch weiterspinnen: Viele Orakelriten bilden eine Unterweltsfahrt der entsprechenden Priester oder sogar der Klienten ab, wie etwa beim Orakel des Trophonios in Lebadeia, bei dem man durch eine Kammer in eine dunkle Grube stieg, um eine Auskunft zu erhalten.

Bei einer systematischen Analyse der Übergangsorte an den Orakelstätten soll das Augenmerk zunächst Quellen und Brunnen gelten. Schon bei einer kurzen *tour d'horizon* durch die Kulturgeschichte offenbart sich die besondere Bedeutung, die Quellen oft zugeschrieben wird, denken wir nur an Heilquellen, Jungbrunnen oder an die unzähligen Brunnen, in die Reisende eine Münze werfen in der Hoffnung auf Wiederkehr; häufig gelten Brunnen oder Quellen auch als Übergangsorte zur Unterwelt, zum Paradies oder in die Welt der Wassergeister[10]. In der Nähe wohl jedes Heiligtums der griechischen Welt gab es Wasser, wobei in vielen Fällen das Wasser einer Quelle (*pege*) durch Baumaßnahmen in einem Brunnen (*krene*) gefaßt wurde. Solches Wasser wurde je nach der verehrten Gottheit unterschiedlich verwendet. Zumeist diente es zur kultischen Reinigung. Ausnahmen stellen Asklepiosheiligtümer dar, in denen Wasser zu Heilzwecken diente, sowie Apollonheiligtümer, in denen der mantisch inspirierende Aspekt des Wassers von großer Bedeutung war.

Betrachten wir einige mantische Quellen. Im kleinasiatischen Klaros gelangte man durch einen Gang unter dem Tempel zur heiligen Quelle. Manto, die Tochter des Sehers Teiresias, weinte hier aus Sehnsucht nach der Heimat. Daß die Quelle aus den Tränen der Manto entstand, war eine Gewähr für die Wirksamkeit des Orakels. Nicht nur der Priester, sondern jeder, der vom Quellwasser trank, soll seherische Kraft erlangt haben. Daß Quellen weiblich konnotiert sind, zeigt sich auch bei dem Mythos über die Entstehung der Quelle beim Orakel in Lebadeia: Kore, die Tochter der Demeter, der Göttin der Agrikultur und des Getreides, wollte eine Gans einfangen; die Gans floh in eine Höhle und verbarg sich unter einem Stein; als Kore sie aus dem felsigen Versteck hob, entsprang dort die Quelle (Pausanias 9,39). Beim Apollonorakel in Didyma tauchte die Prophetin ihre Füße in die heilige Quelle, atmete den Dunst des Wassers ein und erhielt damit prophetische Kräfte. In Delphi gab es neben dem Erdspalt noch zwei Quellen. Die wasserreiche Kastalische Quelle strömte außerhalb des Temenos und wurde zur kultischen Reinigung verwendet. Innerhalb des heiligen Bezirks floß die Kassotis, deren Wasser direkt vom Unterweltsfluß Styx gekommen sein soll – damit war in Delphi ausdrücklich die Verbindung zur Unterwelt mit ihren mantischen

Kräften hergestellt. Im sechsten vorchristlichen Jahrhundert wurde die Kassotis so gefaßt, daß ihr Wasser unterirdisch ins Allerheiligste des Apollontempels lief. Bei den Aufbauarbeiten des vierten Jahrhunderts veränderte man diese Lösung und sammelte das Wasser in einem Bassin vor dem Tempel. Der Vergleich mit Klaros legt nahe, daß dieses Wasser zur prophetischen Inspiration getrunken wurde; es ist allerdings auch möglich, daß ein Bad im Wasser den gleichen Effekt hervorrufen sollte[11]. In einer Höhle der Nymphen auf einem der Gipfel des Kithairon soll ein Orakel existiert haben, das im 1. Jahrhundert n. Chr. zwar schon lange aufgegeben worden war, aber immerhin noch den Bewohnern der Gegend die Fähigkeit, Orakel zu geben, vermittelte. Man nannte diese Leute „von den Nymphen Ergriffene" (*nympholeptoi*), wie Plutarch (Aristeides 11) lehrt[12]. Möglicherweise ist diese Nachricht mit der Aussage von Pausanias zu verbinden, daß es im benachbarten Hysiai einen Brunnen gab, dessen Wasser hellseherische Fähigkeiten verlieh (Pausanias 9,2,1).

In einigen Fällen spielt die Oberfläche des Wassers eine wichtige Rolle; wird sie verletzt oder durchdrungen, so besitzt dies ebenfalls liminalen Charakter und bildet im kleinen den Übergang zwischen zwei Bereichen ab. In Patras im Norden der Peloponnes befand sich eine Orakelquelle nur für Kranke. Man band einen Spiegel an einen dünnen Faden und ließ ihn in die Quelle hinab. Wichtig war, daß der Spiegel nur mit dem Rand die Wasseroberfläche berührte. Nach einem Gebet schaute man in den Spiegel. Zeigte der Spiegel nun das Gesicht des Kranken als das eines Lebenden, so würde er genesen; sah dagegen der Anfragende im Spiegel aus wie ein Toter, so würde er an der Krankheit sterben (Pausanias 7,21). Pausanias berichtet (3,25) auch von einer Quelle am Kap Tainaron im Süden der Peloponnes, in der man in früherer Zeit Häfen und Schiffe sehen konnte. Noch deutlicher wird dieser Aspekt beim Orakel des Apollon Thryxeos in Kyaneai am Bosporos; das Wasser der Orakelquelle war wie ein Spiegel, durch den man auf jeden beliebigen Punkt der Welt blicken konnte (Pausanias 7,21)[13].

In welchem Maße man Orakelquellen besondere Eigenschaften zusprach, läßt sich auch am Beispiel der Quelle beim Ammonsorakel in der Oase Siwa ermessen. Arrian, der eine Geschichte des Alexanderzuges verfaßte, wußte von einer Besonderheit dieser Quelle: Am Mittag ist das Wasser eiskalt, gegen Abend erwärmt es sich stetig, um an Mitternacht am heißesten zu sein; danach kühlt es wieder ab (Arrian 3,4) – dagegen konnte der deutsche Ägyptologe Georg Steindorff, der im Winter 1899/1900 mit einer Karawane auf derselben Route wie Alexander zur Oase Siwa reiste, nachweisen, daß die Sonnenquelle eine konstante Temperatur von 29° C hat[14]. Die Absicht der Konstruktion einer Quelle mit wechselnder Hitze und Kälte ist nicht leicht zu verstehen, möglicherweise ging es nur darum, daß sich die Quelle beim Ammonsorakel umgekehrt zum Wüstenklima mit seinen extrem heißen Temperaturen während des Mittags und den kalten Nächten verhielt. Insgesamt fungieren Quellen und Brunnen nicht nur als Kommunikationskanal, sondern darüber hinaus tritt auch noch ein Stoff von innen nach außen, so daß der Vorgang eines Orakels symbolisiert wird: die Enthüllung des Verborgenen. Besonderes Profil gewinnt dieser Aspekt durch das, was Diogenes Laertios (1,116) über den Philosophen Pherekydes von Syros, der im 6. Jh. v. Chr. lebte, schreibt. Er soll einst ein Erdbeben vorausgesagt haben, als er aus einem Brunnen geschöpftes Wasser trank: Durch das aus der Tiefe der Erde geholte Wasser nahm Pherekydes Anzeichen für die Erschütterung der Erde wahr.

Aus der Reihe der Höhlen und Schächte ist der bereits hinlänglich diskutierte Erdspalt in Delphi (vgl. Kap. I) hervorzuheben. Diodor bietet eine Variante über die Entdeckung des Delphischen Orakels (16,26): Lange vor der Besiedlung Delphis grasten einst Ziegen um den Erdspalt herum; jede Ziege, die in den Spalt hinabschaute, verfiel in ein wunderliches Springen und stieß ungewöhnliche Laute aus. Als der Hirte dem nachgehen wollte und ebenfalls in den Erdspalt blickte, erhielt er die Kraft der Weissagung. Ebenso erging es allen anderen, die sich dem Spalt näherten; man zog paarweise zum Orakel und sagte sich gegenseitig die Zukunft. Allerdings forderte diese Technik einen hohen Tribut, da viele Menschen in ihrer mantischen Verzückung in den Spalt stürzten und auf immer verschwanden. Aufgrund dieser Gefahren beschlossen die Umwohner, das Orakel nicht mehr für alle frei zugänglich zu machen, sondern die Sprüche durch eine Frau, die sich beim Erdspalt aufhielt, geben zu lassen. Um die Aufgabe der Frau gefahrloser zu machen, konstruierte man ein Gestell mit drei Beinen – den Dreifuß –, auf dem sie über dem Spalt sitzen konnte (Diodor 16,26).

Auch außerhalb Delphis sind ähnliche Höhlen und Schächte nachweisbar. In Olympia konnte man das Stomion bestaunen, einen Spalt in der Erde, der vor der Zeit des Pausanias als Orakel der Erdgöttin Gaia gedient hatte; zu seiner Zeit war es längst nicht mehr in Betrieb (Pausanias 5,14,10). In Hierapolis, dem heutigen Pamukkale in Anatolien, wurden nicht nur Orakellose gefunden, welche die Existenz eines Orakels belegen, sondern es wird auch von einem Erdspalt berichtet, aus dem tödliche Dämpfe austraten. Angeblich waren die Dämpfe so gefährlich, daß man den Spalt abzäunte. Der Historiker Cassius Dio, der seine literarische Tätigkeit unter dem Kaiser Septimius Severus (193–211 n.Chr.) begann, überprüfte die Wirkung der Dämpfe mit Vögeln, die er über die Öffnung fliegen ließ; sie stürzten ab und starben (68,27). Ähnliches wird über mehrere Seen und Erdspalten in der antiken Welt berichtet, unter anderem über den Avernersee bei Neapel. Nach antiker Auffassung war sogar die Etymologie des Begriffes *Avernus* sprechend; man deutete das Wort als Verballhornung des griechischen *aornos*, was soviel wie „vogellos" heißt. Dieser See stellte zumindest bei Vergil den Eingang zur Unterwelt und damit den Zugang zum Wissen der Toten dar. Aeneas mußte ähnlich wie Odysseus in die Unterwelt hinab, um Anleitungen für sein zukünftiges Handeln zu erhalten. Die Prophetin beim Orakel der Erdgöttin Ga (= Gaia) Eurysternos in Aigeira im Norden der Peloponnes stieg in eine Höhle hinab, um Orakelsprüche zu erteilen (Pausanias 7,25,13). Ebenso gab es beim Orakel des Apollon Ptoios eine Höhle, die wohl im 6. Jh. v.Chr. künstlich erweitert und so gekrümmt wurde, daß man von außen keine Einsicht hatte; der Prophetes trank vom Quellwasser und gab seine Sprüche aus der Höhle heraus. In diesem Fall offenbart sich, daß die verschiedenen Techniken zur Herstellung eines Kontaktes mit der Unterwelt zusammen verwendet werden konnten.

Ein Sonderfall ist die Orakelhöhle des Trophonios in Lebadeia (vgl. Kap. I), eine Art „Wurmloch", durch das man schnelle Sprünge von einem Punkt zu einem anderen machen konnte. Oft sollen die Klienten nicht direkt beim Orakel aus der Erde hervorgekommen sein. Viele fanden sich weit außerhalb der Grenzen Boiotiens wieder, wie etwa Apollonios von Tyana, der rund 70 km zurückgelegt haben will. Vor dem Hintergrund solcher Berichte schildert der Satiriker Lukian im zweiten nachchristlichen Jahrhundert die Unterweltsfahrt des Menippos, der zusammen mit einem Führer in der Nähe des Euphrat – also im heutigen

Abb. 12: Amphiaraos fährt mit seinem Gespann in die Unterwelt. Giebelfiguren des Tempels von Talamone, 2. Jh. v. Chr.

Irak – in die Unterwelt hinabgestiegen war und dort allerlei Abenteuer erlebte: So begegnete er in Lukians Darstellung Sokrates, dessen Beine noch vom Gift des Schierlingsbechers geschwollen waren; der einstmals berühmte Seher Teiresias schlich nur noch als ein kleines altes Männchen von bleicher Farbe und mit schwacher Stimme umher. Als Menippos die Unterwelt verlassen wollte und sich nach Griechenland sehnte – vom Euphrat aus war dies ein langer Weg –, wurde ihm ein Rückweg gezeigt, der ihn direkt ins Herz Griechenlands führte. Zuerst mußte er in eine Gegend der Unterwelt, die noch finsterer war als alles, was er bisher gesehen hatte, doch bald zeichnete sich eine helle Stelle ab, von der das Licht hereinsickerte. Dies war die Grotte des Trophonios, durch die Menippos in Kürze wieder in Griechenland sein konnte. Bei aller Ironie Lukians hatte die Höhle des Trophonios immerhin die Ehre, den Weg nach Griechenland zu gewähren.

Zur Entstehungsgeschichte des Orakels des Amphiaraos in Oropos gehörte ebenfalls eine Unterweltsfahrt. Amphiaraos war einer der Kämpfer im Krieg der beiden Söhne des Oidipus um die Herrschaft in Theben. Auf der Flucht verschwand Amphiaraos vor den Toren Thebens buchstäblich von der Erdoberfläche: Zeus spaltete mit einem Blitz die Erde, die Amphiaraos verschlang. Amphiaraos stieg durch eine Quelle in Oropos wieder aus der Unterwelt herauf und begründete an diesem Ort sein Orakel. Philostratos beschreibt ein Wandgemälde, in dem dargestellt ist, wie Amphiaraos mit dem zweispännigen Wagen in die Unterwelt fährt (Abb. 12):

… seine Pferde sind weiß und voller Schweiß, sie schnauben aus vollen Nüstern, die Räder kreisen in wirbelndem Lauf, der Boden ist mit Schaum bespritzt, die Mähne fliegt. Amphiaraos ist in voller Rüstung, nur den Helm trägt er nicht, weil er sein Haupt Apollon geweiht hat, schon heiligen und prophetischen Blickes. Auch der Erdspalt ist gemalt: Dort steht die Göttin der Wahrheit in weißem Kleid, dort ist auch das Tor der Träume … auch der Traumgott selbst ist in gelöster Haltung gemalt; er trägt ein weißes Gewand über einem schwarzen, wohl um sein Wirken bei Nacht und am Tage anzudeuten. Er hält auch ein Horn in den Händen, da er die Träume durch die Pforte der Wahrheit heraufführt (Philostratos 1,27).

In dieser Bildbeschreibung finden die Vorstellungen, die mit der Person des Amphiaraos und der Technik in seinem Orakelheiligtum in Oropos verbunden waren, Ausdruck. Der Gott der Träume (*Oneiros*), eine nur selten belegte Personifikation, ist Vermittler zwischen Unter- und Oberwelt, er bringt die Träume zu den Menschen; zugleich garantiert die am Tor zur Unterwelt stehende Göttin der Wahrheit (*Aletheia*) die Wahrhaftigkeit der Träume: Amphiaraos mußte zuerst in die Unterwelt fahren, um ein Traumorakel zu begründen. Wer durch das Orakel von einer Krankheit geheilt wurde, warf als Dank ein Geldstück aus Silber oder Gold in die Amphiaraosquelle – und hatte damit die Möglichkeit, die Gabe dem Gott direkt zukommen zu lassen[15] (Abb. 13).

Betrachten wir nun das Zeusorakel in Dodona, bei dem sich verschiedene Aspekte der Grenzüberschreitung zwischen der Ober- und Unterwelt vorführen lassen. Zum einen gab es eine Quelle, der nicht nur hellseherische Kräfte zugeschrieben wurden: Man konnte in der Quelle brennende Fackeln löschen, was an sich nicht besonders erwähnenswert ist – näherte man sich ihr hingegen mit einer ausgelöschten Fackel, so setzte sie diese wieder in Brand. Ferner hörte die Quelle am Mittag auf zu fließen, weshalb man sie auch im Griechischen „die Aufhörende“ nannte; im Verlauf des Nachmittags setzte sie wieder ein und gewann zunehmend an Intensität, bis sie um Mitternacht überlief – damit erinnerte sie an die Quelle in der Oase Siwa (Plinius, Naturalis historia 2,227). Dieses Schwanken zwischen Aktivität und Inaktivität sowie die alle Erfahrung im Verhältnis von Feuer und Wasser auf den Kopf stellende Qualität der Quelle läßt sich als Reflex der Unterweltsfahrten der mythischen Helden verstehen, die vom Reich der Toten, vom Bereich des „Aufhörens“, wieder zu den Lebenden gelangten. Daß der einzige Beleg für die Eigenschaften

Abb. 13: Weihung an Amphiaraos. Links der heilende Gott, rechts seine Klienten. Attisches Marmorrelief, 1. Hälfte 4. Jh. v. Chr.

der Quelle auf den spätantiken Grammatiker Servius zurückgeht, der einen philologischen Kommentar zu Vergil verfaßte, ist auf die schlechte Überlieferungssituation zurückzuführen; Servius hatte sicherlich ältere Vorlagen, aus denen er sein Wissen bezog (Aeneis 3,466).

Zum zweiten wurde in Dodona das Rauschen der heiligen Eiche gedeutet. Auch wenn wir nicht wissen, wie dies vonstatten ging, läßt sich der Baum als Grenzgänger zwischen oben und unten verstehen: Während sich Stamm und Krone über der Erde ausbreiten, wächst das Wurzelwerk unter der Erde. Die mediale Qualität dieser Eiche führte dazu, daß Teile des Baumes die Fähigkeiten des Orakels gleichsam exportieren konnten. So fügte Athena in die Argo, das Schiff, mit dem die Argonauten unter der Führung Iasons nach Kolchis im Schwarzmeergebiet fuhren, um das Goldene Vließ zu holen, ein Stück aus der dodonäischen Eiche ein; dadurch erhielt das Schiff die Gabe der Rede (Apollodor 1,110). Ein weiteres Beispiel findet sich in Ovids *Metamorphosen* (7,587–657): Als Aiakos, der König der Insel Aigina, durch eine Seuche viele seiner Untertanen verlor, sah er an einer Eiche eine große Zahl von Ameisen und wünschte sich, die Bewohner seiner Insel seien genauso zahlreich. Sein Wunsch wurde erhört; in der Nacht wandelten sich die Ameisen in Menschen, die sogenannten Myrmidonen. Nach Ovid war die Eiche auf Aigina von besonders schönem Wuchs und – ein Keimling der Eiche in Dodona. Als drittes Medium zwischen Ober- und Unterwelt sind die Selloi anzusehen, die Priester, die durch ihre niegewaschenen, erdigen Füße – es geht hier nicht um Fußgeruch! – den Kontakt mit der Erde nicht verlieren[16]. Galt Dodona nach einigen Überlieferungen als das älteste Orakel, so sollen im nächsten Kapitel zwei andere Orte behandelt werden, die sich durch eine besondere Quantität und Qualität der Kommunikation mit Göttern und Menschen auszeichneten.

Theben und Delphi

Zentrum und Peripherie

Eine durchschnittliche Polis – Athen kann aufgrund seiner außergewöhnlichen Größe nicht als Beispiel dienen – läßt sich grob vereinfacht als eine Zwiebel mit mehreren konzentrischen Ringen verstehen. Im Zentrum befindet sich eine Festung (*Akropolis*), oft mit dem Tempel der städtischen Schutzgottheit. Um die Akropolis herum erstreckt sich, in der Regel durch eine Mauer geschützt, das Areal der städtischen Siedlung (*Asty*) mit dem Marktplatz, Wohnhäusern und eventuell weiteren öffentlichen Gebäuden wie zum Beispiel Theater, Gymnasion oder weiteren Tempeln. Das dritte Areal bildet das kultivierte Land, in dem Garten- und Ackerbau betrieben wird; da die Siedlung etwa in der Mitte des kultivierbaren Landes liegt, um gleichmäßigen Zugang zur Masse des Kulturlandes zu gewähren, fügt sich dies oft wie ein Ring um die Stadt. Am äußersten Rand schließt sich als vierter Ring das zum Ackerbau nicht geeignete Weideland am Gebirgsrand (*Eschatia*) an, das aufgrund der geographischen Gegebenheiten in Griechenland einen großen Teil ausmachen kann. Jenseits des Bergkammes beginnt oftmals schon das Gebiet

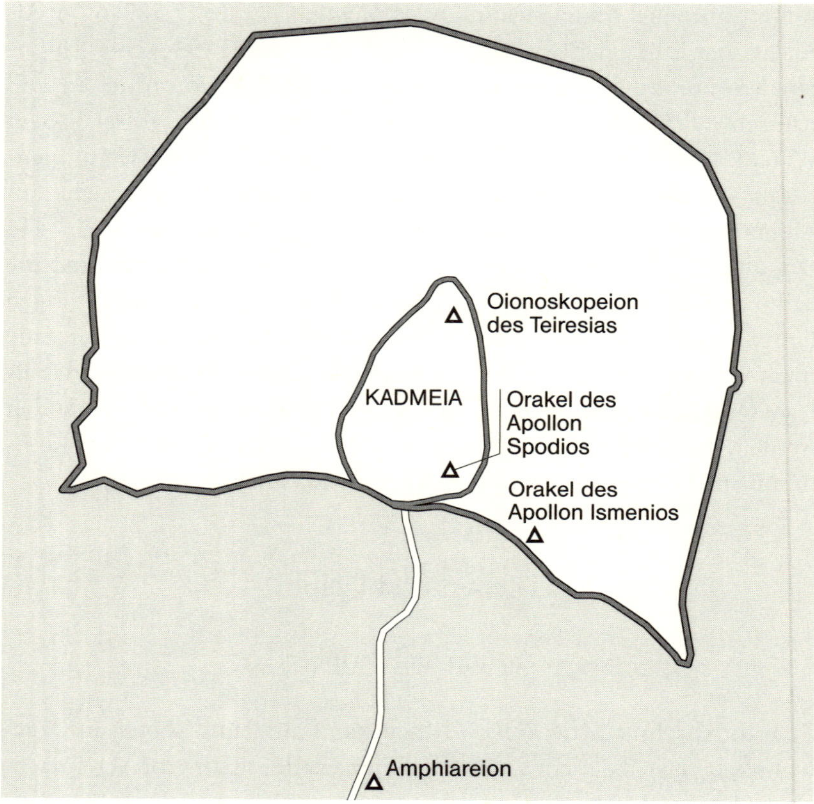

Abb. 14: Mit dem Orakelwesen verbundene Orte in Theben.

benachbarter Poleis[17]. Orakelstätten, zum Teil auch andere Heiligtümer, liegen zumeist nicht in der Stadt, sondern im Bereich des „Draußen". Paradebeispiel ist das etwa 15 km von Milet entfernte Orakel von Didyma.

Auszunehmen von dieser Regel ist Theben, das gleich zwei Orakelstätten innerhalb seiner Mauern beherbergte. Auf der Kadmeia, der nach dem mythischen Stadtgründer Kadmos benannten Akropolis Thebens, gab es das Orakel des Apollon Spodios, in dem Stimmen – eine genauere Beschreibung der Orakeltechnik ist leider nicht überliefert – interpretiert wurden. Im Südosten des ummauerten Stadtgebietes lag das Orakel des Apollon Ismenios, das berühmteste Orakel Thebens; hier wurden die Brandopfer, wohl die Form der Flammen und der Funkenflug, gedeutet.

Ferner ist auf das sogenannte Oionoskopeion (Vogelwarte) des Teiresias hinzuweisen, einen Punkt auf der Kadmeia, von dem aus der mythische Seher den Flug der Vögel beobachtet und daraus Weissagungen bezogen haben soll (Abb. 14).

Einige der zentralen griechischen Mythen ranken sich um Theben. Kadmos gründete Theben auf den Rat Delphis; ähnlich wie Apollon in Delphi tötete Kadmos einen Drachen. Als er die Zähne des Untiers aussäte, entsprossen daraus bewaffnete Krieger, die gegeneinander kämpften, bis nur noch fünf übrigblieben; von diesen fünf leiteten sich später die Thebaner ab. Kadmos galt auch als derjenige, der die phönikische Buchstabenschrift nach Griechenland brachte; seine Tochter Semele empfing von Zeus Dionysos, den Gott des Weines. Ebenso handeln die Mythen um Oidipus in Theben; nach seinem Tod entzweiten sich seine beiden Söhne Polyneikes und Eteokles über der Frage, wer als König über Theben herrschen sollte. Polyneikes floh und kehrte mit einer Streitmacht zurück, zu der auch Amphiaraos gehörte, der nur wenige hundert Meter südlich der Stadt von der Erde verschluckt wurde. Auch wenn sich an dieser Stelle kein Orakel befand, so wurde sie in späterer Zeit gezeigt und stellte zumindest eine Verbindung zum Orakel in Oropos her.

Die zahlreichen Mythen um Theben könnten ein Hinweis auf die Bedeutung der Stadt in frühester Zeit sein; Thebens ehemalige Größe, so läßt sich vermuten, lebte im kulturellen Gedächtnis der Griechen fort. Allerdings ist bei der Beurteilung von Mythen Vorsicht geboten, da Mythen prinzipiell jederzeit erfunden oder aufs neue konstruiert werden können: Viele der thebanischen Mythen kennen wir in ausführlicher Ausgestaltung vor allem aus der attischen Tragödie. Theben, die nächste größere Stadt von Athen aus, diente als Projektionsfläche für die Athener. Daher geriet Theben neben Sparta zu einem „Anti-Athen", in dem die Polis sich und ihre Werte auf den Prüfstand stellte. Theben war die Stadt, in der die Handlung der Tragödie bis zu den weitesten Grenzen des Widerspruches und des Unmöglichen gebracht werden konnte; hier ließen sich ungeheure Überschreitungen der gesellschaftlichen Normen durchspielen, wie etwa die Mythen um Oidipus, in denen die familiären Strukturen aufgebrochen werden: Der Sohn heiratet die Mutter und zeugt Kinder, die zugleich seine Geschwister sind[18]. Wie auch immer das

Plan des Apollonheiligtums

Die Numerierung beruht auf dem Atlas von Hansen (1975)

104 Untere Weihung der Korkyräer: Stier
105 Weihung der Arkader
108 Portikus (ex „Nauarchen")
109 Weihung der Lakedämonier: „Nauarchen"
110 Weihung der Athener: „Eponymen"
111 Weihung der Argiver: „Duris-Pferd"
112 Weihung der Argiver: „Sieben" u. „Epigonen"
113 Weihung der Argiver: „Könige"
114 Untere Weihung der Tarentiner
121 Oikos III: Schatzhaus der Sikyonier
122 Oikos IV: Schatzhaus von Siphnos
123 Weihung der Liparer
124 Oikos VI: Schatzhaus der Thebaner
203 Oikos XIII (früher sog. Schatzhaus von Kyrene)
206 Späte Einbauten im Heiligtumsgelände
209 Oikos XII (anonym)
211 Weihung der Boioter
216 Oikos V: Schatzhaus der Megarer
219 Oikos XXV: Knidos
221 Oikos XXVI: Buleuterion (?)
223 Oikos XI: Athener
225 Weihung der Athener: „Marathon"
226 Oikos VII: Boioter
227 Oikos VIII (anon., ex „Poteidaia")
228 Oikos IX (anon.)
302 Oikos XIV: Schatzhaus von Kyrene
303 Oikos XVI: „Akanthos", „Brasidas"
306 Oikos XV (anon.)
308 Oikos XXIV: Korinth
310 Oikos XXXIII (anon.)
313 Portikus der Athener
328 Weihung der Naxier: Sphinx
329 Polygonale Stützmauer der Tempelterrasse
332 „Musen"-Brunnen
336 Oikos XXIX (Heiligtum der Gâ?)
337 Oikos XXVII (anon.)
338 Oikos XXII (anon.)
340 Brunnen bei dem Asklepieion
341 Kanal zum Brunnen am Asklepieion
342 Oikos X (sog. „Etruskisches Schatzhaus")
343 Heiligtum des Asklepios
345 Oikos XXI (D) (anon.)
402 Oikos Attalos' I.
403 Exedra Attalos' I.
404 Pfeiler für Eumenes II.
405 Pfeiler für Attalos I.
406 Pfeiler mit Sonnenwagen der Rhodier
407 Dreifuß von Plataiai (?)
408 Dreifuß der Krotoniaten
409 Obere Weihung der Tarentiner
416 Pfeiler der Aitoler für Eumenes II.
417 Altar des Apollon
418 Früher sog. Pfeiler des Aemilius Paullus
420 Weihung der Athener: „Palme vom Eurymedon"
422 Tempel des Apollon
427 Oikos XXX (F) (anon.)
428 Oikos XX (E) (anon.)
436 Statue der Aitolia
437 West-Portikus
502 Portikus Attalos' I.
503 Basis vor der Attalosstoa
506 Oikos XVII (nach einigen „Schatzhaus von Akanthos")
507 Bezirk („Neoptolemos")
508 Basis der Korkyraier
509 Akanthussäule
510 Archaische Stützmauer
511 Weihung des Daochos
514 Monument mit hufeisenförmiger Basis
516 Stützmauer (früher sog. obere Kassotis)
518 Dreifußweihungen des Gelon und des Hieron
521 Apollon Sitalkas
524 Pfeiler des Prusias
525 Felsen u. Brunnen (sog. „Kassotis")
529 Stützmauer („Ischegaon")
531 Oikos XVIII („Theaterschatzhaus")
532 Oikos XIX („Theaterschatzhaus")
535 „Oikos" XXXII, Sockel (?, Poteidanion?)
538/539/612 Theater
540 Weihung des Krateros
541 Theatertreppe
605 Lesche der Knidier
608 Wasserleitung
609 Monument aus grauem Kalk: Brunnen (?, Kassotis?)

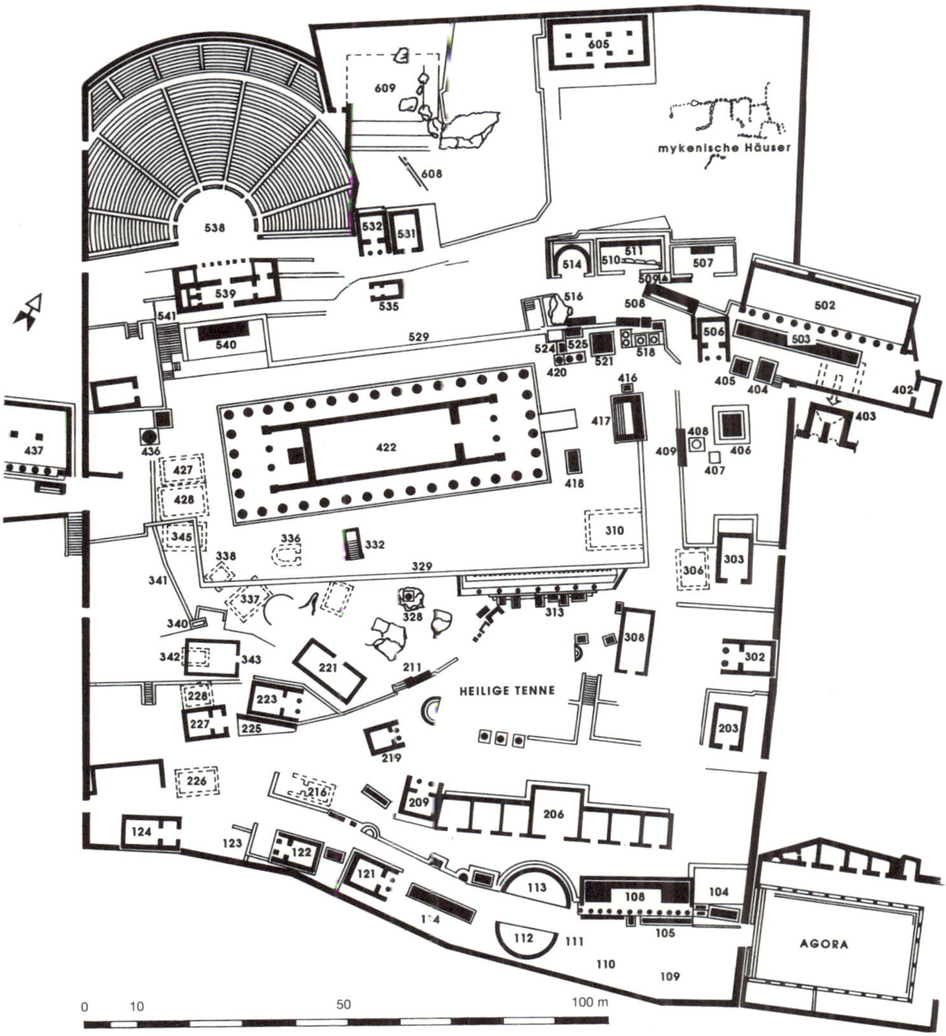

Abb. 15: Plan von Delphi.

Rätsel um die Rolle Thebens im Mythos zu lösen ist – keine Stadt weist mehr Verbindungen zur Wahrsagerei und zum Orakelwesen auf[19].

Kommen wir nun zu Delphi (Abb. 15). Die frühesten Belege für das Delphische Orakel finden sich bei Homer und gehen damit auf das 8. Jh. v. Chr. zurück. In der *Ilias* behauptet Achilleus, daß ihm nichts mehr bedeute als das Leben, auch nicht die Schätze in der Felsenstätte von Pytho (9,405); in der *Odyssee* erhält Agamemnon, der Anführer der Achaier gegen die Troianer, einen Orakelspruch über den Verlauf des Troianischen Krieges (8,79).

Es ließ sich bereits zeigen, welche Bedeutung Delphi als Kristallisationspunkt griechischer Identitäten besaß. Diese Rolle war Delphi vor allem durch seine unvergleichliche Zentralität zugewachsen; zwischen dem Heiligtum und der griechischen Welt verliefen intensiv genutzte Kommunikationslinien. Betrachten wir ein Beispiel: Auf Kos, einer Insel in der östlichen Ägäis, die während der gesamten griechischen Antike von den dunklen Anfängen in mykenischer Zeit bis hin zum Ende des Byzantinischen Reiches im Windschatten der Geschichte lag, findet sich auf einer Marmortafel eine Inschrift aus dem Jahr 278 v. Chr., die folgendermaßen beginnt:

> Da, nachdem die Barbaren einen Feldzug unternommen haben gegen die Hellenen und gegen das Heiligtum in Delphi, die Nachricht eintrifft, daß die gegen das Heiligtum Gezogenen ihre Strafe erhalten haben von dem Gott und den Männern, die dem Heiligtum zu Hilfe gekommen waren bei dem Ansturm der Barbaren, und daß das Heiligtum bewahrt geblieben ist und geschmückt ist mit den Waffen der Angreifer, und daß von den übrigen Teilnehmern am Feldzug die meisten zugrunde gegangen sind in den Kämpfen gegen die Hellenen …

Hier bricht der Text zunächst ab. Doch kurz danach ist er wieder lesbar und bietet uns das, was die ersten Sätze bereits vorwegnahmen: ein dauerhaftes Dokument der Freude der Bewohner von Kos über die Rettung Delphis. Man beschloß, eine Gesandtschaft nach Delphi zu schicken, die unter anderem dem Apollon einen Stier mit vergoldeten Hörnern opfern sollte, zugleich wurde für das Wohl von Kos und derjenigen Griechen gebetet, die geholfen hatten, die Barbaren aus Delphi zu vertreiben[20].

Wie kam es nun dazu, daß man sich auf einer mehr als 450 Kilometer entfernten Insel so sehr über die Rettung Delphis freute? Der historische Hintergrund ist rasch erklärt: Keltische Stämme fielen 279 in Griechenland ein. Zunächst gewannen sie eine Schlacht an den Thermopylen, dem Ort, den im Jahre 480 v. Chr. die Spartaner unter Leonidas gegen eine persische Übermacht bis auf den letzten Mann gehalten hatten. Danach zogen die Kelten nach Delphi, wurden dort aber zurückgeschlagen. In der Folgezeit schmückten die Griechen ihren Sieg mit farbigen Erzählungen von göttlicher Unterstützung aus. Apollon selbst soll in die Kämpfe eingegriffen und bewirkt haben, daß Felsen auf das Heer der Feinde herabstürzten, der keltische Anführer Brennus sich aus Verzweiflung das

Leben nahm und die geschlagenen Eindringlinge Griechenland auf dem schnellsten Wege verließen. Das Heer, das sich den Kelten entgegengestellt hatte, bestand aus Einheiten aus vielen Teilen der griechischen Welt, auch Kos hatte ein Kontingent gestellt. Besondere Hervorhebung bei der Inschrift aus Kos verdient die Formulierung „gegen die Hellenen und das Heiligtum in Delphi", welche die enge Verknüpfung der Griechen mit Delphi offenbart. Delphis zentrale Bedeutung für die griechische Welt läßt sich noch an weiteren Aspekten aufzeigen.

Erstens: In den Augen der Griechen lag Griechenland in der Mitte der Oikumene. Während die Völker des Nordens und Westens infolge des kalten Klimas als tapfer, aber ohne Klugheit und Kunstfertigkeit galten, betrachtete man die Völker des Südens und Ostens aufgrund der dort vorherrschenden Hitze als träge, dafür aber als klug und kunstfertig. Griechenland dagegen besaß die richtige Mischung und wäre, so Aristoteles (Politik 1327b), in der Lage, die gesamte Welt zu beherrschen, wenn die Griechen nur einig wären. Aufs äußerste zugespitzt war die Vorstellung der Zentralität Griechenlands in Delphi; hier befand sich der Omphalos, der Nabel der Welt. Es handelt sich dabei um einen abgerundeten kegelförmigen Stein, der mit einem netzartigen Flechtwerk überzogen war.

Die Lokalisierung des Nabels der Welt in Delphi war durch einen Mythos begründet. Bei einem Disput zwischen Zeus und Athena, wo der Mittelpunkt der Welt sei – Athena favorisierte ihre Lieblingsstadt Athen –, ließ Zeus zwei Adler, andere Versionen wissen von Schwänen oder Raben, von den Enden der Welt losfliegen. In Delphi trafen die Vögel aufeinander und bewiesen somit die zentrale Lage dieses Ortes (Abb. 16). Das Konzept von Delphi als Nabel der Welt schlägt sich auch in der Anekdote nieder, daß im Jahre 83 oder 84 n. Chr. zwei berühmte Männer, die beide von den Rändern der bewohnten Welt her unterwegs waren, also gleichsam den Test des Zeus zu Fuß wiederholten, sich in Delphi begegnet sein sollen: Der Grammatiker Demetrios reiste von Britannien nach seiner Heimat Tarsos in Kleinasien, während sich Kleombrotos von Sparta auf der Rückreise von einer Tour befand, die ihn bis an den Persischen Golf geführt hatte (Plutarch, Moralia 409e). Wo anders sollten sich ihre Wege kreuzen als in Delphi?

Als zweites Argument für die Zentralität Delphis ist neben dem Omphalos ein weiterer Stein zu nennen: Kronos, dem Vater des Zeus, wurde

Abb. 16: Apollon mit Leier (links) und Artemis, dazwischen der Omphalos; Weihrelief aus Sparta, 4. Jh. v. Chr.

prophezeit, daß sein eigener Sohn sich gegen ihn erheben und ihn bezwingen werde. Um das Schicksal zu überlisten, fraß Kronos kurzerhand seine Kinder. Seine Gattin Rheia ersann zusammen mit seiner Mutter Gaia eine List, um Zeus zu retten; sie schoben Kronos einen in Windeln gewickelten Stein unter. Gierig verschlang Kronos den Stein, spie ihn aber sofort wieder aus, zusammen mit den bereits gefressenen Kindern, die alle unversehrt waren. Bald danach setzte Zeus seinen Vater als Herrscher ab und verfuhr, so Hesiod in der *Theogonie* (498–500), mit diesem Stein folgendermaßen:

> Den befestigte Zeus, wo die Erde den breitesten Sitz hat,
> in dem hochheiligen Pytho am Hang des Parnassosgebirges,
> Zeichen zu sein für künftiger Menschen staunendes Schauen.

Damit war die Machtergreifung der herrschenden Götterdynastie mit Zeus als Oberhaupt unverrückbar mit Delphi verbunden. Der Stein wurde täglich mit Öl begossen, an Feiertagen wurde er mit unverarbeiteter Wolle bedeckt (Pausanias 10,24,6f.). Über den Sinn dieser Riten können wir nur spekulieren.

Zum dritten läßt sich der Aspekt der Zentralität bei den Pythischen Spielen fassen, die alle vier Jahre stattfanden und zahlreiche Zuschauer sowie Athleten anzogen. Zusammen mit den Olympischen Spielen, den Isthmischen Spielen in Korinth und den Nemeischen Spielen in Nemea gehörten die Spiele in Delphi zu den vier großen panhellenischen Treffen. Der Dichter Pindar verewigte in seinen Siegesliedern einige Athleten, unter anderem Sieger im Wagenrennen mit dem Viergespann, im Ringkampf, im Waffenlauf und im Wettlauf der Knaben. Im Gegensatz zu den Olympischen Spielen, die unter dem Schutz des Zeus standen, gehörten aufgrund der engen Verbindung der Künste mit Apollon auch musische Wettkämpfe, beispielsweise im Flötenspiel, zum Kanon der Pythischen Spiele.

Als viertes Argument für die Zentralität Delphis ist anzuführen, daß Delphi der Versammlungsort der sogenannten pyläisch-delphischen Amphiktyonie war, eines Bundes, dem zahlreiche Staatswesen Mittelgriechenlands angehörten. Zweimal im Jahr, im Frühling und im Herbst, versammelten sich die Vertreter der Mitgliedstaaten in Delphi und berieten sich[21].

Fünftens wirkte das Orakel als ein starker Anziehungspunkt für Ratsuchende; keine andere Orakelstätte übertraf Delphis Ruhm, von keiner anderen Orakelstätte sind mehr Sprüche erhalten. Herodot erwähnt in seinem Werk insgesamt 96 Orakelsprüche, von denen 53 aus Delphi stammen[22]. Die Klienten reisten aus allen Teilen der griechischen Welt an, aber auch aus Lydien und Etrurien; selbst in Ägypten wurden als Dank für einen günstigen Orakelspruch aus Delphi Omphaloi aufgestellt[23]. Daher herrschte in Delphi zu bestimmten Zeiten drangvolle Enge, zu der neben den Ratsuchenden auch Touristen beitrugen. All diese Menschen stellten – ähnlich wie die Touristen im heutigen Delphi – selbst schon einen wirtschaftlichen Faktor dar, sie wollten zum einen essen, trinken und übernachten, zum anderen sorgten sie für einen regen Absatz von Devotionalien aller Art[24]. Im Falle Delphis profitierten auch die Nachbarn, zumindest eine Zeitlang, von den Pilgern: Krisa, als Hafenstadt der einzige Durchgangsort nach Delphi für alle, die auf dem

Seeweg kamen, soll drückende Zölle und hohe Abgaben von den Durchreisenden erhoben haben (Strabon 9,3,4). Diese Nachricht ist mit dem 1. Heiligen Krieg zu verbinden, in dem sich die Amphiktyonen im Kampf um die Ebene von Krisa durchsetzten; als Resultat des 1. Heiligen Krieges wurde Delphi aus dem Verband der umwohnenden Phoker herausgelöst und unter die Kontrolle der Amphiktyonen gestellt. Nach Beate Wagner-Hasel konnte Delphi durch diesen Vorgang, der dem Orakel eine gewisse Neutralität sicherte, überregionale Bedeutung und Akzeptanz gewinnen.

Als Gründe dafür, daß sich ausgerechnet in Delphi ein solches Zentrum herausbildete, verwies Wagner-Hasel auf den Wasserreichtum und die Lage am Schnittpunkt einer Nord-Süd-Route sowie einer Route zwischen Osten und Westen. Die Routen deutete sie nicht nur als Handelswege, sondern auch als uralte Fernwege der Wanderweidewirtschaft (Transhumanz), wie sie sich im Mittelmeergebiet häufig nachweisen lassen; im Falle Delphis ging es vor allem um den Zugang zur Hochebene am Parnaß, die auch heute noch als Sommerweide genutzt wird. Ohnehin vermutete Wagner-Hasel eine enge Verbindung Delphis zur Weidewirtschaft, da die Spiele in Delphi erst nach dem traditionellen Termin der Schafschur im Frühling – ähnlich wie auch die anderen großen Spiele – zu einer Jahreszeit durchgeführt wurden, in der kaum bäuerliche Arbeiten anstanden[25].

Auch im Vergleich mit anderen Orakelstätten bleibt Delphi ohne wirkliche Rivalen. Dodona lag weit entfernt im Norden, Didyma war lediglich für die kleinasiatischen Griechen von Bedeutung und befand sich zu lange unter persischer Oberhoheit. Ebenso unterstreicht ein Vergleich Delphis mit den anderen panhellenischen Zentren die herausragende Stellung dieses Ortes: Olympia mochte sich zwar der berühmtesten Spiele rühmen, doch gab es außer diesem alle vier Jahre sich wiederholenden Ereignis kaum einen weiteren Grund für eine Reise nach Olympia; das örtliche Orakel besaß keine überregionale Strahlkraft. Das berühmte Heiligtum von Delos, der Ort, an dem Apollon geboren sein soll, stand in klassischer Zeit lange unter athenischer Kontrolle; selbst wenn Delphi phasenweise im Einflußbereich anderer Mächte lag, besaß Delphi einen insgesamt neutralen Status, Delos jedoch nicht. In die Reihe der kulturellen Zentren gehörte seit dem 5. Jh. v. Chr. auch Athen. Nirgendwo sonst blühten die Künste und Wissenschaften wie in Athen – doch die eigenen

Machtansprüche, die Athen immer wieder in Kriege gegen andere Griechen verstrickten, polarisierten das Ansehen dieser Stadt zu stark. Erst in der hellenistischen Zeit, als die Athener längst keine selbständige Außenpolitik mehr betreiben konnten, entwickelte sich Athen zu einem – wenn auch leicht patinierten – panhellenischen Zentrum[26].

Die Bedeutung Delphis offenbart sich auch in den Bezeichnungen von Ämtern in einigen griechischen Städten. In Sparta gab es die Pythioi, denen zwei Aufgaben oblagen: Zum einen zogen sie, falls eine Anfrage anstand, als Gesandte nach Delphi und brachten die Antwort auf Häuten niedergeschrieben zurück; zum anderen verwahrten sie in Sparta die in der Vergangenheit erhaltenen Antworten (Herodot 6,57). Vergleichbar damit waren in Athen die Pythochrestoi. Über die Situation in anderen griechischen Staatswesen wissen wir nicht Bescheid, doch ist anzunehmen, daß solche Kultfunktionäre auch außerhalb von Sparta und Athen eingesetzt waren[27]. Delphi strahlte auch auf andere Orakelstätten aus, von denen einige ihre Gründung auf einen Spruch der Pythia zurückführten und sich damit Delphi unterordneten. Insgesamt läßt sich eine enge Vernetzung Delphis mit der gesamten griechischen Welt konstatieren. Die Annahme, daß deshalb Delphi wie eine Spinne im Netz gesessen habe und daß durch die Sprüche der Pythia die Fäden der griechischen Politik gezogen worden seien, ist allerdings irrig: Wir hören kaum vom Mißbrauch des Orakels. Dies ist nicht nur durch die Quellenlage bedingt, sondern gehört, wie der Vergleich mit anderen Kulturen lehrt, zu den Voraussetzungen eines Orakels. Ein Orakel muß ehrlich sein oder zumindest im Ruf der Ehrlichkeit stehen – andernfalls verliert es sehr schnell seine Autorität[28].

Die Botschaft der Riten

Alle neun Jahre zogen delphische Knaben vornehmer Abkunft nach Thessalien ins Tempetal zum Altar des Apollon. Der Altar war an der Stelle errichtet, an der Apollon einst selbst den Lorbeer geholt hatte, um sich vom Mord an der Python zu reinigen und nach Delphi zurückkehren zu dürfen. Daher ist es wahrscheinlich, daß die Knaben die Lorbeerkränze, mit denen sie sich im Tempetal schmückten, nach Delphi brachten. Ihre Route wurde bereits im Altertum als die „Pythische Straße" bezeichnet, sie führte durch Thessalien, die Pelasgiotis, das Oite-Gebirge, das Gebiet der Ainianen, der Malier, Dorier und der hesperischen Lokrer. Diese Prozession muß in den Orten, die sie passierte, eine gewisse Aufmerksamkeit erregt haben, zumindest gaben die Anwohner der Straße den Knaben das Geleit (Aelian 3,1)[29].

Nahezu jede Stadt der griechischen Welt schickte in unregelmäßigen Abständen eine Gesandtschaft nach Delphi oder zu einer anderen Orakelstätte. In Athen wurden die als Pythaiden bezeichneten Gesandtschaften ursprünglich nicht einfach zu einem beliebigen Zeitpunkt, sondern erst nach bestimmten Blitzzeichen geschickt: An drei Monaten beobachtete man drei Tage und drei Nächte lang von einem bestimmten Punkt in Athen aus den Himmel und wartete auf das Zeichen zum Aufbruch (Strabon 9,2,11). Da durch diesen relativ großen Zeitraum eine hohe Wahrscheinlichkeit bestand, daß ein zustimmender Blitz gesehen werden konnte, und da man mit ein wenig Phantasie wohl immer einen Blitz sehen konnte, kann man von einer jährlichen Prozession ausgehen. Doch möglicherweise ist dies zu optimistisch gedacht, denn am Ende des 2. Jh. v. Chr. wurde die Prozession nur alle acht Jahre durchgeführt. Auf der Agora in Athen befand sich eine Inschrift mit dem folgenden Text: „Markstein der heiligen Straße, auf der die Pythais nach Delphi zieht"[30]. Durch den Stein und seine Inschrift wurde die enge Verbindung zwischen Athen und Delphi auf dem Marktplatz, dem politischen Zentrum Athens, symbolisiert. Auch von der Peripherie Athens, etwa von den Bewohnern der Gegend um Marathon, gingen regelmäßige Gesandtschaften nach Delphi[31].

Außer den Gesandtschaften für das Apollonorakel zog in jedem zweiten Jahr eine Schar athenischer Frauen von Athen nach Delphi. Ziel dieser Frauen, Thyiaden genannt, war nicht das Orakel, sondern sie wollten Dionysos, den Gott des Weines, verehren. Nach antiker Vorstellung hielt sich Dionysos während der Abwesenheit seines Bruders Apollon in den Wintermonaten in Delphi auf[32]. Um Dionysos ranken sich Mythen mit ekstatischen Motiven. Seine mythischen Verehrerinnen, die Mainaden, streiften mit aufgelöstem Haar und mit Efeu oder Weinlaub geschmückt durch die Wildnis; sie zerrissen Tiere und verschlangen sie roh, bisweilen konnte es sogar vorkommen, daß die Mainaden ihre eigenen Kinder für

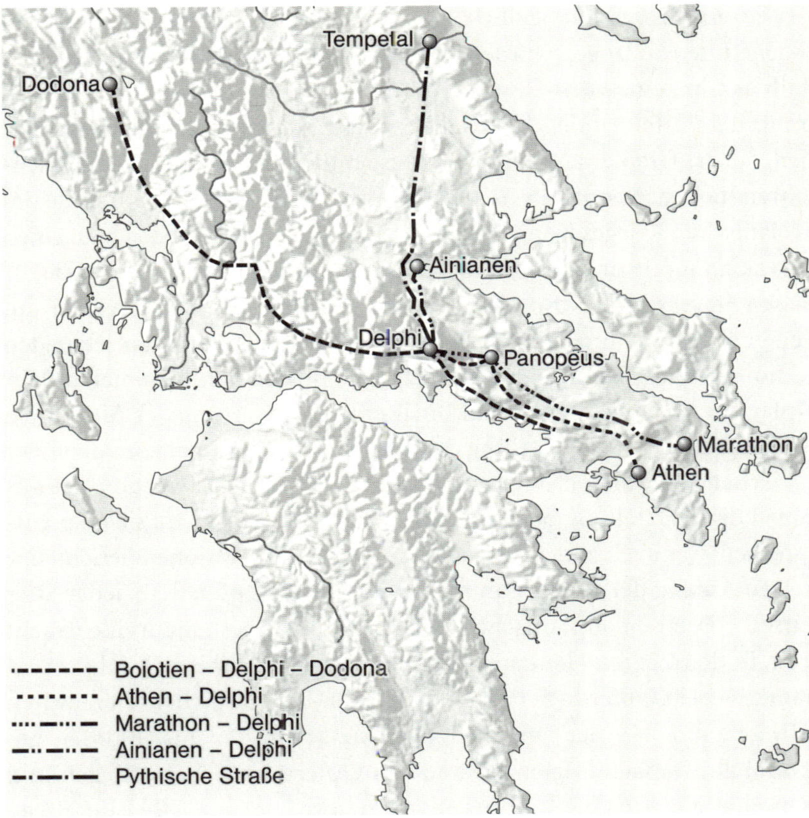

Abb. 17: Regelmäßige Prozessionen von und nach Delphi.

Tiere hielten und sie auffraßen. In allen Ausprägungen des Mythos sprengten die Frauen die von der Gesellschaft vorgegebenen Schranken, sie wurden zu verwilderten Wesen, die sich am äußersten Rand des Kultivierten aufhielten und Kannibalismus betrieben. Davon hob sich deutlich die Kultpraxis in Athen ab: Jedes zweite Jahr machten sich die wenigen ausgesuchten Verehrerinnen des Dionysos auf den Weg nach Delphi. Sie folgten dazu einer bestimmten Route mit festgelegten Punkten – wir wissen von einem Halt in Panopeus in Phokien –, an denen sie rasteten und Tänze zu Ehren des Dionysos aufführten (Pausanias 10,4). Die potentiell der Raserei verfallenen Frauen unterlagen einer deutlichen Kontrolle (Abb. 17).

Wie eine Prozession bei ihrer Ankunft in Delphi auftreten konnte und welche Riten vollzogen wurden, davon kann Heliodor, ein Autor aus dem 3. Jh. n. Chr., eine Vorstellung vermitteln. Heliodor beschreibt in seinem unter dem Titel *Aithiopika* bekannten Roman einen Festzug der Ainianen, die das Grab des Neoptolemos besuchten, da sie sich für seine Nachfahren hielten. Neoptolemos, der Sohn des Achilleus, hatte am Ende des Troianischen Krieges König Priamos getötet, obwohl dieser sich an einen Altar klammerte und deshalb nicht verletzt werden durfte. Zur Strafe für diesen Frevel wurde Neoptolemos später in Delphi ebenfalls am Altar, auf den er sich als Schutzflehender geflüchtet hatte, getötet. Man setzte den Ermordeten in Delphi bei, und die Delpher brachten ihm einmal im Jahr Opfer dar. Auch wenn man auf die literarische Gattung der Aithiopika und die relativ späte Abfassung des Werkes verweisen mag, um den heuristischen Wert dieser Quelle zu hinterfragen, können wir den Grundzügen der Darstellung bei Heliodor Glauben schenken, da sie dem entsprechen, was auch andere antike Autoren über Prozessionen berichten.

Den Anfang der Prozession machten hundert Opferstiere; jeder Stier wurde von einem ainianischen Bauern geführt, der eine weiße Tracht trug, in der rechten Hand ein zweischneidiges Beil mit sich führte und damit wie ein Opferdiener ausgestattet war. Die stattlichen Tiere waren schwarz, ihre Hörner zum Teil vergoldet, zum Teil mit Blumen geschmückt. Danach folgten die anderen Opfertiere, Schafe, Ziegen und Schweine, alle nach der Gattung geordnet; ihre Hirten spielten auf Flöten (Abb. 18). Nach den Tieren kamen in zwei Abteilungen thessalische Mädchen in tiefgegürteten Gewändern mit aufgelöstem Haar. Die Mädchen des ersten Zuges trugen Körbe mit Blumen und Früchten auf dem Kopf, faßten sich an die Hände und bildeten dadurch einen langen verbundenen Zug. Die Mädchen des zweiten Zuges präsentierten Körbchen mit Gebäck und weithin duftendem Räucherwerk; sie sangen die Festhymne auf Neoptolemos. Nach den Mädchen kamen fünfzig junge Männer auf prächtigen Pferden, die in zwei Züge von je fünfundzwanzig eingeteilt waren. Die Reiter trugen einen weißen Mantel mit einem blauen Rand, der über der Brust von einer goldenen Schnalle gehalten wurde; auch die Pferde waren mit Zaumzeug aus Gold und Silber herausgeputzt. In der Mitte der Reiter befand sich der Anführer der Gesandtschaft. Hinter den Reitern kam – wohl dem Romanstoff entsprechend und daher eher zu

Abb. 18: Widderopfer; in der Mitte Altar mit Opferndem (links) und Opferdiener (rechts), der Schale hält, im Hintergrund Dreifuß; ganz rechts Apollon, links führt ein Opferdiener das Opfertier heran, ganz links Flötenbläser. Rotfiguriger Krater, 440/420 v. Chr.

ignorieren – eine als Artemis verkleidete Dame auf einem Wagen. Nachdem der Festzug dreimal das Grab des Neoptolemos umrundet hatte, brachen die Teilnehmer in lautes Rufen aus; danach wurden die Tiere geopfert, Scheiterhaufen errichtet und die Gliedmaßen der Tiere darauf gelegt. Der Priester des Apollon brachte das Trankopfer für Apollon dar, der Führer der Gesandtschaft entzündete den Scheiterhaufen (2,34–3,5).

Fragen wir nach der Funktion dieser Prozession, so ist sie als Ausdruck von Frömmigkeit, von Reichtum und Fertilität – immerhin war durch die jungen Frauen und Männer auch die Jungmannschaft der Ainianen repräsentiert – zu verstehen. Ferner wirkte die Betonung der Verwandtschaft zu Achilleus und Neoptolemos gerade auf der panhellenischen Bühne von Delphi identitätsstiftend für die Ainianer. All diese Funktionen wurden durch eine Inszenierung erreicht, in der die Ainianer mit den sicherlich zahlreich vorhandenen Zuschauern kommunizierten. Alle Sinne wurden angesprochen: das Auge durch die gesamten

Handlungen, besonders durch die Verzierung der Opfertiere, die Kleidung, die prächtigen Pferde und das Opferfeuer; auch die Farbsymbolik ist zu berücksichtigen – das Weiß der Kleidung ist ein Zeichen kultischer Reinheit, das Schwarz der Opfertiere verweist darauf, daß sie einem Toten dargebracht werden; denken wir an das Sehen, so dürfen wir nicht vergessen, daß sich das Ganze im Heiligtum von Delphi, einem durch Tempel, Schatzhäuser und Weihgeschenke optisch hochgradig aufgeladenen Raum vollzog. Das Ohr wurde durch die Blasinstrumente der Hirten, den Hymnus der Mädchen auf Neoptolemos sowie das laute Rufen vor Beginn des Opfers erreicht; das Riechen durch das Räucherwerk und das Opferfeuer. Der Geschmacksinn kam durch das gemeinsam eingenommene Essen der Opfergesellschaft, zu dem angesichts der großen Anzahl von Opfertieren zweifellos auch die Umstehenden eingeladen waren, ins Spiel. Der im Takt stampfende Tanzschritt der Mädchen, der sich dadurch verstärkte, daß sie sich an den Händen hielten, mochte sich auch auf den Rest der Prozession und die Zuschauer übertragen, so daß die Körper aller Beteiligten zum Medium gerieten, das die Zusammengehörigkeit der Verehrer des Neoptolemos signalisierte. Insgesamt vermittelten die verschiedenen als Medien gedeuteten Riten und Zeichen die ebenso banale wie fundamentale Botschaft, daß der Kult richtig vollzogen wurde[33].

Allerdings wurden nicht nur Prozessionen durchgeführt, in deren Verlauf man Objekte nach Delphi brachte, sondern nach Strabon (9,2,4 = C 402) stahlen die Boioter jedes Jahr des Nachts einen der zahlreichen als Weihgeschenk deponierten Dreifüße in Delphi, verhüllten ihn mit Kleidungsstücken und trugen ihn zur Konkurrenz nach Dodona.

Weihgeschenke und Schatzhäuser

Deutliches Zeugnis für das Ansehen des Delphischen Orakels legten die zahllosen Weihgeschenke ab, die im Laufe der Jahrhunderte aufgestellt wurden. Pausanias, der im 2. Jh. n.Chr. einen Vorläufer des *Baedeker* über Griechenland verfaßte, bietet uns eine eindrucksvolle Liste der wichtigsten Weihgeschenke (10,9–31): Apollon war gleich in mehreren Statuen präsent, unter anderem in einem gigantischen Exemplar von etwa 15 Metern Höhe. Auch die Statuen anderer Gottheiten, wie Zeus, Athena, Leto und Artemis sowie der Halbgott Herakles beeindruckten die Besucher. Erfolgreiche Feldherren und Sieger bei den Pythischen Spielen ließen ihr Bild aufstellen. Ferner gab es plastische Darstellungen von Tieren, beispielsweise Löwen, Wölfe, Stiere, Esel, Ziegen und Wildschweine; auch ein hölzernes Pferd konnte man sehen, das jeden Griechen sogleich an das Troianische Pferd erinnerte. Zeichen der Sieghaftigkeit wie Palmen oder erbeutete Waffen dokumentierten errungene Siege. Schließlich stiftete man auch Kultgerät, z. B. Dreifüße oder Mischkessel. Bei all diesen Gaben fanden zumeist wertvolle Materialien wie Gold, Silber und Marmor Verwendung. Die Stifter kamen aus allen Teilen des Mittelmeerraumes, weit über die Grenzen der eigentlich griechischen Welt hinaus, wie allein das Beispiel des Lyders Kroisos beweist.

Ein Weihgeschenk erregte besonderes Aufsehen. Die Hetaire Phryne, die als die schönste aller Damen ihres Gewerbes galt, zeigte sich im Unterschied zu anderen Hetairen nie nackt. Gerade deshalb machte sie anläßlich eines Festes im Heiligtum von Eleusis bei Athen Furore, als sie nur mit einem Untergewand bekleidet und mit gelöstem Haar ins nahe Meer stieg. Als man später Phryne in Athen wegen einer anderen Angelegenheit anklagte, wurde sie von dem Redner Hypereides, einem ihrer Liebhaber, verteidigt. Hypereides hielt, so heißt es, zu diesem Anlaß seine beste Rede, bei der er zu einem dramatischen Mittel griff: Als er während des Plädoyers erkannte, daß die Richter gegen ihn eingestellt waren, entblößte er Phrynes Brüste und faszinierte die Richter, da sie endlich das zu sehen bekamen, was sonst immer verborgen gewesen war. Für die Richter erschien Phryne als das perfekte Abbild der Aphrodite, das von allen Anklagen freizusprechen war. Die Berufung auf die Liebesgöttin hatte den Hintergrund, daß Phryne für die berühmt-berüchtigte Statue der knidischen Aphrodite, die Praxiteles um 340 v. Chr. schuf, Modell stand. Diese Statue, die erste vollplastische Darstellung einer nackten Frau, stellte ein Skandalon besonderer Art dar. Auch in Delphi befand sich eine vergoldete Bronzestatue der Phryne/Aphrodite aus der Hand des Praxiteles, die angeblich verschiedene Beischriften hatte. Die Verehrer der Phryne schrieben auf den Sockel der Statue: „Phryne, Tochter des Epikles, aus Thespiae“ (Athenaios 591); der Philosoph Diogenes dagegen, der Begründer der kynischen Schule, soll die Inschrift gesetzt haben: „Gestiftet

Abb. 19: Die knidische Aphrodite des Praxiteles, 4. Jh. v. Chr.

von dem liederlichen Griechenland" (Diogenes Laertios 6,60)[34]. Trotz aller Selbständigkeit, die Phryne als Hetaire in der griechischen Gesellschaft genoß, erweisen sich die verschiedenen Ansichten, die auf die Statue eingeschrieben wurden, als aufschlußreich: Phryne besaß, wie jede andere Frau auch, Objektstatus (Abb. 19).

Fragen wir nun nach den Beweggründen der Stiftungen, so lohnt sich ein Blick über den Tellerrand der Alten Geschichte. Der Soziologe Marcel Mauss erklärte 1924 in seiner Schrift *Die Gabe* (*Essai sur le don*) den Austausch von Geschenken als einen Mechanismus der sozialen Integration und als die Schaffung eines Beziehungsnetzes, durch das sozialer Frieden hergestellt und gesichert wird. Beate Wagner-Hasel konnte nachweisen, daß die Interpretation von Mauss zwar zutrifft, aber auch von sozialen Utopien geleitet war; Mauss untersuchte Südseevölker, deren Gabentausch er mit dem westlichen Vorteilsdenken kontrastierte. Daher postulierte Wagner-Hasel bei jedem Gabentausch auch einen wirtschaftlichen Aspekt. Diese Beobachtungen zur Gabe lassen sich *mutatis mutandis* auch bei den Weihgeschenken anwenden. Auf der symbolischen Ebene erwies der Stifter zum einen dem Apollon seine Reverenz, zum anderen präsentierte das Geschenk, das in der Regel aufgrund eines glückbringenden Orakelspruches aufgestellt worden war, den Stifter als Günstling des Gottes. Der ökonomische Aspekt kam einerseits durch den Wert eines Weihgeschenks ins Spiel – man führte wie etwa Kroisos oder die Siphnier in Delphi seinen Reichtum vor. Andererseits galt auch der Grundsatz der Reziprozität: Wer ein Weihgeschenk stiftete, erwartete auch zukünftig die Unterstützung des Gottes und seines Orakels; je mehr man stiftete, desto mehr Hilfe mochte man beanspruchen[35]. Unlängst verwies der Kulturanthropologe Maurice Godelier auf die ambivalente Natur von Gaben an ein Heiligtum; es ist durchaus möglich, Dinge zu geben und sie zugleich zu einem gewissen Grad zu behalten. Diese Erkenntnis läßt sich auch auf Delphi übertragen: Weihgeschenke blieben durch die Eintragung des Namens oder die Deponierung im Schatzhaus der eigenen Polis mit dem Stifter verbunden[36].

Besonders deutlich wird dies bei den Stiftungen, die Seleukos I., der als Nachfolger Alexanders des Großen weite Teile Vorderasiens beherrschte, im Jahre 288/87 v. Chr. ins Apollonorakel nach Didyma schickte. Zu den prächtigen Gaben gehörten unter anderem goldene Trinkschalen und Trinkhörner, silberne Trinkhumpen und Kühlgefäße, ein bronzener Leuchter, Weihrauch und weitere Gewürze. Seleukos ließ nicht nur die Geschenke mit seinem Namen versehen, sondern schickte einen Brief mit einer detaillierten Aufzählung aller Gaben, der auf einer Stele im Heiligtum inschriftlich festgehalten wurde[37]. Dadurch bestand eine doppelte Verbindung des Seleukos mit seinen Geschenken.

Wir kennen auch Fälle, in denen Weihgeschenke im Laufe der Zeit von anderen beansprucht wurden. Eine besondere Bewandtnis hatte es mit dem goldenen Weihwasserbecken, das Kroisos nach Delphi gestiftet hatte. Nach Herodot stand auf dem goldenen Becken, es sei ein Weihgeschenk der Lakedaimonier. Die Inschrift soll ein Delpher eingeritzt haben, um den Lakedaimoniern eine Gefälligkeit zu erweisen. Herodot vermerkt ferner: „Den Mann kenne ich, will aber seinen Namen nicht nennen" (Herodot 1,51). Diese Passage läßt die Bedeutung von Namen ermessen: Herodot verschweigt absichtlich den Namen des Mannes, der mit Namen Mißbrauch getrieben hat, als ginge es ihm um eine *damnatio memoriae* des Übeltäters. Der Name dessen, der den falschen Namen eingeschrieben hatte, sollte vergessen werden[38]. Die Reichtümer Delphis befeuerten die Habgier der Menschen. So soll es Sagen über verborgene Schätze gegeben haben. Aelian (6,9) berichtet, wie durch solche Gerüchte angestachelt einige Delpher darangingen, beim Tempel zu graben. Erst ein Erdbeben brachte die Schatzsucher zur Vernunft, und sie stellten die Suche ein.

Ohnehin ist es aufgrund des materiellen Wertes vieler Weihgaben gut vorstellbar, daß man die Schatzhäuser vergitterte – damit waren die Weihgeschenke zugleich gesichert und sichtbar. Sicherheit gewährleistete dies allerdings nur gegenüber einzelnen Dieben. Die Kelten des Jahre 279 v. Chr. waren nicht die einzigen, die Delphi plündern wollten. Im 3. Heiligen Krieg (356–46) bemächtigten sich die Phoker Delphis und verwendeten die Schätze, um ein Söldnerheer zu finanzieren, mit dem sie rund zehn Jahre lang unschlagbar blieben. Erst als ihnen die Schätze ausgingen und mit Philipp II. von Makedonien ein ernsthafter Gegner auf den Plan trat, mußten sie sich geschlagen geben.

Doch all diese Ausbrüche von Habsucht auf privater und staatlicher Ebene taten dem Ansehen Delphis keinen Abbruch; nach wie vor wurden Gaben gestiftet. Als der römische Kaiser Nero (54–68) 500 Kunstwerke abtransportieren ließ, sollen immer noch 3000 übriggeblieben sein[39]. Wenige Jahrzehnte später schrieb Plutarch den Weihgeschenken in Delphi eine besondere Signifikanz zu: Apollon selbst sei in jedem Stückchen Stein und Bronze, das zu seinen Ehren aufgestellt wurde, anwesend (Moralia 398a–b). Daher lassen sich die Weihgeschenke als Medien verstehen, die bei jedem Betrachter das Andenken an Apollon, sein Orakel, aber auch an die Stifter wachriefen. Diese Situation führte dazu, daß Delphi ständig medial aufgeladen wurde, wobei es den panhellenischen Patrioten schmerzlich auffiel, wenn die Weihinschrift auf einem großartigen Monument das Resultat eines Sieges von Griechen über Griechen war (Plutarch, Moralia 401d)[40].

In einem Schatzhaus, das gleichsam als Botschafts- und Repräsentationsgebäude fungieren konnte, kam das Selbstbewußtsein eines Staatswesens zum Ausdruck[41] (Abb. 20). Obgleich Inschriften Dauerhaftigkeit vermitteln sollten, waren sie bereits in der Antike nicht gegen Änderungen gefeit. So läßt sich etwa die Abhängigkeit eines Textes von den politischen Umständen bereits am Beispiel des ersten Schatzhauses in Delphi ermessen. Der korinthische Tyrann Kypselos hatte das Gebäude errichtet und seinen Namen darauf schreiben lassen. Nach der Vertreibung der Nachkommen des Kypselos war es für die Korinther unerträglich, noch immer den Namen des verhaßten Herrschers auf dem Schatzhaus in Delphi lesen zu müssen. Deshalb fragten sie das Gemeinwesen der Delpher, ob sie den Namen des Kypselos entfernen und statt dessen den Namen ihrer Stadt einsetzen dürften. Während die Delpher dies gestatteten, verweigerten die Eleier, die das Heiligtum in Olympia verwalteten, eine ähnliche Bitte der Korinther. Seit diesem Zeitpunkt, so geht die Erzählung, ließen die Korinther aus Rache die Bewohner von Elis nicht mehr bei ihren Spielen zu (Plutarch, Moralia 400e).

Im Lauf der Zeit wuchs die Pracht der Schatzhäuser durch immer neue Gaben. Die zahlreichen Weihungen machten Delphi zu einer Arena, in welcher der Wettbewerb (*agon*) um Ruhm vor der gesamten griechischen Welt ausgetragen und fortgesetzt wurde[42]. Dabei konnten die Denkmäler in einem kommunikativen Prozeß immer wieder neu mit Bedeutung aufgeladen werden, so daß das Heiligtum von Delphi wie ein Seismograph Erschütterungen in der griechischen Welt registrierte.

Diese Eigenschaft Delphis zeigte sich auch während des Peloponnesischen Krieges. Als die Athener im Jahre 415 über eine Expedition gegen Syrakus debattierten – sie hofften, damit die wichtigste Nachschubbasis ihres Erzfeindes Sparta zu zerstören und gleichzeitig große Reichtümer zu erwerben –, setzte die Anhängerschar um den Kriegstreiber Alkibiades auch Orakelsprüche aus der Oase Siwa ein, in denen dem Vorhaben Erfolg vorhergesagt wurde. Allerdings war dies nur die eine Hälfte der

Abb. 20: Das Schatzhaus der Athener in Delphi; zu Beginn des 20. Jh. restauriert.

Sprüche, die ungünstigen Aussagen ließ Alkibiades unterschlagen. Das Delphische Orakel wurde nicht gefragt und mischte sich auch nicht ein, dennoch wuchs Delphi eine wichtige Rolle zu. Ein halbes Jahrhundert zuvor hatten die Athener nach dem Sieg über die Perser ein goldenes Standbild ihrer Schutz- und Stadtgöttin Pallas Athene auf einer bronzenen Palme nach Delphi gestiftet. An diesem Siegesdenkmal gingen, so wird berichtet, während der Diskussionen in Athen seltsame Dinge vor: Raben hackten tagelang auf das Bildnis ein, bissen von der Palme die goldenen Früchte ab und warfen sie zu Boden (Plutarch, Nikias 13). Die Botschaft des Zeichens ist unmißverständlich: Wenn Raben, die Vögel des Apollon, das Denkmal eines athenischen Sieges beschädigen, so prophezeit der Gott den Athenern eine Niederlage. Sobald die Befürworter des Krieges gegen Syrakus in Athen von diesem schlechten Vorzeichen hörten, taten sie es als eine Erfindung der Delpher ab, die von den Syrakusanern dazu angestachelt worden seien. In Athen entschied man sich schließlich für die Expedition nach Sizilien, die in einer Katastrophe endete. Diese Episode zeigt, wie in Delphi, dem zentralen Ort der griechischen Welt, zahlreiche Informationsstränge zusammenliefen und unterschiedliche Interessenlinien sich kreuzten: Athener, die den Krieg gegen Syrakus wollten, Athener, die den Frieden mit Syrakus vorzogen sowie die Syrakusaner selbst führten durch das Berichten von Zeichen und ihre Deutung eine Debatte in der griechischen Öffentlichkeit.

Auch wenn oftmals mythologische Figuren abgebildet wurden, um den Ruhm einer bestimmten Polis zu mehren, wirkten die gemeinsame Präsenz in Delphi, die Anerkennung des Ortes und des Orakels sowie die den Griechen gemeinsamen Bilder verbindend. Pausanias, der im 2. Jh. n. Chr. Delphi besuchte, erwähnt insgesamt nur wenige Denkmäler, die nach 260 v. Chr. errichtet wurden, ein klares Indiz dafür, daß man die Relikte einer weit entfernten Vergangenheit schätzte[43]. Besonders ausführlich fällt bei Pausanias die Beschreibung des Gemäldes in der Lesche (Versammlungshalle) der Knidier aus, welches als das Hauptwerk des Polygnot gilt. Das Bildprogramm dieses Gemäldes liest sich wie ein Überblick über die griechische Mythologie: Es enthielt Gestalten aus dem Sagenkreis um Troia, wie z. B. Helena, Menelaos, Paris, Kassandra oder Odysseus; als weitere mythische Figuren waren, um auch hier nur einige herauszugreifen, Phaidra, Ariadne, Teiresias, Aktaion, Orpheus, Sisyphos und Tantalos dargestellt. Diese verkürzte Auflistung mag verdeutlichen, daß in Delphi die gemeinsamen Mythen der Griechen und somit ein wesentlicher Teil des kulturellen Gedächtnisses visualisiert waren.

Kroisos, oder: Wie man mit einem Orakel kommuniziert

Der Dichter und Philosoph Heraklit schrieb im 6. Jh. v. Chr. über Apollon (B 93): „Der Herr, dem das Orakel in Delphi gehört, spricht nicht aus und verbirgt nicht, sondern gibt ein Zeichen." In der Meinung Heraklits agiert Apollon auf eine Weise, die zwischen offenem Aussprechen und Verbergen liegt – es war eine Deutung der Orakelsprüche nötig. Man mußte wissen, wie man mit einem Orakel zu kommunizieren hatte. Dies läßt sich exemplarisch am Beispiel des für seinen sprichwörtlichen Reichtum berühmten Lyderkönigs Kroisos, dessen Herrschaft 547 v. Chr. endete, vorführen. Kroisos taucht aus den Nebeln der frühen Überlieferung als die erste Person auf, über deren Verhältnis zu Delphi einige Nachrichten bekannt sind. Dabei soll es nicht stören, daß das Verhältnis zwischen Kroisos und Delphi, über das vor allem Herodot berichtet, mit märchenhaften Episoden angereichert ist. Gerade weil die Anekdoten konstruiert sind, erheben sie die Kroisosgeschichte zum Paradigma. Dieser Aspekt gewinnt noch an Profil, wenn man beachtet, wo er überliefert ist – Herodot, der erste Historiker, stellte die Kroisosepisode an den Anfang seines Werkes und installierte damit die Parameter des Umganges mit Orakeln.

Die Beziehung zwischen Kroisos und Delphi beginnt damit, daß Kroisos herausfinden wollte, welche der zahlreichen Orakel der bekannten Welt zuverlässig seien. Er schickte Gesandtschaften zu den Apollonorakeln von Delphi, Abai und Didyma, zum Zeusorakel von Dodona, zum Ammonsorakel der Oase Siwa in Libyen sowie nach Oropos, wo Amphiaraos weissagte, und zum Orakel des Trophonios in Lebadeia. Kroisos wollte von den sieben konkurrierenden Orakeln – deren Zahl an die Sieben Weisen erinnert, die ebenfalls im Wettstreit gestanden haben sollen – wissen, was er gerade zu einem bestimmten Zeitpunkt tue; dazu ließ er alle Gesandtschaften am selben Tag und zur selben Stunde dieselbe Frage stellen. Aus Delphi erhielt Kroisos den folgenden Spruch:

> Weiß ich doch, wieviel Sand am Ufer, wie weit auch das Meer ist,
> Höre ich doch des Stummen Gespräch und des Schweigenden Worte,
> Schildkrötenduft erreichte mich wohl, des gepanzerten Tieres,
> Kochend mit Fleisch zusammen vom Lamme in eherner Pfanne;
> Erz umschließt es von allen Seiten, so oben wie unten.

Dies war die zutreffende Antwort, da Kroisos im Moment der Anfrage eine Schildkröte und ein Lamm in einem ehernen Kessel kochte, den er mit einem ehernen Deckel verschlossen hatte. Neben Delphi lieferte nur noch Oropos eine richtige Antwort (Herodot 1,47). Von den sieben Orakelstätten hatten sich nur zwei als zuverlässig erwiesen, wobei auch Oropos bald im Schatten von Delphi stehen sollte. Die Prüfung durch einen Außenstehenden legitimierte den Anspruch, den man in Delphi erhob. Es ist dabei wohl kaum ein Zufall, daß ein Nichtgrieche, und dazu noch ein König, das Orakel bestätigte. Hätte hingegen eine griechische Polis oder auch ein einzelner Grieche Delphis Rang als beste Orakelstätte erwiesen, so wäre dessen Heimat als die treibende Kraft hinter dem Orakel erschienen. Sogleich wäre die Autorität Delphis angreifbar gewesen.

Nachdem Kroisos nun von den Fähigkeiten Delphis überzeugt war, befragte er mehrfach das Orakel. In der Darstellung Herodots entwickelt sich geradezu ein Dialog zwischen Apollon und Kroisos, bei dem die Pythia und die Boten des Königs als Medien auftreten. Zunächst bedankte sich Kroisos bei Apollon durch opulente Gaben. In Lydien opferte er 3000 Stück Vieh und errichtete einen Scheiterhaufen, auf dem gold- und silberbeschlagene Klinen (Liegen), goldene Schalen und purpurne Gewänder verbrannt wurden. Nach Delphi schickte er unter anderem vier Ziegel aus purem Gold sowie 113 Ziegel aus Weißgold, einen Löwen aus reinem Gold, zwei Kratere (Mischkrüge), vier silberne Fässer sowie ein goldenes und ein silbernes Becken. All dies ergibt zusammen eine gewaltige Fülle an Gaben durch einen einzelnen, wie sie niemals danach erreicht oder gar übertroffen wurde. Nun können wir heute nicht mehr überprüfen, was von diesen Angaben richtig und was der Phantasie Herodots oder seiner Quelle entsprungen ist; möglicherweise vergrößerte man die Zahl der Geschenke, um die Bedeutung Delphis zu erhöhen. Diese Gaben hatten ihr eigenes Schicksal. Bereits zu Herodots Lebzeiten, also etwa hundert Jahre nach der Aufstellung durch Kroisos, waren sie längst nicht mehr alle unversehrt. Der goldene Löwe, ursprünglich auf dem Dach des Apollontempels angebracht, stürzte beim Brand des Tempels 548/47 v.Chr. herunter und ein großer Teil des Goldes schmolz ab. Ebenso wie den Löwen deponierte man die vier silbernen Fässer im Schatzhaus der Korinther. Die beiden Mischkrüge erhielten nach dem Tempelbrand ebenfalls einen neuen Platz (Herodot 1,50–51)[44].

Den Gesandten, welche die Weihgeschenke nach Delphi schafften, gab Kroisos einen Auftrag mit. Sie sollten das Orakel fragen, ob Kroisos gegen die Perser ziehen und sich ein Heer von Bundesgenossen schaffen solle. Diese Frage wurde auch dem Orakel von Oropos gestellt, an das ebenfalls Weihgeschenke, allerdings weniger wertvolle, gegangen waren. Beide Orakel gaben die berühmt gewordene Auskunft, wenn Kroisos gegen die Perser ziehe, werde er ein großes Reich zerstören; auch rieten sie ihm, sich mit dem mächtigsten Staat in Griechenland zu verbünden. In seiner Verblendung freute sich Kroisos über diese Auskunft und beschenkte jeden Bürger von Delphi reichlich. Im Gegenzug dazu gewährten die Delpher ihm das Recht, vor allen anderen das Orakel befragen zu dürfen (Promantie), Abgabenfreiheit (Atelie) und einen Ehrensitz im Theater bzw. bei den Spielen (Prohedrie); außerdem sollte jeder Lyder Bürger von Delphi werden können. Da eine Inschrift mit den Ehrungen für Kroisos nicht erhalten ist, mag eine Tafel aus der Zeit zwischen 318 und 304 v. Chr., in der den Bürgern der westgriechischen Insel Korkyra mehrere Ehrenrechte verliehen werden, einen Eindruck vermitteln, wie die Delpher ihren Wohltätern dankten:

> Gott. Zu gutem Glück! Die Delpher geben den Korkyraiern die Promantie und die Prohedrie. Als Maimalos Archon war, als Menes und Kleobulos Ratsherren waren[45].

Das Formular dieser Texte ist einheitlich. Am Anfang steht die Anrufung Apollons, dem Unterfangen wird Glück gewünscht. Danach folgt die Aufzählung der Empfänger und ihrer Ehrenrechte. Am Ende wird durch die Nennung der Amtsträger das Dokument legitimiert und zugleich datiert, da man die Jahre nach den Archonten zählte. Maimalos bekleidete das Oberamt in Delphi von 318/17 bis 305/04 v. Chr. Zumindest die Promantie wurde zahlreichen Gemeinwesen verliehen, so daß sich Probleme ergeben konnten, wenn Gesandtschaften aus zwei Poleis gleichzeitig in Delphi ankamen, auf ihre Promantie pochten und als erste das Orakel befragen wollten[46].

Mit solchen Zänkereien scheinen die Boten des Kroisos nicht geplagt gewesen zu sein. Als Kroisos wissen wollte, ob seine Herrschaft lange bestehen bleibe, antwortete die Pythia (das Orakel in Oropos wurde nicht mehr konsultiert):

Wenn erst einmal ein Maultier den Medern König geworden,
Dann, zartfüßiger Lyder, flieh hin zum steinigen Hermos,
Zögere nicht dabei und schäme dich nicht deiner Feigheit!

Da unmöglich ein Maultier über Menschen herrschen kann, fühlte sich Kroisos sicher, nie fliehen zu müssen (Herodot 1,53–56). Indes war der Lyderkönig einem Trugorakel aufgesessen, dessen wahren Sinn er erst später erkennen sollte. Vergleichbar mit diesem Spruch ist die Vorhersage der drei Hexen an Macbeth, daß seine Herrschaft erst dann enden werde, wenn der Wald von Birnam zu seinem Schloß Dunsinan komme. Was nicht zu erwarten war, geschah, der Wald zog tatsächlich zum Schloß des Königs: Jeder Mann aus der Truppe seiner Feinde hatte von den Bäumen des Waldes einen Ast abgehauen, um in dessen Deckung möglichst lange unbemerkt vorrücken zu können. Für Macbeth sah dies aus, als komme der Wald zu seiner Burg. Das vermeintlich unmögliche Ereignis war Realität geworden, Macbeth verlor Herrschaft und Leben.

Bevor das Ende des Kroisos eintraf, befragte er noch einmal Delphi in einer persönlichen Angelegenheit. Er wollte wissen, ob einer seiner Söhne, der stumm war, jemals von seiner Krankheit geheilt werden könne. Kroisos erhielt eine beunruhigende Antwort, in der er sogar beschimpft wurde:

Lyder dem Blute nach, König von vielen, gewaltiger Tor doch,
Kroisos, wünsche dir nicht im Haus die erbetene Stimme
Deines sprechenden Sohnes zu hören; es ist für dich besser.
Denn, wenn zuerst er spricht, das ist am Tage des Unglücks.

Dieser Orakelspruch, der das Unglück des Kroisos vorhersagte, sollte sich bewahrheiten. Am Ende des verhängnisvollen Krieges gegen die Perser sah der Sohn, wie sein Vater von einem Gegner angegriffen wurde, der ihn töten wollte. Da rief er, durch die Angst um seinen Vater bewegt, aus: „Mann, töte den Kroisos nicht!“ Seit diesem Zeitpunkt konnte der Sohn sprechen (Herodot 1,85).

Als Kroisos sich nach seiner Niederlage beim Delphischen Orakel beschwerte, hatte dies ihm doch nach seiner Meinung den Sieg vorausgesagt, wurde er eines besseren belehrt: Das Maultier, von zwei verschiedenen Tiergattungen erzeugt, ist eine Metapher für den Mischling. Da die Mutter des persischen Großkönigs Kyros eine Mederin war, sein Vater

Abb. 21: Kroisos auf dem Scheiterhaufen.
Attische Amphora, 500/490 v. Chr.

hingegen aus dem Volk der Perser stammte, konnte Kyros als Mischling gelten – Kroisos hätte nie den Krieg gegen Kyros beginnen sollen. Auch habe Kroisos den Spruch, er werde ein großes Reich zerstören, wenn er den Halys überschreite, falsch verstanden. Apollon habe nämlich nicht gesagt, welches Reich. Kroisos hätte also, wenn er klug gewesen wäre, noch eine Gesandtschaft nach Delphi schicken sollen, um dies zu erfragen. Ohnehin, so weiter das Orakel, habe Apollon versucht, dem Kroisos für die reichen Geschenke zu danken. Apollon habe vorgehabt, den Fall von Sardes erst auf die Söhne des Kroisos zu verschieben, doch sei es nicht möglich, das Schicksal zu ändern; immerhin sei Apollon in der Lage gewesen, die Niederlage des Kroisos um drei Jahre hinauszuschieben (Herodot 1,91). Schließlich half Apollon dem König, indem er den Scheiterhaufen, auf dem er nach dem Beschluß des siegreichen Kyros bei lebendigem Leibe verbrannt werden sollte, durch einen kräftigen Regen zum Verlöschen brachte (Abb. 21). Daß Kroisos danach sogar zum geschätzten Ratgeber seines ehemaligen Feindes Kyros geworden sein soll, läßt sich durch den Vergleich mit altorientalischen Quellen als eine griechische Konstruktion zur Ehrenrettung des Lyders entlarven; tatsächlich wurde er getötet, wie wir aus einer babylonischen Priesterchronik wissen[47].

Fassen wir den gesamten Dialog zwischen Kroisos und Apollon zusammen, so erhalten wir nicht nur eine farbenprächtige Geschichte, sondern auch ein moralisches Lehrstück: 1. Das Schicksal (*moira*) ist nach griechischer Vorstellung nicht aufzuhalten; selbst die Götter können nur innerhalb enger Grenzen einen Aufschub, nicht aber eine Änderung bewirken. 2. Auch wenn die Götter es schätzen, daß sie Gaben erhalten, lassen sie sich nicht kaufen; es gibt eine Grenze für die Menschen. 3. Wer zu einem Orakel geht, soll sich seine Fragestellung gut überlegen; auch soll man nicht zuviel fragen. 4. Man soll eine Antwort nicht voreilig deuten.

Um die Kroisoserzählung bei Herodot lagerten sich im Lauf der Zeit andere Anekdoten an. So soll Kroisos den Fabeldichter Aisopos nach Delphi geschickt haben, um dem Tempel eine beträchtliche Gabe zu überreichen, aber auch den Delphern pro Mann vier Minen Silber zu schenken. Es kam zum Streit, Aisopos hielt die Delpher für unwürdig und ließ die Geschenke zurück zu Kroisos transportieren. Voller Entrüstung klagten die Delpher den Dichter wegen Tempelraubes an und richteten ihn hin (Plutarch, Moralia 556f.).

Bleibt auch die Frage offen, welches Maß an Historizität die Geschichte des Kroisos beanspruchen kann – am Beispiel des Lyderkönigs zeigt sich, daß der Umgang mit Orakeln ein kommunikativer Akt war. In nicht wenigen Fällen wurde zumindest ein Teil des Dialogs mit der Gottheit durch Schrift für die Ewigkeit festgehalten, ein Aspekt, der zum nächsten Kapitel führt.

Orakel und Schriftlichkeit

Die schriftliche Fixierung von Orakeln

Der enge Zusammenhang zwischen Orakeln und Verschriftlichung, der bisher anhand von einzelnen Beispielen aufgeleuchtet ist, soll nun in einer thematischen Engführung verfolgt werden. Betrachten wir zunächst die Entstehung der griechischen Schrift. Frühere Schriften waren entweder Silbenschriften oder reine Konsonantenschriften. Während der Nachteil der Silbenschriften darin bestand, daß sie sehr viele unterschiedliche Zeichen brauchten, um alle möglichen Silben zu notieren – zum Teil weitaus mehr als 100 Zeichen –, waren die Konsonantenschriften durch das Fehlen der Vokale nicht immer eindeutig. Für die Entstehung der griechischen Schrift aus dem phoinikischen Alphabet, ein Prozeß, der sich im 9. oder 8. Jh. v. Chr. vollzog, kannten die Griechen einen mythischen Hintergrund: Kadmos, der sagenhafte Gründer von Theben, soll Phoiniker nach Griechenland geführt haben, die ihre Schrift mitbrachten und sie an die Hellenen vermittelten.

Allerdings ist der Mythos zu korrigieren. Die Griechen übernahmen zwar die Buchstaben der phoinikischen Konsonantenschrift, fügten aber noch Zeichen für die Vokale hinzu, die zum Teil auch auf phoinikische Konsonanten zurückgehen. Dadurch ergab sich eine Verschiebung von beträchtlicher Tragweite: Waren im Phoinikischen die einzelnen Buchstaben noch selbst zum Teil Bedeutungsträger – Aleph heißt Ochse; stellt man das A auf den Kopf, so erscheint heute immer noch ein stilisierter Kopf mit Hörnern –, so ging diese Ebene für die Griechen verloren. Der Verlust an piktographischer Bedeutung war zugleich ein Gewinn an Abstraktion; für einen Griechen gab es bei dem Buchstaben Alpha nicht mehr die Assoziation an einen Ochsen, vielmehr reichten nun kaum mehr als zwanzig Buchstaben aus, um jedes beliebige Wort unverwechselbar aufzuschreiben. Damit war ein so erfolgreiches und flexibles System erfunden, daß es auch heute noch in Verwendung ist[48]. Wenn nun wenige Zeichen genügen, um beliebig viele Bedeutungen abzubilden und zu speichern, so erinnert dies an den Computer, der es ermöglicht, durch das Prinzip der Digitalisierung, das sich auf Kombinationsreihen von „an“ und „aus“ reduziert, gewaltige Datenmengen festzuhalten, zu speichern, abzurufen und zu kommunizieren. Dieses digitale Universum ist der vorläufige Endpunkt einer Entwicklung, an deren Anfang die Erfindung der Schrift stand.

Eine der frühesten Anwendungen von Schrift im archaischen Griechenland war die Konservierung von Orakelsprüchen[49]. Orakelsprüche wirkten erklärend und legitimierend, sie dokumentierten die erfolgreiche Kommunikation mit einer Gottheit – daher wurden Orakel immer wieder gesammelt. Die nach antiker Vorstellung ältesten Orakelsammlungen sind mit den Namen der Urdichter verknüpft, die in mythischer Frühzeit gelebt haben sollen. In die Reihe der Urdichter gehören Orpheus, der durch seine Lieder die wilden Tiere verzückte und dessen Kopf Orakelsprüche erteilt haben soll, Musaios, der als Schüler des Orpheus galt, und Abaris, der sich in den Dienst Apollons stellte, die Gabe der Wahrsagung erhielt und mit einem Pfeil – einem Symbol für Apollon – über die ganze Erde wanderte, ohne Nahrung zu sich zu nehmen. Ferner ist Epimenides aus Knossos zu nennen, der als Knabe von seinem Vater auf die Weide geschickt wurde, um eine Schafherde zu hüten. Eines Tages legte Epimenides sich in einer Grotte zu einem Mittagsschlaf nieder und erwachte erst nach 57 Jahren. Epimenides soll einer der langlebigsten Menschen gewesen sein. Einige sprechen von 157 Jahren, nach Meinung seiner kretischen Landsleute lebte er sogar 299 Jahre (Diogenes Laertios 1,109–111)[50].

Auch der Chresmologe Bakis legte, angeblich von den Nymphen inspiriert, eine Orakelsammlung an; seine Sprüche gingen während der Zeit der Perserkriege um. Die enge Verquickung zwischen Orakeln und Schrift in früher Zeit wird schlagartig beleuchtet, wenn Herodot berichtet, Buchstaben aus der Zeit des Kadmos – gemeint sind altertümliche Buchstabenformen – in der Orakelstätte des Apollon Ismenios in Theben gesehen zu haben. Herodot zitiert wörtlich drei Inschriften auf Weihgeschenken für Apollon, die sich allerdings nicht eindeutig auf Orakelsprüche beziehen (Herodot 5,59).

Schickte ein Staatswesen eine Gesandtschaft zu einem Orakel, so ist es wahrscheinlich, daß der Spruch nicht nur mündlich, sondern auch schriftlich mit in die Heimatstadt zurückkam. Diese Orakelsprüche wurden – wie sich bereits am Beispiel von Athen und Sparta zeigen ließ – in den einzelnen Poleis gesammelt und verwaltet. Ohnehin finden sich epigraphische Zeugnisse für Orakel aus Delphi in zahlreichen Orten der griechischen Welt[51]. Wenn der athenische Tyrann Hipparchos um 520 den Seher Onomakritos beauftragte, die Sprüche des Musaios zu sammeln, so ist dies als eine Monopolisierung des prophetischen Wissens anzusehen[52]. Fortan brauchte Hipparchos nur noch in den eigenen Unterlagen nachzusehen, um die geeignete Auskunft zu erhalten.

Spätestens in hellenistischer Zeit gerieten Orakel auch zum Gegenstand wissenschaftlicher Untersuchungen. Nach Plutarch (Moralia 403e) galt der Historiker Theopomp, der im 4. Jh. v. Chr. lebte, als derjenige, der sich am ausführlichsten mit Orakeln auseinandergesetzt hatte; aus Athenaios wissen wir, daß Theopomp eine Schrift über die Plünderungen in Delphi verfaßte. Auch Philosophen, wie etwa Herakleides Pontikos, ein Schüler des Aristoteles, oder hellenistische Schriftsteller sammelten Orakelsprüche. Aufgrund des äußerst fragmentarischen Zustandes dieser Werke – zumeist sind Zitate oder Anspielungen bei anderen Autoren überliefert – wissen wir nichts über Inhalt und Tendenz der Schriften, sondern lediglich von ihrer Existenz.

Sucht man nach dem schriftlichen Niederschlag von Orakelsprüchen in den Orakelstätten, so sind zwei Gruppen zu unterscheiden. Zum einen Texte, die wahrscheinlich nicht für die Öffentlichkeit bestimmt, sondern von den Priestern archiviert waren. Hierzu gehören wohl auch die Tausende von Orakeltäfelchen aus Dodona, die zumeist Frage und Antwort enthalten; ob die Klienten eine Kopie des Täfelchens erhielten, ist unklar. Ähnliche Unklarheit herrscht über das inschriftlich als *Chresmographion* bezeichnete Gebäude in Didyma, dessen genaue Bedeutung sich uns entzieht. Immerhin läßt sich der Begriff aufteilen in *chresmos* = Orakelspruch und *graphion*, das von *graphein* = schreiben abzuleiten ist. Zum anderen waren viele Orakelsprüche in den Heiligtümern öffentlich einsehbar. Pausanias selbst konnte noch die Verse der Nymphe Erato lesen, die in Lykosura in Arkadien in früher Zeit bei einem Orakel des Pan als Prophetin wirkte (Pausanias 8,37,11 f.). Der nicht datierbare Iophon aus Knossos, der zum Personal in Oropos gehörte, übertrug Orakelsprüche des Amphiaraos in Hexameter (Pausanias 1,34). Wissen wir in beiden Fällen nur durch sekundäre Überlieferung von der Publikation von Orakeln, so kennen wir aus Delphi einige wenige inschriftlich erhaltene Orakelsprüche[53]. Cyriacus von Ancona, der im 14. Jahrhundert als erster westlicher Reisender Delphi besuchte, will auf einem heute leider verschollenen Stein die Antwort auf eine Frage des Kroisos gelesen haben[54]. Dabei wird es sich kaum um ein von Kroisos selbst errichtetes Monument handeln, sondern dürfte, wie andere Orakelsprüche auch, erst später zur Vergrößerung des Ruhmes von Delphi in Stein gemeißelt aufgestellt worden sein. Eine Inschrift in Delphi aus dem ersten vorchristlichen Jahrhundert enthält einen Orakelspruch, den Agamemnon vor dem Aufbruch zum Troianischen Krieg erhalten haben soll:

Hüte dich, göttlicher Agamemnon, daß du nicht von einem griechischen Helden mit fremder Sprache besiegt wirst, wenn du irrtümlicherweise im Land der Mysier landest. Du kannst dich diesem Schicksal entziehen, wenn du dem Herrn Sphaleotas von Mysien opferst und die glänzenden Keulen des Opfers im Schiff des Tempels weihst, dort, wo du zuerst eingetreten bist – du, der du nach Pytho kommst, um die Stimme des Loxias aus dem Adyton klingen zu hören – außerhalb des Umkreises, in dem man die Orakel kündet[55].

Hintergrund dieses auf den ersten Blick unverständlichen Orakels ist die Gestalt des Mysiers Telephos, des Sohnes von Herakles und der Tegeatin Auge. Als die Griechen gegen Troia zogen, verirrten sie sich im ersten Anlauf und landeten viel weiter südlich in Mysien. Es kam zu einem Kampf, bei dem Telephos von Achilleus verwundet wurde; Grund für die Verwundung war die Mißachtung, die Telephos Dionysos gegenüber an den Tag gelegt hatte. Dionysos bestrafte ihn damit, daß er während des Kampfes einen Weinstock unter den Füßen des Telephos wachsen ließ, der ihn zum Straucheln brachte. Der Kult des Dionysos Sphaleotas – des Dionysos, „der straucheln läßt" – ist nur durch diese Inschrift bekannt. Daher liegt es nahe, daß die Inschrift mit diesem Wortlaut aufgestellt wurde, um den Kult durch ein delphisches Orakel, das zudem noch in die Zeit der homerischen Helden verlegt wurde, zu legitimieren.

Einige Inschriften aus Delphi sind nur noch literarisch überliefert und gehören zu Weihgeschenken aus der Zeit des Troianischen Krieges; für ihr Alter garantierte nach antiker Vorstellung das Material, aus dem sie hergestellt waren – Bronze. Ein Dreifuß, den Achilleus bei den Leichenspielen zu Ehren des Patroklos als Preis ausgesetzt hatte, war nach Athenaios in Delphi zu besichtigen. Der Dreifuß trug die Inschrift: „Ein bronzener Dreifuß bin ich, in Pytho als Weihgeschenk aufgestellt, Achilleus, mit schnellen Füßen, setzte mich zu Ehren des Patroklos aus. Der Tydide

Diomedes, mit hallender Stimme, stellte mich auf nach seinem Sieg mit dem Pferdegespann am breiten Hellespont." Athenaios kennt die Beischrift einer weiteren Gabe (Athenaios 6,232–234):

> Sieh mich: Ich war einmal in Ilions prächtigem Turme,
> Da unser Kampfziel war Helena, prächtiggelockt.
> Mich trug Antenors Sohn, der tapfere Fürst Helikaon,
> Nun aber hat mich Apoll in seiner göttlichen Hut.

Offensichtlich ging man zu einem für uns nicht mehr greifbaren Zeitpunkt dazu über, alte Weihgeschenke, deren Herkunft unbekannt war, den Helden der Frühzeit zuzuschreiben und mit kunstreichen Inschriften zu versehen.

Noch deutlicher wird die nachträgliche Zuordnung von Weihgeschenken im nächsten Fall. Im Jahre 99 v.Chr. wurde im Tempelbezirk der Gemeinde Lindos auf Rhodos eine große Tafel aufgestellt, auf der man die zahlreichen Weihgeschenke und ihre Stifter notierte. Diese Tempelchronik, das sogenannte *Chronicum Lindium*, kennt auch Gestalten aus der Mythologie. So soll Helena, die Frau, die zum Anlaß für den Troianischen Krieg wurde, ein Paar Ringe gestiftet haben, auf denen zu lesen war: „Helena für die Athena". Zugleich war man sich bewußt, daß diese Nachrichten sich eigentlich im Nebel der mythischen Frühzeit verloren. Um dieses Defizit auszugleichen, behalf man sich mit einem Vorläufer der wissenschaftlichen Fußnote[56]. Es wurde jeweils noch auf der Tafel notiert, welcher Schriftsteller dies in welchem Werk gesagt habe. Auch ein Orakel fand Eingang in dieser Liste. Der bereits genannte Telephos weihte ein Gefäß, auf das er schrieb „Telephos für die Athena als Sühnopfer, wie es der Lykische Apollon sagte" – gemeint ist das Apollonorakel von Patara[57]. In diesem Fall kannten die Lindier sogar vier Belegstellen: Xenagoras im 1. Buch seiner Geschichte, Gorgon im 1. Buch seiner Schrift über Rhodos sowie zwei weitere namentlich genannte Schriftsteller in Briefen[58].

Ein solch geradezu wissenschaftlicher Umgang mit Weihgeschenken und deren Zuordnung und Datierung ist erst in hellenistischer Zeit vorstellbar. Man war sich, dies geht aus der Vorrede der *Lindischen Tempelchronik* hervor, sehr wohl bewußt, ein prachtvoll ausgestattetes Heiligtum zu besitzen, und wollte dies den Besuchern vor Augen führen. Die Verweise auf Autoren, ihre Werke und bisweilen sogar auf die Buchzahl sollte Vertrauen schaffen. Allerdings sind die meisten der erwähnten Autoren heute nicht mehr oder sogar nur aus der Notiz in dieser Chronik bekannt.

Drei Inschriften aus dem 4. Jahrhundert belegen eine Tendenz zur Verschriftlichung rund um die Orakel in dieser Zeit. Beim Traumorakel des Amphiaraos in Oropos wurde in einem Text, der Kultregelungen enthält, unter anderem beschlossen, daß der Name des Inkubanten, sobald dieser das Geld eingezahlt hat, aufgeschrieben und im Heiligtum veröffentlicht werden solle. Der Name wurde auf einer Holztafel eingetragen, „damit ihn sehen kann, wer will". Schriftlichkeit erfüllt hier zwei Zwecke: Zum einen dient die Notierung des Namens als Beleg, daß der Klient bezahlt hat und sich rechtmäßig in der Halle, in der man die Träume empfängt, aufhält. Zum anderen läßt sich die Liste der Namen auf der Holztafel als Werbung für das Orakel verstehen. Je mehr Namen auf der Tafel stehen, desto größer wird das Ansehen des Orakels und das Vertrauen, das man ihm entgegenbringt. Vergleichbar ist eine etwa gleichzeitig entstandene Steintafel aus Lebadeia, in der die Namen der Konsultanten aufgeführt sind, die eine Opfergabe in einer bestimmten Höhe hinterlassen hatten. Diese Liste diente der Repräsentation vor einer breiteren griechischen Öffentlichkeit. Dementsprechend steht an ihrem Anfang der Makedonenkönig Amyntas, der eine königliche Summe spendete, andere Klienten von weniger hohem Rang gaben weniger. Sinn dieser Inschrift war es, Exklusivität herzustellen. Hierbei verdient auch das Material Beachtung. Während in Oropos die Namen aller Klienten auf einer Holztafel standen, wurde in Lebadeia eine ausgewählte Klientel auf einer steinernen Platte verewigt – Stein ist dauerhafter als Holz.

An diesem Punkt ist auf die Parallelen zu Epidauros hinzuweisen. Kranke kamen zum Heiligtum des Asklepios in Epidauros, um sich in einer großen Halle nach ritueller Reinigung und Darbringung von Opfern niederzulegen und Heilträume zu empfangen. Im Laufe des 4. Jh. v. Chr. wurden mehrere engbeschriebene Stelen mit Berichten über Wunderheilungen – wohl unter der Redaktion der örtlichen Priester – im Heiligtum errichtet. So erzählt ein Text von einem Mann, der, da er die Finger an seiner Hand nicht rühren konnte, als Hilfeflehender nach Epidauros gekommen war, beim Anblick der im Heiligtum aufgestellten Tafeln an die Heilungen nicht glauben wollte und über die Inschriften spottete. Dennoch legte er sich zum Heilschlaf nieder. Im Traum erschien ihm Asklepios, heilte sein Gebrechen und fragte ihn, ob er noch immer nicht den Berichten glaube, die auf den Tafeln im Heiligtum aufgezeichnet seien. Als der Mann zugab, von seinen Zweifeln befreit zu sein, sprach Asklepios: „Weil du also früher ihnen nicht glauben wolltest, obwohl sie nicht unwahrscheinlich waren, sollst du 'Ungläubig' heißen." Ferner wird über eine Athenerin berichtet:

Ambrosia aus Athen, einäugig. Diese kam als Hilfeflehende zum Gott. Als sie herumging im Heiligtum, verlachte sie einige der Heilungen als unwahrscheinlich und unmöglich, daß Lahme und Blinde allein dadurch schon gesund würden, daß sie einen Traum gesehen hätten. Als sie (im Abaton) schlief, hatte sie ein Traumgesicht: Es schien ihr, daß der Gott zu ihr trat und sagte, daß er sie gesund machen werde, daß sie jedoch dazu verpflichtet sei, als Lohn im Heiligtum ein silbernes Schwein zu weihen zum Gedenken an ihre Unwissenheit, nach diesen Worten ihr krankes Auge aufschlitzte und ein Heilmittel hineinträufelte. Nach Tagesanbruch ging sie gesund hinaus[59].

Ähnlich wie bei einer Orakelstätte brachten die dankbaren Menschen ein Weihgeschenk für die Gottheit. Sinn dieser Inschriften war es, den Neuankömmlingen in Epidauros Vertrauen in die Wirksamkeit des Heiligtums einzuflößen und die richtigen Verhaltensformen beizubringen. Es ist gut vorstellbar, daß in Oropos – und auch in anderen Orakelstätten – ähnliche Texte zu lesen waren.

Vers versus Prosa

Nach Plutarch gab es in Delphi Dichter, die sich beim Tempel aufhielten und die Sprüche, die in Prosa gegeben waren, in Verse umschmiedeten; er kennt sogar Orakelsammler wie Onomakritos, Prodikos und Kinaithion, die Orakelsprüche in Verse setzten (Moralia 407b). Es ist nicht klar, seit wann dieser Brauch gepflegt wurde, aber er ist zumindest für das 1. Jahrhundert v. Chr. belegt (Strabon 9,3,5) – ein Beleg dafür, daß für die Griechen der Wortlaut eines Orakelspruches nicht sakrosankt war[60]. Wie in den anderen Orakelstätten erhielten die Klienten auf einem Täfelchen den Spruch in die Hand; ob eine Kopie in Delphi verblieb, läßt sich nicht mehr sagen[61].

Die möglichen Unterschiede zwischen Vers und Prosa lassen sich anhand eines Glücksfalles der Überlieferung aufzeigen. Auf einer Scherbe aus dem Orakel des Zeus Epikoinios in Salamis auf Zypern, die sich heute im British Museum in London befindet, ist ein Orakelspruch in Vers und in Prosa eingraviert[62]. Auch wenn der Wortlaut der Anfrage fehlt, ergibt sich durch die Antwort, daß es darum ging, ob man einen Bach in der Nähe des Heiligtums zuschütten dürfe: „Ich liebe diesen Eifer und bin gnädig, die Feinde aber schlage ich mit dem Blitz. Ich erhalte durch die Gräben des kleinen Flusses den Rindern das süße Wasser, im Frühling die Weidekräuter zu ihrem Gedeihen. Ich lasse mich erbitten von dem Zweifelnden, der bittend sucht." In Prosa steht in einer Ecke des Täfelchens: „Entscheidung des Gottes: Ich untersage unerbittlich die Zuschüttung des kleinen Flusses."

Ein erster Unterschied besteht in der Ausführlichkeit der Auskunft. Während die Versversion gewisse Details aufweist, ist die Prosaversion im wahrsten Sinn des Wortes „prosaischer", die Ablehnung wird knapp formuliert. Doch auch im Inhalt lassen sich Unterschiede aufzeigen: Hier ist die Prosaversion eindeutig. Die Verse hingegen sprechen vom frischen Wasser für die Tiere und die Pflanzen; den Feinden wird mit Bestrafung gedroht, denjenigen, die Apollon anflehen, sagt der Gott seine Hilfe zu. Möglicherweise läßt sich diese Situation folgendermaßen erklären: Der eigentliche Orakelspruch wurde in Versen erteilt, die allerdings nicht eindeutig verständlich waren. Um nun Gewißheit zu erringen, erklärte man am Rand des Täfelchens in kurzen Worten den Sinn des Spruches.

Ein weiterer Unterschied zwischen Vers und Prosa läßt sich bei den kaiserzeitlichen Orakeln aus Klaros erkennen. Kam die Festgesandtschaft einer Polis, so erhielt sie eine sorgfältige Antwort, die sich auf die Frage bezog und zumeist in Hexametern abgefaßt war. Fragten hingegen Privatleute an, so wählte das Orakel einen Spruch aus einer Sammlung kurzer und vorformulierter Texte aus. Da die Klienten um diese Unterscheidung wußten, handelt es sich nicht um Betrug, sondern einmal mehr sehen wir, in welchem Maß die Befragung eines Orakels als Kulturtechnik zu verstehen ist[63].

Nach griechischer Vorstellung war der Hexameter in Delphi erfunden worden, um Prophezeiungen in eine Form zu gießen. Der Vers versieht die Sprüche mit Autorität und Feierlichkeit, wie Friedrich Nietzsche in der *Fröhlichen Wissenschaft* erkannte: „So wie die Formel ausgesprochen wird, buchstäblich und rhythmisch genau, so bindet sie die Zukunft: die Formel aber ist die Erfindung Apollo's, welcher als Gott der Rhythmen auch die Göttinnen des Schicksals binden kann“[64]. Vers ist ritualisierte Sprache, er ist stark formalisiert, wiederholbar sowie lehr- und lernbar[65]. Wenn das gesprochene Wort im Vergleich zu Geschriebenem immer in gewissem Maße unkontrolliert ist, so nimmt der Vers eine Mittelstellung ein, der sich durch Rhythmisierung und Formalisierung als die kontrollierteste Form von Mündlichkeit verstehen läßt.

Das Beispiel des mythischen Dichters Aristeas, der ins 7. Jh. v. Chr. zu datieren ist, illustriert die enge Verbindung zwischen Apollon und der Dichtkunst. Um die Gestalt des Aristeas ranken sich seltsame Erzählungen. Als er in seiner Heimatstadt Prokonnesos, einer Insel im Marmara-Meer, verstarb, konnte niemand seine Leiche finden; sieben Jahre später erschien Aristeas wieder in Prokonnesos und dichtete sein verlorenes Epos mit dem Titel *Arimaspea*. Danach verschwand er wieder, um nach 240 Jahren im unteritalischen Metapontion aufzutauchen. Dort forderte Aristeas die Bewohner der Stadt auf, Apollon einen Altar und eine Statue mit der Aufschrift „Aristeas aus Prokonnesos“ zu errichten; dies geschah erst, nachdem die Bewohner Metaponts durch einen Spruch aus Delphi dazu aufgemuntert worden waren (Herodot 4,14f.).

In den Anfängen des Delphischen Orakels, so heißt es bei Plutarch, erteilte die Pythia ihre Sprüche in Prosa, danach kam eine Phase, in der Verse verwendet wurden, schließlich bediente man sich wieder der Prosa. Plutarch bietet eine kulturgeschichtliche Theorie zur Erklärung dieser Veränderungen: Auf Verse sei man in der Blütezeit des Griechentums umgestiegen, als es zahlreiche Dichter gab, denen man nacheifern konnte; viele hätten sich im Abfassen von Hymnen, Gebeten und Oden an die Götter geübt; überdies seien Verse Apollon, dem Gott der Leier und der Dichtung, wohlgefällig. Später habe man in der Sprache das Einfache mehr als das Verzierte geschätzt. In der Geschichtsschreibung sei man vom hohen Roß der Versform herabgestiegen und zu Fuß in Prosa weitergegangen – gemeint sind Autoren wie Herodot oder Thukydides; ebenso hätten die Philosophen aus Gründen der Klarheit einfache Prosa verwendet. Mit dieser Veränderung der Sprachgewohnheiten korrespondierte in Delphi der Wechsel vom Vers zur Prosa. Man habe nun die Orakel in Versform als ungenau und trügerisch angesehen, die Offenheit und Ambiguität der Verse habe als List gegolten, um einen auf jeden Fall zutreffenden Spruch zu geben (Plutarch, Moralia 407). Allerdings änderten sich die Gewohnheiten nach Plutarchs Lebenszeit einmal mehr. Man ging zumindest in Klaros im 2. Jh. n.Chr. dazu über, Orakel wieder in Versform zu erteilen. Um den Sprüchen Weihe zu verleihen, bemühten sich die Dichter um eine archaisierende Wortwahl und eigentümliche Wortformen[66].

Auch die folgende Anekdote beleuchtet die Bedeutung, die Dichtung in der Antike gewinnen konnte. Als in der Mitte des siebten Jahrhunderts v.Chr. die Spartaner einen langwierigen Krieg gegen die aufständischen Messenier führten, fragten sie in Delphi an, wie der Kampf zu gewinnen sei. Sie erhielten zur Antwort, sie sollten die Athener als Ratgeber heranziehen. Die Athener schickten Tyrtaios nach Sparta, der dort als Dichter berühmt wurde. Auch in späterer Zeit sangen die Spartaner vor einer Schlacht die von ihm verfaßten Kampflieder, um sich Mut zu machen. Somit lassen sich die Gedichte des Tyrtaios als eine mediale Aufrüstung der Spartaner mit enormer Langzeitwirkung beschreiben – der anfeuernde Effekt der Werke des Dichters hatte sich bewährt und wurde über Jahrhunderte hinweg tradiert. Nach anderen Überlieferungen stammte Tyrtaios aus Sparta und wurde damit zum Einheimischen. Vor allem Athener wie Platon oder Philochoros, der im 4. Jahrhundert eine *Atthis*, eine Geschichte Athens mit überaus patriotischer Tendenz, verfaßte, vertraten die These, Tyrtaios sei ursprünglich Athener gewesen. Damit wurde die in der gesamten Antike berühmte Tapferkeit der Spartaner zum Verdienst eines Atheners. Doch diese Feststellung transportiert noch eine weitere Botschaft. Athen, das kulturelle Zentrum der griechischen Welt, exportierte Dichter, die militärischen Erfolg gewährleisteten: Wahre Kriegstüchtigkeit wird nicht durch spartanische Disziplin mit schwarzer Suppe, ständigem Training und dem Verzicht auf Luxus erlangt, sondern durch athenische Lyrik.

Fragen wir am Ende dieses Kapitels nach der Anwendbarkeit von McLuhans These, daß die Existenz eines Mediums wichtiger sei als die einzelne durch das Medium transportierte Botschaft, so ergeben sich einige aufschlußreiche Anknüpfungspunkte, ohne daß sich McLuhans These durchgängig anwenden ließe. Als erste Medien wurden Schächte,

Quellen und Brunnen als Verbindungen zur Unterwelt untersucht; vor allem in Delphi war immer wieder die Rede vom Erdspalt, der aber offensichtlich nicht existierte – hier paßt McLuhans These, da das Medium selbst schon so wichtig war, daß man es einfach voraussetzte, ohne es gesehen zu haben. Im zweiten Kapitel wurden die Orte Theben und Delphi abgehandelt, wobei vor allem die Ausstattung Delphis mit Weihgeschenken und Schatzhäusern McLuhans These entsprechen: Einzelne Monumente, ihre Stifter und ihr Wert waren im ganzen weniger wichtig als die pure Anwesenheit von Weihgeschenken, deren Botschaft etwa so lautete „Dieser Ort ist voller Weihegaben, also muß sein Orakel zuverlässig sein." Eine ähnliche Aussage transportierten die Inschriften, in denen Orakelsprüche oder Leistungen für das Orakel in großer Zahl notiert waren: Wichtig war nicht die einzelne Inschrift, sondern die Summe von Texten, die von der Zuverlässigkeit des Orakels kündeten. Schließlich sei auf die kaiserzeitlichen Orakelinschriften aus Kleinasien verwiesen, in denen einzelne einen Spruch, den sie erhalten hatten, verewigten. Bei aller Bedeutung, die ein Orakelspruch besitzen konnte – oft war er nur sekundär im Verhältnis zu seiner Präsentation auf einem prachtvollen Monument. Die Passanten registrierten, ebenso wie wir, zuerst die Statue des Geehrten, dann die Ausstattung des Monumentes und die Schrift, bevor sie den Text der Inschrift und ein darin enthaltenes Orakel lasen. Auch wenn nicht jeder Vorbeikommende den Text und den Zusammenhang verstand, verbreitete die Inschrift letztlich die Botschaft, daß die Götter zutreffende Orakelsprüche erteilen.

Epilog

Doch die ewige Sonne goß
Ihr verjüngendes Licht über das alternde
Riesenbild
Hölderlin, Heidelberg

„Drei Dinge sind es, die mich dem Schicksal zu Dank verpflichten: Erstens, daß ich als Mensch zur Welt kam und nicht als Tier; zweitens, daß ich ein Mann wurde und nicht eine Frau; drittens, daß ich ein Hellene bin und nicht ein Barbar." Dieser Ausspruch, der wechselweise Sokrates und Thales zugeschrieben wurde (Diogenes Laertius, Thales 33), eröffnet zwei Aspekte: Zum einen verdeutlicht er die Distanz zwischen den Griechen und uns, zum anderen verweisen die Kategorien Mensch und Tier, Mann und Frau, Hellenen und Barbaren darauf, daß polare Einteilungen einen häufigen Grundzug des griechischen Denkens darstellen[1]. Distanz und Nähe zu uns ließ sich auch beim Orakelwesen erkennen. Während die Orakelpraktiken weitgehend in Vergessenheit gerieten, besitzen vor allem die vorformulierten Antworten der Losorakel, wie etwa: „Was fliehst du, was wirfst du weg? Was dir gegeben wird, verachte nicht", eine verblüffende Ähnlichkeit mit dem Wortlaut heutiger Horoskope, die offensichtlich zu einem unverzichtbaren Bestandteil der meisten Zeitungen und Magazine gehören. Polare Einteilungen sind bei einer Untersuchung des griechischen Orakelwesens, einer Materie von bisweilen atemberaubender Komplexität, ein zu grobes Werkzeug. So erlauben zahlreiche Orakelsprüche durch ihren Kontext mehrere Interpretationsansätze und erfordern damit die Einordnung an unterschiedlichen Stellen des Gedankenganges. Auch bei der Behandlung der Akzeptanz des Orakelwesens bietet sich keine eindeutige Situation: Sicherlich gab es in der Antike Menschen, die auf die Wirksamkeit von Orakeln vertrauten, und sicherlich gab es auch Zeitgenossen, die Zweifel äußerten. Dennoch sind Vertrauen und Zweifel nicht zwei grundsätzlich unversöhnliche Pole des Umganges mit Orakeln, sie schließen sich nicht gegenseitig aus. Daher ist es auch nur von sekundärer Bedeutung, ob ein Orakel *ex eventu* konstruiert wurde oder nicht.

Die Befragung von Orakeln war durch zahlreiche mündliche und schriftliche Berichte im kulturellen Gedächtnis der Griechen tief verwurzelt, wobei in der vorliegenden Untersuchung die Einteilung nach Historizität und Fiktionalität der Orakelsprüche weitgehend vermieden wurde. Durch die mündliche Tradition, durch den sich allmählich verbreiternden Strom der literarischen Produktion sowie durch die sich gleichzeitig vollziehende Ausstattung der großen Orakelstätten wie Delphi, Dodona oder Didyma mit Weihgeschenken festigte sich zunehmend der Diskurs über Orakel, dessen Grundaussage ebenso banal wie raffiniert war: Natürlich kann man zweifeln, ob die Götter den Menschen Antworten erteilen, aber wer zu einem Orakel geht, hat gute Aussichten, die Antwort zu erhalten, die er begehrt. Diese Ambiguität finden wir in den Orakeltechniken wieder. Auf der einen Seite gab es die in Mythen, Bildern und sogar in der Geschichtsschreibung vertretene Vorstellung, daß die Fragenden durch inspirierte Seher oder Prophetinnen Antworten auf ihre Anfragen erhalten. Auf der anderen Seite erkennen wir bei den halbwegs nachvollziehbaren Orakeltechniken relativ nüchterne Vorgehensweisen. Man fragte nach Zustimmung oder Ablehnung, wobei wohl immer Wiederholungen vorstellbar sind, bis das gewünschte Ergebnis erzielt war; selbst die Athener befragten vor der Schlacht bei Salamis (480 v.Chr.) Delphi gleich zweimal, da die erste Antwort zu ungünstig ausgefallen war. Eine andere Möglichkeit bestand darin, die Anfrage so zu formulieren, daß dem Orakel lediglich die Zustimmung zu einem bestimmten Vorhaben blieb. So begehrte Xenophon vom Delphischen Orakel nur zu wissen, welchen Göttern er opfern sollte, um sein Vorhaben erfolgreich durchzuführen. Es war prinzipiell für jeden möglich, ein Orakel zu konsultieren, die Hemmschwelle bei den großen Orakelstätten bestand lediglich in der räumlichen Distanz und in der Höhe der Orakelgebühr. Wer weniger investieren wollte, konnte bequem eine der vielen kleineren Orakelstätten von regionaler oder lokaler Bedeutung befragen. Bei einer Verortung der Orakelstätten auf einer Karte – ausgeklammert seien außergriechische Orakel wie etwa in Syrien oder in Italien[2] – ergeben sich als Schwerpunkte der Süden des griechischen Mutterlandes und die Küste Kleinasiens. In Sizilien und Unteritalien, den erst seit dem 8. Jh. v.Chr. in der Großen Kolonisation besiedelten Gebieten, scheint es keine Orakel gegeben zu haben[3]. Als Grund für das Fehlen mag die relativ späte Besiedelung dieser Gebiete gelten. Doch bei aller Vielfalt der Orakelstätten – entscheidend war nicht die Orakeltechnik, die auch nur selten in den Quellen zur Sprache kommt, sondern die Tatsache, daß man einen Orakelspruch erhalten hatte.

Damit sind wir bei den Funktionen der Orakel angekommen, denen das zweite Großkapitel gewidmet war. Durch den Blick auf die Ergebnisse der anthropologischen Forschung ließen sich aufschlußreiche Erkenntnisse für die Deutung des griechischen Orakelwesens gewinnen. Eine erste Gemeinsamkeit nahezu aller Orakelsprüche war die Herstellung von göttlicher Legitimation. Weiterhin ließen sich Orakel als Entscheidungshilfe in verschiedenen Bereichen des privaten und öffentlichen Lebens erkennen: Söldner vor dem Aufbruch zu einem Kriegszug, Athleten vor dem Wettkampf, Händler vor einer gefährlichen Reise, Priester mit zweifelhafter Autorität, Verbannte und einzelne, die einen Altar stiften und damit Ansehen gewinnen wollten – alle befanden sich an einem entscheidenden Wendepunkt. Ferner dienten Orakel zur Hilfe beim Umgang mit Unglück und zur Stiftung von Normen. Normstiftend wirkten nicht nur Orakelsprüche, sondern auch die Denkmäler, auf denen sie konserviert waren; besonders Delphi erwies sich, trotz aller Einzelinteressen, die sich anhand einzelner Weihgeschenke artikuliert haben mögen, als Brennpunkt panhellenischer Identitäten. Hervorhebung verdient, daß bei aller Verschiedenheit der Interpretation von einzelnen Orakelsprüchen Bestechungsversuche nur selten berichtet werden.

Aufgrund des kommunikativen Charakters der Orakelbefragungen folgten im dritten Großkapitel Gedanken zu einer Mediengeschichte der griechischen Orakel. Orakelstätten waren fast ausnahmslos an Übergangsorten zur Unterwelt lokalisiert; Brunnen, Quellen, Erdspalten dienten als Vermittler zum Reich der Toten, die man sich als Träger des Wissens vorstellte. Dabei ließ sich einmal mehr die besondere Rolle Delphis als Zentralort der griechischen Welt erkennen. Wir können davon ausgehen, daß – zusätzlich zu den Gesandtschaften, welche das Orakel befragten – von zahlreichen Staaten regelmäßig Prozessionen nach Delphi verliefen, wobei durch diese Öffentlichkeit den Weihgeschenken und Schatzhäusern in Delphi eine außergewöhnliche Qualität als Repräsentationsobjekt zuwuchs. Lehrreiche Verhaltensregeln für den Umgang mit Orakeln lieferte das Verhältnis zwischen Kroisos und Delphi, das auf den ersten Seiten der *Historien* Herodots, des ersten Historikers, präsentiert wird: Das Schicksal läßt sich nur innerhalb enger Grenzen verändern, man haftet für die Taten der Vorfahren, die Art der Fragen soll sorgsam bedacht sein. Schließlich wurde der enge Konnex zwischen Orakeln und Schriftlichkeit vorgeführt, der besonders bei Orakelsammlungen und bei der inschriftlichen Fixierung von Orakelsprüchen greifbar ist. All dies zeigte, daß es bei Orakeln weniger um Angelegenheiten des Glaubens ging, sondern um Verhaltensformen und um Kulturtechniken.

Abschließend noch einige Gedanken zur historischen Entwicklung. Sie bedarf keiner eigenständigen Behandlung, da wir prinzipiell in allen Schichten der Gesellschaft von einer konstanten Nachfrage nach Orakeln ausgehen können, was allein durch die Existenz zahlreicher kleiner und lokal begrenzter Orakelstätten evident wird. Zunächst ist darauf hinzuweisen, daß in der Regel die Geschichte einer Orakelstätte der Ereignisgeschichte der Region, in der sie liegt, folgt. Dies gilt besonders für die Orakelstätten Kleinasiens. Didyma, das berühmteste aller kleinasiatischen Orakel und nicht zufällig eng mit Milet, der größten Griechenstadt Kleinasiens, verbunden, verstummte während der persischen Besatzung seit dem Beginn des 5. Jahrhunderts v. Chr. und erhob seine Stimme erst wieder nach der Befreiung der Griechenstädte durch Alexander den Großen 334 v. Chr. Ein zweiter Aspekt des Wandels, Änderungen innerhalb einer Orakelstätte, läßt sich auch anhand von Didyma illustrieren: Vor der Zerstörung durch die Perser soll ein männlicher Priester den Orakelspruch erteilt haben, nach 334 v. Chr. eine weibliche Priesterin; Modifikationen in den Riten sind stets vorstellbar. Zum dritten sehen wir, daß einige Orakelstätten an Bedeutung verloren oder gar gänzlich aufgegeben wurden, während andere Orakelstätten aufblühten. Was sich änderte, war lediglich die Rolle der einzelnen Orakelstätten. Einen Niedergang sehen wir beispielsweise bei den Orakeln in Olympia und auf Delos. Während Delos als die Geburtsstätte von Apollon Berühmtheit genoß und im Laufe der Zeit mit prächtigen Bauten ausgestattet wurde, verstummte das Apollonorakel bereits in der zweiten Hälfte des sechsten Jahrhunderts. Nur eine delische Inschrift mit Abrechnungen für Bautätigkeiten aus der Zeit um 275 v. Chr. erwähnt ein *manteion*, was in diesem Kontext die „Orakelstätte“ meint[4]. Aufgrund des völligen Fehlens weiterer Nachrichten über divinatorische Tätigkeit auf Delos scheint es sich bei dieser Erwähnung nur um die Restaurierung des Ortes zu handeln, an dem in früherer Zeit die Orakelsprüche erteilt worden waren. Das Orakel in Zeleia im Nordwesten Kleinasiens wurde im 4. Jahrhundert aufgelöst (Strabon 13,1,13); ein gleiches Schicksal erlitt das Orakel des Apollon Aktaios in der Ebene von Adrasteia am Südrand der Propontis. In diesem Fall ging man besonders systematisch vor und transportierte das wertvolle Baumaterial wie Balken, Eisenklammern oder behauene Steine zur Wiederverwendung in das nahe Parion. Auf der anderen Seite erlebten Orakelstätten wie Didyma eine Blüte im 2. Jh. n. Chr. Etwa in der Mitte dieses Jahrhunderts gründete Alexandros in Abonuteichos das Orakel des Glykon; der Erfolg des Orakels bezeugt – trotz aller Kritik durch Intellektuelle – den Bedarf an Orakeln[5]. Zeugnis für die hohe Nachfrage nach Orakeln in der römischen Kaiserzeit legen auch die zahlreichen, archäologisch belegten, Losorakel in Kleinasien ab.

Nur über das Delphische Orakel, dessen außergewöhnliche Bedeutung allein schon daraus ersichtlich wird, daß mehr als 600 Orakelsprüche – weitaus mehr als für jede andere Orakelstätte – bekannt sind, lassen sich genauere Nachforschungen anstellen[6]. Aus der Geschichte Delphis sind die folgenden Punkte hervorzuheben: Im sogenannten Ersten Heiligen Krieg befreiten um 591 v. Chr. Athener, Thessaler und Sikyonier Delphi; die Hafenstadt Kirrha, in der die Pilger auf dem Weg nach Delphi landeten, hatte sich Übergriffe gegen die Reisenden zuschulden kommen lassen und wurde streng bestraft. Auch wenn die Nachrichten über dieses frühe Ereignis unsicher sind, dürfte es sich bei diesem Krieg um einen Eingriff durch den Bund der Amphiktyonen (Herumwohner) handeln. In der Mitte des 6. Jahrhunderts, als der Tempel durch einen Brand zerstört war, scheint das Orakel des Apollon Ptoios von der Schwäche Delphis profitiert zu haben; zumindest läßt sich für diese Zeit ein Anstieg der Weihegaben archäologisch nachweisen[7]. Als Zweiter Heiliger Krieg firmiert eine Aktion der Spartaner, welche 449/48 v. Chr. Delphi von der Bevormundung durch die mit Athen sympathisierenden Phoker befreiten; der Dritte Heilige Krieg (356–346) wurde ebenfalls von den Phokern ausgelöst, die sich zehn Jahre lang in Delphi verschanzten und von den Weihgeschenken ein Söldnerheer finanzierten. Diese mehrfach auftretenden Versuche einer Einflußnahme in Delphi belegen die ungebrochene Bedeutung des Orakels und stellen lediglich kurze Episoden in der weitgehend von Neutralität geprägten Geschichte Delphis dar.

In den Perserkriegen (490–479) riet Delphi den Griechen zur Unterwerfung, was nach der Meinung einiger Forscher dazu führte, daß das Orakel einen Vertrauensverlust hinnehmen mußte[8]. Angesichts der zahlreichen Befragungen des Delphischen Orakels in der Zeit danach ist diese These zu bezweifeln: Da sich nur ein geringer Teil der Griechen gegen die Perser verschwor, repräsentierte Delphi die Meinung der Mehrheit. Nach den Perserkriegen kursierte eine Erzählung, welche die Verteidigung Delphis durch Apollon selbst verdeutlichen sollte. Als ein persischer Stoßtrupp Delphi bestürmen wollte, zuckten Blitze auf die Perser herab, zwei Bergspitzen des Parnaß rissen sich los, stürzten mit mächtigem Getöse auf die frevlerischen Angreifer und erschlugen viele von ihnen; aus dem Tempel der Athene erschollen Stimmen und Kriegsgeschrei (Herodot 8,37). Später kündete ein Denkmal den Ruhm Delphis: „Als Denkmal des männerabwehrenden Kriegs und Zeugnis des Sieges stellten die Delpher mich hin, dankend dem Zeus und zugleich Phoibos, welche die plündernde Reihe der Perser verjagten, schützend den heiligen Bau mit seiner Krone aus Erz“ (Diodor 11,14).

Ebensowenig wie das Ergebnis der Perserkriege können wir das Aufkommen der Sophisten und ihre aufklärerischen Tendenzen seit dem 5. Jh. v. Chr. als Grund für den Niedergang Delphis dingfest machen. Die Bedeutung Delphis lag nicht im Glauben der Griechen begründet, sondern in gesellschaftlichen und zwischenstaatlichen Strukturen. Delphi wurde nicht mehr so sehr von den Gesandten der Staaten, sondern in zunehmendem Maße von Privatpersonen befragt. Spätestens seit Alexander dem Großen lösten Flächenstaaten die hunderte von kleinen und selbständigen Poleis ab. Damit war nicht mehr die große Zahl an potentiellen Klienten gegeben; zugleich empfanden es wohl die großen Flächenstaaten wie etwa das Ptolemäerreich in Ägypten oder das Pergamenische Reich in Kleinasien als nicht mehr zumutbar, sich den Empfehlungen eines fremden Orakels zu unterwerfen; die hellenistischen Könige verfügten durch persönliche Seher über einfache und direkte Wege der Weissagung. Als die griechische Welt im Laufe des 2. und 1. Jahrhunderts v. Chr. ins Römische Reich integriert wurde, war eine staatliche Anfrage in Delphi gänzlich unmöglich geworden. Das Wissen um die Zukunft wurde nun in Rom verhandelt. Ähnlich wie die hellenistischen Herrscher hatten die herausragenden römischen Feldherren der ausgehenden Republik wie Pompeius oder Caesar und schließlich die römischen Kaiser ihre eigenen Seher; für die Mächtigen wurden persönliche Omina wie Träume, Vorzeichen oder Sehersprüche an den wichtigen Wendepunkten wie Geburt, Herrschaftsantritt und Tod berichtet[9].

Spätestens im 2. Jahrhundert n. Chr. empfand man einen Niedergang des Orakels, wie aus den Schriften Plutarchs hervorgeht. Dennoch übte Delphi immer noch genügend Anziehungskraft aus, um die Phantasie der Menschen zu beflügeln. Römische Kaiser, die für ihren Philhellenismus bekannt waren, wie Nero (54–68) und Hadrian (117–138), hinterließen ihre Spuren in Delphi wie auch an anderen Orten der griechischen Welt, etwa Athen und Olympia. Selbst der so nüchterne Traian (98–117) besaß ein besonderes Verhältnis zum Orakel von Didyma, das seine Herrschaft vorausgesagt haben soll. Als Kaiser revanchierte sich Traian, bekleidete selbst ein hohes Priesteramt in Didyma und finanzierte die Instandsetzung der Heiligen Straße zwischen Didyma und Milet[10]. Unter der kurzen Herrschaft des Iulian Apostata (360–363), der eine Abwendung vom Christentum und eine Rückkehr zu den alten paganen Kulten propagierte, profitierten für einen Moment auch die Orakelstätten. Erst die Maßnahmen des christlichen Kaisers Theodosius I. in der Zeit nach 391 bewirkten, daß die berühmten Orakelstätten nach mehr als 1000 Jahren geschlossen wurden. So wurde höchst symbolträchtig die Eiche in Dodona gefällt. Damit fassen wir zwei Gründe für die Zerschlagung des Orakelwesens: Zum einen das Christentum, das langfristig keine anderen Kulte dulden konnte und das in den Orakelstätten einen Hort des Widerstands gegen die Christianisierung erkannte[11]. Zum anderen ist auf den Herrschaftsanspruch der spätantiken Kaiser zu verweisen, die jegliches Wissen um die Zukunft für sich beanspruchten und all denen, die selbständig Weissagung betrieben, mit Strafe, Folter und Tod begegneten[12].

Als der Philosoph Zenon um 300 v. Chr. das Delphische Orakel befragte, wie er sein Leben gestalten solle, erhielt er die Antwort, er solle sich mit den Toten paaren. Zenon deutete diesen *prima vista* nekrophilen Spruch – zu Recht, wie sein Biograph Diogenes Laertios (7,2) urteilt – als Aufforderung, sich intensiv dem Studium der alten Schriftsteller zu widmen. Was für Zenon galt, mag auch für uns nicht ganz abwegig sein – noch immer besitzt die Antike Anziehungskraft.

Anmerkungen

I. Die Orakeltechniken

[1] Burckhardt 316 f.

[2] Parke u. Wormell 1956, VIII; Fontenrose 1978, 7–9.

[3] Assmann 1997, 52; Ambrose Bierce definierte Mythologie in „Des Teufels Wörterbuch“ folgendermaßen: „Die Gesamtheit des Glaubens eines primitiven Volks, betreffend den eigenen Ursprung, Vorgeschichte, Helden, Götter usw. im Unterschied zu den wahren Berichten, die es später erfindet.“

[4] Vgl. Veyne 1987, bes. 11–27; Bruit Zaidman u. Schmitt Pantel 1994, 145–151; Vernant 1995; Bremmer 1996, 62–71; Cartledge 1998, 19–35.

[5] Homer, Ilias 12,238–240; 24,221; Odyssee 1,415.

[6] Beard 1986.

[7] Vgl. Hammerstaedt 1988; Victor 1997.

[8] Vgl. Maurizio 1997.

[9] Bremmer 1996, 21.

[10] Bremmer 1996, 7; als Standardwerk gilt immer noch Parker 1983.

[11] Graf 1993; Hughes 1996, 169–177.

[12] Graf 1992; zu Quellen allgemein Muthmann 1975, 77–263; Roux 1971, 32.

[13] Zum Asyl: Rigsby 1996; Chaniotis 1996 a.

[14] Brodersen u. a. 1992–1999, 1,61 und 2,95.

[15] Brodersen u. a. 1992–1999, 2,152–153.

[16] Brodersen u. a. 1992–1999, 3,47.

[17] Dean Jones 1994, bes. 226–250; Aristoteles, De insomnia 459 b 24–460 a 23.

[18] Sourvinou-Inwood 1987; Suarez de la Torre 1998.

[19] Sourvinou-Inwood 1991, 217–243.

[20] Vgl. Avagianou 1998.

[21] van Gennep 1986.

[22] Turner 1967, 93–111.

[23] Bronfen 1994, 288.

[24] Vgl. Kraus 1991; Moore 1993, 38–46.

[25] Pausanias 2,24; Piérart 1990; Deshours 1999.

[26] Parke 1985, 179 f.

[27] Parke 1985, 176–178.

[28] Orientis Graeci Inscriptiones Selectae 312.

[29] Blinkenberg 1915, 12; Bryce 1996.

[30] Zu Apollon: Nilsson 1974, 1,544–547; Detienne 1998.

[31] Capdeville 1990; zu den Orakeln des Zeus vgl. Nilsson 1974, 423–427; Parke 1967 a.

[32] Supplementum Epigraphicum Graecum 26,524.
[33] Vinogradov u. Kryzickij 1995, 114.
[34] Antonetti u. Lévêque 1990. Segre 1949 vermutet ein Orakel auf Rhodos.
[35] Zu den kleinen Orakeln generell: Parke 1985, 171–197; Lebrun 1990.
[36] Loraux 1995.
[37] Metzler 1990.
[38] Sinn 1996, 22–29.
[39] Brodersen u.a. 1992–1999, 1,31–32.
[40] Vgl. Hahn 1989, 146–147.
[41] Robert 1980, 393–421; Jones 1986, 133–148; Victor 1997.
[42] Zum Gebet bei den Griechen: Pulleyn 1997.
[43] Brodersen u.a. 1992–1999, 2,91 f.
[44] Vgl. Robert 1948, 16–28: Sur l'oracle d'Apollon Koropaios.
[45] Brodersen u.a. 1992–1999, 3,125–128.
[46] Zu Klaros insgesamt: Parke 1967, 122f.; Parke 1985, 112–170; Merkelbach u. Stauber 1996; Gauthier 1999; Flashar 1999.
[47] Merkelbach u. Stauber 1998, 363.
[48] Vgl. Hdt. 2,121; Cicero, Tusculanae Disputationes 1,114; Pausanias 9,37,7; Aly 1969, 67; Munson 1993.
[49] Brodersen u.a. 1992–1999, 2,91.
[50] Harrison 1963, 508–511.
[51] Zu Lebadeia allgemein: Schachter 1994, 65–89; Bonnechère 1998.
[52] Zu Träumen vgl. Latacz 1984; Manuwald 1994; Weber 1999; Shulman u. Stroumsa 1999; Weber 2000.
[53] Preisendanz 1974, P VII, 1–168, 1–7; The Oxyrhynchus Papyri, Band 56, 1989, Nr. 3831, S. 44–48; vgl. Maltomini 1995.
[54] Zu Astragal- und Buchstabenorakeln: Nollé 1987; aus diesem Beitrag sind auch die Übersetzungen entnommen.
[55] Inscriptiones Latinae Liberae Rei Publicae 1072–1087; Corpus Inscriptionum Latinarum I2 2173–2189; Pfiffig 1975, 153.
[56] Zum Ammonsorakel insgesamt: Parke 1967, 109 f.; Parke 1967 a, 194–241; Kuhlmann 1988, 127–159.
[57] Roeder 1998, 256–262.
[58] Vernant 1996, 41 f.
[59] Rickenbach 1999, 50–55.
[60] Fögen 1993, bes. 157–160.
[61] Maass 1993, 6.
[62] Vgl. Vogt 1998, 44–47.
[63] Brodersen u.a. 1992–1999, 1,92.
[64] Brodersen u.a. 1992–1999, 2,32–33.
[65] Zur Beschaffenheit des Tempelinneren zuletzt Amandry 1997.
[66] Vgl. Ninck 1921, 83.

[67] Roux 1971, 150.

[68] Fontenrose 1978, 204–224.

[69] Parke 1967, 84f.; Price 1985; vgl. auch Bruit Zaidman u. Schmitt Pantel 1994, 126.

[70] Maurizio 1995, 69–86; vgl. Holzhausen 1993; Schröder 1994/95; Schnurr-Redford 2000.

[71] Vgl. Amandry 1950, 25–36.

[72] Zur Problematik des Bohnenorakels in Delphi: Rougemont 1977, 127–128.

[73] Brodersen u. a. 1992–1999, 2,41–42; vgl. McDonald 1996; Jördens 1999, 366.

[74] Amandry 1950, 115–125; Fontenrose 1978, 218–232.

[75] Rodríguez Somolinos 1991.

[76] Zu Didyma insgesamt: Günther 1971; Parke 1985, 1–111; Fontenrose 1988; Ehrhardt 1998; Baumgarten 1998, 25–29.

[77] Nesselrath 1999.

[78] Gartziou-Tatti 1990.

[79] Zu Dodona insgesamt: Franke 1956; Gartziou-Tatti 1990.

[80] Vgl. Baudy 1998, 21–99.

II. Die Funktionen der Orakel

[1] Zu dieser Affäre: Eck u. a. 1996.

[2] Evans-Pritchard 1978, 188.

[3] Mendonsa 1982, 1–6. Die Verbindungen zwischen griechischen Orakeln und afrikanischen Divinationssystemen zeigte zuerst ausführlich Whittaker 1965; vgl. Parker 1985.

[4] Eine andere Einteilung der Funktionen bietet Kirchberg 1965, 117f.

[5] Morgan 1990, bes. 172–175; vgl. Malkin 1987; Murray 1999, 146f.; Miller 1997; die ältere Position vertritt v. a. Snodgrass 1980.

[6] Burkert 1994a; zur Zahlenmystik vgl. Laroche 1995.

[7] Vgl. Chamberlain 1999.

[8] Brodersen u. a. 1992–1999, 1,4–6.

[9] Faraone 1991; Graf 1996, 108–157.

[10] Vgl. Price 1999, 1–3.

[11] Inscriptiones Graecae IX 1,654.

[12] Rickenbach 1999, 49; zu Dodona vgl. Dakaris u. a. 1993.

[13] Supplementum Epigraphicum Graecum 43, 1993, 325 und 326.

[14] Jackson 1995 erkennt in einer fragmentarisch erhaltenen Inschrift aus Didyma ein Orakel, das es gestattet, nach alter Väter Sitte Seeräuberei zu betreiben.

[15] Kirchberg 1965, 96f.

[16] Vgl. Kirchberg 1965, 91; Fontenrose 1978, 316.

[17] Vgl. Horn 1990.

[18] Maass 1993, 187–190.
[19] Zu Oidipus zuletzt Flaig 1998.
[20] Parker 1985, 168; vgl. McCauley 1998.
[21] Rickenbach 1999, 47–49.
[22] Rickenbach 1999, 47–48.
[23] Pfohl 1980, 141.
[24] Parke 1967, 93; Parke 1967b, 183–190.
[25] Merkelbach u. Stauber 1998, 118.
[26] Aristoteles, Athenaion Politeia 21,6; Parker 1996, 118.
[27] Merkelbach u. Stauber 1998, 80.
[28] Ragone 1990; Merkelbach u. Stauber 1998, 27; Pfohl 1980, 77–79; isg. Parke 1985, 171–176.
[29] Vgl. Chaniotis 1996b.
[30] Brodersen u.a. 1992–1999, 3,22f.
[31] Merkelbach u. Stauber 1998, 78f.; vgl. Chaniotis 1996.
[32] Zu Identitäten vgl. Flashar 1999.
[33] Wörrle 1990; Merkelbach u. Stauber 1998, 174f.
[34] Merkelbach u. Stauber 1998, 396–399.
[35] Faraone 1992, 61–64.
[36] Merkelbach u. Stauber 1998, 576; vgl. Chaniotis 1995. Graf 1992 bietet ein weiteres Beispiel, in dem eine goldene Statue der Artemis aus Ephesos geholt werden soll, um eine Seuche abzuwenden.
[37] Vgl. Avram u. Lefèvre 1995.
[38] Rickenbach 1999, 47–48.
[39] Merkelbach u. Stauber 1998, 116f.
[40] Merkelbach u. Stauber 1998, 89–91.
[41] Merkelbach u. Stauber 1998, 82f.
[42] Vgl. Robert u. Robert 1992.
[43] Merkelbach u. Stauber 1998, 583.
[44] Rickenbach 1999, 48.
[45] Merkelbach u. Stauber 1998, 86f.
[46] Bremmer 1996, 81.
[47] Burkert 1994, 39.
[48] Vgl. Bremmer 1996, 77–93; Cartledge 1998, 61–85; Price 1999, 89–107; Literaturüberblick bei Scheer 2000.
[49] Vgl. Barceló 1993, 150–155.
[50] So allerdings Rocchi 1991.
[51] Crahay 1956; Trencsényi-Waldapfel 1966; Shapiro 1990; Rocchi 1991; Parker 1996, 87; Brandt 1998, 193–212; Baumgarten 1998, 60–63.
[52] Davidson 1993, 53–66; vgl. Davidson 1997; Dalby 1998, 105; Rosenberger 1999.
[53] Vgl. Shapiro 1990; Baumgarten 1998, 38–52.

[54] Herodot 6,66; vgl. Thukydides 5,16,2; Plutarch, Lysander 25f.

[55] Vgl. Speyer 1995, 9–27 und 28–55.

[56] So auch Morgan 1990, 158.

[57] Snell 1952, 14 u. 108ff.; Huys 1996; Maass 1993, 3.

[58] Simmel 1968, 274; vgl. Kippenberg u. Stroumsa 1995; Bremmer 1995.

[59] Beard 1995, 174.

[60] Assmann 1997, 272–280.

[61] Aus philosophischer Perspektive Comoth 1995 und Comoth 1998.

[62] Head 1911, 342; Bates 1925 (mit Abb.); Berman u. Losada 1975; Hodge 1981; Maass 1993, 3; Schneider 1996.

[63] Alföldy 1991.

[64] Vgl. Wagner-Hasel 2000, 295–305.

[65] Holzhausen 1993; Schröder 1994/95.

[66] Amandry 1950, 115–125; Fontenrose 1978, 218–232.

[67] Vgl. Padel 1983; Bynum 1986, 4; duBois 1991, 84–91; Maurizio 1995, 71; Faulstich 1997, 178–181; Schnurr-Redford 2000.

III. Eine kleine Mediengeschichte der Orakel

[1] Giesecke 1991, 37–41; Wenzel 1995, 10f.; Wandhoff 1996, 93–107; Faulstich 1997, 10f.; vgl. Faßler u. Halbach 1998.

[2] Zu Priestern Price 1999, 67–73.

[3] Ong 1987, bes. 109f.; Harris 1989; Beard u.a. 1991; Giesecke 1991, 30–32; Havelock 1992, 47–56.

[4] Wandhoff 1996, 59.

[5] Vgl. Burkert 1998, 189–212.

[6] Chaniotis 1998; vgl. Waldherr 1997, bes. 221–231.

[7] So z.B. Ninck 1921, 1–46.

[8] Dakaris 1963; cf. Parke 1967, 126.

[9] Vgl. Rosenberger 1998, 107–126.

[10] Zu Quellen und Wasser allgemein Ginouvès u.a. 1994; Horden u. Purcell 2000, 412–417.

[11] Glaser 1983; Guettel Cole 1988.

[12] Connor 1988.

[13] Thomsen 1995.

[14] Steindorff 1904.

[15] Pausanias 1,34; Travlos 1988, 301–318.

[16] Zu Dodona: Parke 1967a, 21–33; zu Quellen und Schächten: Martin u. Metzger 1976, 50–52.

[17] Vgl. Gschnitzer 1981, 36; Hölscher 1999, bes. 67–73.

[18] Zeitlin 1990, 130–167; Rosenberger 2000, 161.

[19] Zu Theben: Schachter 1981–1994, Bd. 1, 77–88; Symeonoglou 1985.

[20] Brodersen u.a. 1992–1999, 2,111 f.

[21] Roux 1979.

[22] Bruit Zaidman u. Schmitt Pantel 1994, 119.

[23] Wagner 1995; vgl. die Karte bei Giovannini 1969, 60.

[24] Gehrke 1986, 166–168.

[25] Wagner-Hasel 2000, 261–305.

[26] Habicht 1995, 104–128.

[27] Vgl. Baumgarten 1998, 60–63.

[28] Vgl. Rosenberger 1998, 46; Plutarch, Lysander 25 f. bietet ein Beispiel von Mißbrauch.

[29] Vgl. Plutarch, Moralia 417F–418B; Wagner-Hasel 2000, 291 f.

[30] Lalonde 1991, 29; Maass 1993, 81; zum Pilgerwesen Dillon 1997, 80–98; Horden u. Purcell 2000, 438–451.

[31] Parker 1996, 332.

[32] Scheffer 1940, 152 f.

[33] Tanz als Medium: Faulstich 1997, 85–96.

[34] Vgl. Davidson 1997, 109–136.

[35] Wagner-Hasel 1998; vgl. Mitchell 1997; Brandt 1998, 194.

[36] Godelier 1999.

[37] Brodersen u.a. 1992–1999, 2,101 f.

[38] Vgl. Chamberlain 1999, 264.

[39] Scheffer 1940, 162.

[40] Zu den Formulierungen der Weihinschriften: Jacquemin 1995 a.

[41] Behrens-du Maire 1993.

[42] Shapiro 1996.

[43] Habicht 1985, 137 f.; vgl. Elsner 1994.

[44] Parke 1984, 222 f.

[45] Pfohl 1980, 119.

[46] Roux 1990.

[47] Wiesehöfer 1993, 82–83; Murray 1999, 311 f.

[48] Koniski 1993; Murray 1999, 120–125; vgl. Chamberlain 1999, 282–288.

[49] Burkert 1977, 190; Várhelyi 1996.

[50] Das Motiv des jahrzehntelang schlafenden Epimenides, nun allerdings in den Nordosten der Vereinigten Staaten verlegt, nahm Washington Irving in der 1818 veröffentlichten Erzählung *Rip van Winkle* wieder auf.

[51] Vgl. die Liste bei Fontenrose 1978, 240–416.

[52] Vgl. Fontenrose 1978, 145–165; Shapiro 1990; Baumgarten 1998, 38–52.

[53] Fontenrose 1978, 254 (fraglich), 255–258, 261–263.

[54] Fontenrose 1978, 301.

[55] Roux 1971, 164.

[56] Vgl. Grafton 1995.

[57] Vgl. Bryce 1996.

[58] Blinkenberg 1915, 14.

[59] Brodersen u.a. 1992–1999, 2,91–92 (Oropos), 91 (Lebadeia), 87–88 (Epidauros). Zu Epidauros: LiDonnici 1995.

[60] Baumgarten 1998, 25.

[61] Vgl. Legrand 1951; Muth 1988, 150.

[62] Meister 1909 (mit Übersetzung); vgl. Amandry 1950, 166–168.

[63] Vgl. Merkelbach u. Stauber 1996, 2.

[64] In der Ausgabe von Colli u. Montinari S. 441 f.

[65] Sager 1995.

[66] Merkelbach u. Stauber 1996, 3.

Epilog

[1] Cartledge 1998, bes. 9–18.

[2] Hajjar 1990; Champeaux 1997.

[3] Manganaro 1994a postuliert ein Orakel der Hera im sizilischen Endesa.

[4] Inscriptiones Graecae XI.2, Nr. 165,44.

[5] Vgl. Price 1999, 7.

[6] Zu Delphi generell noch: Price 1985, 128–154, zur Geschichte Delphis: Suarez de la Torre 1998.

[7] Schachter 1994.

[8] Murray 1999, 303.

[9] Rosenberger 1998, 240; Weber 2000, bes. 99–120.

[10] Ehrhardt u. Weiss 1995; zu Orakeln in der Kaiserzeit generell Levin 1989.

[11] Athanassiadi 1990.

[12] Vgl. Fögen 1993.

Bibliographie

Einführende Literatur

Bremmer, J. N., Götter, Mythen und Heiligtümer im antiken Griechenland, Darmstadt 1996.

Bruit Zaidman, L., u. Schmitt Pantel, P., Die Religion der Griechen. Kult und Mythos, München 1994.

Cartledge, P., Die Griechen und wir, Stuttgart u. Weimar 1998.

Fontenrose, J., The Delphic Oracle. Its Responses and Operations, Berkeley u.a. 1978.

Maass, M., Das antike Delphi. Orakel, Schätze und Monumente, Darmstadt 1993.

Parke, H. W., Greek Oracles, London 1967.

Price, S. R. F., Religions of the Ancient Greeks, Cambridge 1999.

Roux, G., Delphi. Orakel und Kultstätten, München 1971.

Vernant, J.-P. (Hrsg.), Der Mensch der griechischen Antike, Frankfurt am Main 1993.

Sekundärliteratur

Alföldy, G., Augustus und die Inschriften. Tradition und Innovation, in: Gymnasium 98, 1991, 298–324.

Aly, W., Volksmärchen, Sage und Novelle bei Herodot und seinen Zeitgenossen, 2. Aufl. Göttingen 1969.

Amandry, P., La mantique apollinienne à Delphes, Paris 1950.

Amandry, P., Recherches sur la cella du temple de Delphes, in: J.-G. Heintz (Hrsg.), Oracles et prophéties dans l'antiquité, Paris 1997, 271–281.

Antonetti, C. u. Lévêque, F., Au carrefour de la Mégaride. Devins et oracles, in: Kernos 3, 1990, 197–209.

Assmann, J., Das kulturelle Gedächtnis. Schrift, Erinnerung und politische Identität in frühen Hochkulturen, 2. Aufl. München 1997.

Athanassiadi, P., The Fate of Oracles in Late Antiquity, in: Deltion Christianikes Archaiologikes Hetaireias 15, 1990, 271–278.

Avagianou, A., Ephorus on the Founding of Delphi's Oracle, in: Greek, Roman and Byzantine Studies 39, 1998, 121–136.

Avram, A. u. Lefèvre, F., Les cultes de Callatis et l'oracle de Delphes, in: Revue des Études Grecques 108, 1995, 7–23.

Barceló, P., Basileia, Monarchia, Tyrannis. Untersuchungen zu Entwicklung und Beurteilung von Alleinherrschaft im vorhellenistischen Griechenland, Stuttgart 1993.

Barton, T. S., Power and Knowledge. Astrology, Physiognomics, and Medicine under the Roman Empire, Ann Arbor 1994.

Bascom, W., Ifa Divination. Communication Between Gods and Men in West Africa, London 1969.

Bates, W. N., The E in the Temple at Delphi, in: American Journal of Archaeology 29, 1925, 239–246.

Baudy, D., Römische Umgangsriten. Eine ethologische Untersuchung der Funktion von Wiederholung für religiöses Verhalten, Berlin und New York 1998.

Baumgarten, R., Heiliges Wort und Heilige Schrift bei den Griechen, Tübingen 1998.

Bayer, E., Griechische Geschichte, 3. Aufl. Stuttgart 1987.

Beard, M., Cicero and Divination. The Formation of a Latin Discourse, in: Journal of Roman Studies 76, 1986, 33–46.

Beard, M. u. North, J. (Hrsg.), Pagan Priests. Religion and Power in the Ancient World, London 1990.

Beard, M. u.a. (Hrsg.), Literacy in the Roman World, Ann Arbor 1991.

Beard, M., Re-reading (Vestal) Virginity, in: R. Hawley u. B. Levick (Hrsg.), Women in Antiquity, London u. New York 1995, 166–177.

Behrens-du Maire, A., Zur Bedeutung griechischer Schatzhäuser, in: W. Hoepfner u. G. Zimmer (Hrsg.), Die griechische Polis, Tübingen 1993, 76–81.

Berger, K., Heidnisch-hellenistische Prodigien und die Vorzeichen in der jüdischen und christlichen Apokalypse, in: Aufstieg und Niedergang der Römischen Welt II.23,2, Berlin u. New York 1980, 1428–1469.

Berman, K. u. Losada, L. A., The Mysterious E at Delphi. A Solution, in: Zeitschrift für Papyrologie und Epigraphik 17, 1975, 115–117.

Blinkenberg, Chr., Die Lindische Tempelchronik, Bonn 1915; Ndr. Chicago 1980.

Bloch, R., Les prodiges dans l'Antiquité classique. Grèce, Etrurie et Rome, Paris 1963.

Bloch, R., La divination dans l'Antiquité, Paris 1984.

Bonnechère, P. u. M., Trophonios à Lébadée. Histoire d'un oracle, in: Les Études Classiques 57, 1989, 289–302.

Bonnechère, P., La scène d'initiation des Nuées d'Aristophane et Trophonios. Nouvelles lumières sur le culte lébadéen, in: Revue des Études Grecques 111, 1998, 436–480.

Bouché-Leclerq, A., Histoire de la divination dans l'antiquité I–IV, Paris 1879–1882; Ndr. Aalen 1978.

Brandt, H., Pythia, Apollon und die älteren griechischen Tyrannen, in: Chiron 28, 1998, 193–212.

Bremmer, J. N., Religious Secrets and Secrecy in Classical Greece, in: H. G. Kippenberg u. G. G. Stroumsa, Secrecy and Concealment, 61–78.

Bremmer, J. N., The Birth of the Term „Magic“, in: Zeitschrift für Papyrologie und Epigraphik 126, 1999, 1–12.

Brodersen, K., Heiliger Krieg und Heiliger Friede in der frühen griechischen Geschichte, in: Gymnasium 98, 1991, 1–14.

Brodersen, K. u.a., Historische griechische Inschriften in Übersetzung, Bd. I–III, Darmstadt 1992–1999.

Brodersen, K. (Hrsg.), Große Gestalten der griechischen Antike. 58 Portraits von Homer bis Kleopatra, München 1999.

Bronfen, E., Nur über ihre Leiche. Tod, Weiblichkeit und Ästhetik, München 1994.

Bryce, T., The Gods and Oracles of Ancient Lycia, in: M. Dillon (Hrsg.), Religion in the Ancient World, Amsterdam 1996, 41–50.

Burckhardt, J., Griechische Kulturgeschichte, Bd. II: Religion und Kultus, 6. Aufl. Berlin u. Stuttgart o. J.

Burkert, W., Homo necans, Berlin u. New York 1972.

Burkert, W., Griechische Religion der archaischen und klassischen Epoche, Stuttgart u. a. 1977.

Burkert, W., Wilder Ursprung. Opferritual und Mythos bei den Griechen, Berlin 1990.

Burkert, W., Antike Mysterien, 3. Aufl. München 1994.

Burkert, W., Olbia and Apollo of Didyma, in: J. Solomon (Hrsg.), Apollo. Origins and Influences, Tucson u. London 1994, 49–60 (= Burkert 1994 a).

Burkert, W., Kulte des Altertums. Biologische Grundlagen der Religion, München 1998.

Bynum, C. W., Introduction. The Complexity of Symbols, in: C. W. Bynum u. a., Gender and Religion. On the Complexity of Symbols, Boston 1986, 1–9.

Capdeville, G., L'oracle de l'Ida crétois, in: Kernos 3, 1990, 89–101.

Caquot, A. u. Leibovici, M. (Hrsg.), La divination. Études recueillies, 2 Bde., Paris 1968.

Carrière, J.-C., Oracles et prodiges de Salamine. Hérodote et Athènes, in: Dialogues d'histoire ancienne 14, 1988, 219–275.

Chamberlain, D., On Atomics Onomastic and Metarrhythmic Translations in Herodotus, in: Arethusa 32, 1999, 263–312.

Champeaux, J., Sors oraculi. Les oracles en Italie sous la république et l'empire, in: Mélanges d'Archéologie et d'Histoire de l'École Française de Rome 102, 1990, 271–302.

Champeaux, J., De la parole à l'écriture. Essai sur le langage des oracles, in: J.-G. Heintz (Hrsg.), Oracles et prophéties dans l'antiquité, 1997, 405–438.

Chaniotis, A., Illness and Cures in the Greek Propitiatory Inscriptions and Dedications of Lydia and Phrygia, in: Ph. van der Eijk u. a. (Hrsg.), Ancient

Medicine in Its Socio-Cultural Context II, Amsterdam u. Atlanta 1995, 323–344.

Chaniotis, A., Willkommene Erdbeben, in: E. Olshausen u. H. Sonnabend (Hrsg.), Naturkatastrophen in der antiken Welt (Stuttgarter Kolloquium zur historischen Geographie 6, 1996), Stuttgart 1998, 411–413.

Chaniotis, A., Conflicting Authorities. Asylia Between Secular and Divine Law in the Classical and Hellenistic Poleis, in: Kernos 9, 1996, 65–86 (= Chaniotis 1996a).

Chaniotis, A., Sich selbst feiern? Städtische Feste des Hellenismus im Spannungsfeld von Religion und Politik, in: M. Wörrle u. P. Zanker (Hrsg.), Stadtbild und Bürgerbild im Hellenismus, München 1995, 147–172 (= Chaniotis 1996b).

Comoth, K., Rekonstruktionen zum delphischen E und gnostischen G, Heidelberg 1995.

Comoth, K., Hestia. Zur Bedeutung des mystischen E, Heidelberg 1998.

Connor, W. A., Seized by the Nymphs. Nympholepsy and Symbolic Expression in Classical Greece, in: Classical Antiquity 7, 1988, 155–189.

Crahay, R., La littérature oraculaire chez Hérodote, Paris 1956.

Dakaris, S., Das Totenorakel bei Ephyra, in: Antike Kunst 1963, 51–59.

Dakaris, S. u. a., Les lamelles oraculaires de Dodone et les villes de l'Épire du nord, in: P. Cabanes (Hrsg.), L'Illyrie méridionale et l'Épire dans l'antiquité II, Paris 1993, 55–60.

Dalby, A., Essen und Trinken im Alten Griechenland, Stuttgart 1998.

Davidson, J., Fish, Sex and Revolution in Athens, in: Classical Quarterly 43, 1993, 53–66.

Davidson, J., Courtesans and Fishcakes. The Consuming Passions of Classical Athens, London 1997.

Davies, J. K., Das klassische Griechenland und die Demokratie, 3. Aufl. München 1983.

Dean Jones, L. A., Women's Bodies in Classical Greece, Oxford 1994.

Delcourt, M., L'Oracle de Delphes, Paris 1955.

Desfray, S., Oracles et animaux dans les Cavaliers d'Aristophane, in: L'Antiquité Classique 68, 1999, 35–56.

Deshours, N., Les Messéniens, le règlement des mystères et la consultation de l'oracle d'Apollon Pythéen à Argos, in: Revue des Études Grecques 112, 1999, 463–484.

Detienne, M., Apollon le couteau à la main, Paris 1998.

Dietrich, M. u. a. (Hrsg.), Deutungen der Zukunft in Briefen, Orakeln und Omina, Gütersloh 1968.

Dillon, M., The Importance of Oionomanteia in Greek Divination, in: M. Dillon (Hrsg.), Religion in the Ancient World, Amsterdam 1996, 99–121.

DILLON, M., Pilgrims and Pilgrimage in Ancient Greece, London u. New York 1997.

DODDS, E. R., Die Griechen und das Irrationale, Darmstadt 1970.

DÖRING, K., Antike Theorien über die staatspolitische Notwendigkeit der Götterfurcht, in: Antike & Abendland 24, 1978, 43–56.

DUBOIS, L., Inscriptions grecques dialectales de Grande Grèce, Genf 1995.

DUBOIS, L., Inscriptions grecques dialectales d'Olbia du Pont, Genf 1996.

DUBOIS, P., Sowing the Body. Psychoanalysis and Ancient Representations of Woman, Chicago u. London 1988.

DUBY, G. u. PERROT, M. (Hrsg.), Geschichte der Frauen, Bd. 1. hrsg. von P. Schmitt Pantel, Frankfurt am Main u. New York 1993.

DURKHEIM, E., Les formes élémentaires de la vie religieuse, 5. Aufl. Paris 1968.

ECK, W. u. a., Das senatus consultum de C. Pisone patre, München 1996.

EHRHARDT, N. u. WEISS, P., Trajan, Didyma und Milet. Neue Fragmente von Kaiserbriefen und ihr Kontext, in: Chiron 25, 1995, 315–355.

EHRHARDT, N., Didyma und Milet in archaischer Zeit, in: Chiron 28, 1998, 11–20.

ELSNER, J., From the Pyramids to Pausanias and Piglet. Monuments, Travel and Writing, in: S. Goldhill u. R. Osborne (Hrsg.), Art and Text in Ancient Greek Culture, Cambridge 1994, 224–254.

EVANS-PRITCHARD, E. E., Hexerei, Orakel und Magie bei den Zande, Frankfurt am Main 1978.

FARAONE, C. A., Binding and Burying the Forces of Evil. The Defensive Use of „Voodoo Dolls" in Ancient Greece, in: Classical Antiquity 10, 1991, 165–205.

FARAONE, C. A., Talismans and Trojan Horses. Guardian Statues in Ancient Greek Myth and Ritual, New York u. Oxford 1992.

FARAONE, C. A., Molten Wax, Spilt Wine and Mutilated Animals. Sympathetic Magic in Near Eastern and Early Greek Oath Ceremonies, in: Journal of Hellenic Studies 113, 1993, 60–80.

FASSLER, M. u. W. HALBACH (Hrsg.), Geschichte der Medien, München 1998.

FAULSTICH, W., Das Medium als Kult. Von den Anfängen bis zur Spätantike, Göttingen 1997.

FLAIG, E., Ödipus. Tragischer Vatermord im klassischen Athen, München 1998.

FLASHAR, M., Panhellenische Feste und Asyl – Parameter lokaler Identitätsstiftung in Klaros und Kolophon, in: Klio 81, 1999, 412–436.

FÖGEN, M. Th., Die Enteignung der Wahrsager. Studien zum kaiserlichen Wissensmonopol in der Spätantike, Frankfurt am Main 1993.

FONTENROSE, J., Python. A Study of Delphic Myth and its Origins, Berkeley u. Los Angeles 1959.

FONTENROSE, J., Didyma. Apollo's Oracle, Cult, and Companions, Berkeley u. a. 1988.

Forrest, W. G., Colonization and the Rise of Delphi, in: Historia 6, 1957, 160–175.

Franke, P. R., Das Taubenorakel zu Dodona und die Eiche des Zeus als der heilige Baum des Zeus Naios, in: Athener Mitteilungen 71, 1956, 60–65.

Gartziou-Tatti, A., L'oracle de Dodone. Mythe et rituel, in: Kernos 3, 1990, 175–184.

Gauthier, Ph., Nouvelles inscriptions de Claros, in: Revue des Études Grecques 112, 1999, 1–36.

Geertz, Cl., The Interpretation of Cultures, New York 1973.

Geertz, Cl., Dichte Beschreibung. Beiträge zum Verstehen kultureller Systeme, Frankfurt 1987.

Gehrke, H.-J., Jenseits von Athen und Sparta, München 1986.

Genière, J. de la, Lectures de Claros archaïque, in: Revue des Études Grecques 111, 1998, 391–402.

Gennep, A. van, Übergangsriten, Frankfurt am Main u. New York 1986.

Giesecke, M., Der Buchdruck in der frühen Neuzeit. Eine historische Fallstudie über die Durchsetzung neuer Informations- und Kommunikationstechnologien, Frankfurt am Main 1991.

Ginouvès, R. u. a. (Hrsg.), L'eau, la santé et la maladie dans le monde grec. Actes du colloque organisé à Paris 1992 (Bulletin de Correspondance Hellénique, Suppl. 28), Paris 1994.

Giovannini, A., Etude historique sur les origines du catalogue des vaisseaux, Bern 1969.

Gladigow, B., Aetas, aevum und saeclorum ordo. Zur Struktur zeitlicher Deutungssysteme, in: D. Hellholm (Hrsg.), Apocalypticism in the Mediterranean World and the Near East, Tübingen 1983, 255–271.

Gladigow, B., Präsenz der Bilder – Präsenz der Götter. Kultbilder und Bilder der Götter in der griechischen Religion, in: Visible Religion – Annual for Religious Iconography IV/V: Approaches to Iconology, Leiden 1986, 114–133.

Glaser, F., Antike Brunnenbauten in Griechenland, Wien 1983.

Godelier, M., Das Rätsel der Gabe. Geld, Geschenke, heilige Objekte, München 1999.

Gordon, R. L., Myth, Religion and Society, Cambridge u. Paris 1981.

Gottlieb, G., Das Verhältnis der außerherodoteischen Überlieferung zu Herodot, Frankfurt am Main 1963.

Graf, F., Heiligtum und Ritual. Das Beispiel der griechisch-römischen Asklepieia, in: O. Reverdin u. B. Grange (Hrsg.), Le sanctuaire grec, Vandœuvres u. Genève 1992, 159–199.

Graf, F., An Oracle Against Pestilence From a Western Anatolian Town, in: Zeitschrift für Papyrologie und Epigraphik 92, 1992, 267–279.

Graf, F., Bois sacrés et oracles en Asie Mineure, in: Les bois sacrés. Actes du Colloque international organisé par le Centre Jean Bérard et l'École Pratique des Hautes Études, Neapel 1993, 23–29.

Graf, F., Gottesnähe und Schadenszauber. Die Magie in der griechisch-römischen Antike, München 1996.

Grafton, A., Die tragischen Ursprünge der deutschen Fußnote, Berlin 1995.

Gschnitzer, F., Griechische Sozialgeschichte, Wiesbaden 1981.

Günther, W., Das Orakel von Didyma in hellenistischer Zeit, Tübingen 1971.

Guettel Cole, S., The Uses of Water in Greek Sanctuaries, in: R. Hägg u.a. (Hrsg.), Early Greek Cult Practice, Stockholm u. Göteborg 1988, 161–165.

Habicht, Ch., Pausanias und seine Beschreibung Griechenlands, München 1985.

Habicht, Ch., Athen. Die Geschichte der Stadt in hellenistischer Zeit, München 1995.

Hahn, J., Der Philosoph und die Gesellschaft. Selbstverständnis, öffentliches Auftreten und populäre Erwartungen in der hohen Kaiserzeit, Stuttgart 1989.

Hajjar, Y., Divinités oraculaires et rites divinatoires en Syrie et en Phénicie à l'époque gréco-romaine, in: Aufstieg und Niedergang der Römischen Welt II.18,4, Berlin u. New York 1990, 2289–2313.

Hammerstaedt, J., Die Orakelkritik des Kynikers Oenomaus, Frankfurt am Main 1988.

Harris, W. V., Ancient Literacy, Cambridge, Mass. 1989.

Harrison, J., Themis. A Study of the Social Origins of Greek Religion, London 1963.

Havelock, E. A., Als die Muse schreiben lernte, Frankfurt am Main 1992.

Head, B. V., Historia Numorum, Oxford 1911.

Heintz, J.-G. (Hrsg.), Oracles et prophéties dans l'antiquité, Paris 1997.

Hodge, A. T., The Mystery of Apollo's E at Delphi, in: American Journal of Archaeology 85, 1981, 83–84.

Hölscher, T., Öffentliche Räume in frühen griechischen Städten, 2. Aufl. Heidelberg 1999.

Holzhausen, J., Zur Inspirationslehre Plutarchs in De Pythiae oraculis, in: Philologus 137, 1993, 72–91.

Horden, P. u. Purcell, N., The Corrupting Sea. A Study of Mediterranean History, Oxford 2000.

Horn, K., in: Enzyklopädie des Märchens, Bd. 6, Berlin 1990, Sp. 772–787, s.v. Helfer.

Hughes, J. D., Pan's Travail. Environmental Problems of the Ancient Greeks and Romans, Baltimore u. London 1996.

Jackson, A. H., An Oracle for Raiders?, in: Zeitschrift für Papyrologie und Epigraphik 108, 1995, 95–99.

Jacquemin, A., Une femme sous influence. L'écho des discordes delphiques chez Hérodote, in: Ktema 20, 1995, 29–36.

JACQUEMIN, A., Ordre des termes des dédicaces delphiques, in: Aion NS 2, 1995, 141–157 (= Jacquemin 1995a).

JONES, C. P., Culture and Society in Lucian, Cambridge, Mass. 1986.

JÖRDENS, A., IG II2 1682 und die Baugeschichte des eleusinischen Telesterion im 4. Jh. v. Chr., in: Klio 81, 1999, 359–391.

KAMMENHUBER, A., Orakelpraxis, Träume und Vorzeichenschau bei den Hethitern, Heidelberg 1976.

KIPPENBERG, H. G. u. STROUMSA, G. G. (Hrsg.), Secrecy and Concealment: Studies in the History of Mediterranean and Near Eastern Religions, Leiden u. a. 1995.

KIRCHBERG, J., Die Funktion der Orakel im Werke Herodots, Göttingen 1965.

KOCKEL, V., Bouleuteria. Architektonische Form und urbanistischer Kontext, in: M. Wörrle u. P. Zanker (Hrsg.), Stadtbild und Bürgerbild im Hellenismus, München 1995, 29–40.

KONISKI, H., The Origin of the Greek Alphabet. A Fresh Approach, in: Liverpool Classical Monthly 18, 1993, 102–105.

KRAUS, Chr. J., Initium turbandi omnia a femina ortum est. Fabia Minor and the Elections of 367 BC, in: Phoenix 45, 1991, 314–325.

KUDLIEN, F., Sklaven-Mentalität im Spiegel antiker Wahrsagerei, Stuttgart 1991.

KUHLMANN, K. P., Das Ammoneion. Archäologie, Geschichte und Kultpraxis des Orakels von Siwa, Mainz 1988.

LANZANI, C., L'oracolo delfico, Genua u. Rom 1940.

LAROCHE, R. A., Popular Symbolic/Mystical Numbers in Antiquity, in: Latomus 54, 1995, 568–576.

LATACZ, J., Funktionen des Traums in der antiken Literatur, in: T. Wagner-Simon u. G. Benedetti (Hrsg.), Traum und Träumen, Göttingen 1984, 10–31.

LEBRUN, R., in: Kernos 3, 1990, 185–195.

LE GUEN-POLLET, B., La vie religieuse dans le monde grec du Ve au IIIe siècle avant notre ère, Toulouse 1991.

LEGRAND, Ph.-E., Prophète et Pythie à Delphes, in: Revue des Études Grecques 64, 1951, 297–299.

LEVIN, S., The Old Greek Oracles in Decline, in: Aufstieg und Niedergang der Römischen Welt II.18,2, Berlin u. New York 1989, 1599–1849.

LEWIS, N., The Interpretation of Dreams and Portents in Antiquity, Amsterdam 1976, Ndr. Wauconda, Ill. 1996.

LIDONNICI, L. R., The Epidaurian Miracle Inscriptions, Atlanta 1995.

LLOYD-JONES, H., The Delphic Oracle, in: Greece & Rome 23, 1976, 60–73.

LONDREY, P., Greek Colonists and Delphi, Canberra u. Oxford 1990.

LONIS, R., Guerre et religion en Grèce à l'époque classique, Paris 1979.

LORAUX, N., The Experiences of Tiresias. The Feminine and the Greek Man, Princeton 1995.

LUCK, G., Magie und andere Geheimlehren in der Antike, Stuttgart 1990.

MALINOWSKI, B., Magie, Wissenschaft und Religion und andere Schriften, Frankfurt am Main 1973.

MALKIN, I., Religion and Colonization in Ancient Greece, Leiden 1987.

MALTOMINI, F., P. Lond. 121 (= PGM VII) 1–221: Homeromanteion, in: Zeitschrift für Papyrologie und Epigraphik 106, 1995, 107–122.

MANGANARO, G., Iscrizioni in greco della Sicilia centro orientale, in: Mélanges d'Archéologie et d'Histoire de l'École Française de Rome 106, 1994, 79–118.

MANGANARO, G., Una dedica di Samo rivolta non a Leukaspis, ma a Hera Thespis, in: Zeitschrift für Papyrologie und Epigraphik 101, 1994, 121–126 (= Manganaro 1994a).

MANUWALD, B., Traum und Traumdeutung in der griechischen Antike, in: R. Hiestand (Hrsg.), Traum und Träumen, Düsseldorf 1994, 15–42.

MAUL, S. M., Zukunftsbewältigung. Eine Untersuchung altorientalischen Denkens anhand der babylonisch-assyrischen Lösungsrituale, Mainz 1994.

MAURIZIO, L., Anthropology and Spirit Possession. A Reconsideration of the Pythia's Role at Delphi, in: Journal of Hellenic Studies 115, 1995, 69–86.

MAURIZIO, L., Delphic Oracles as Oral Performances. Authenticity and Historical Evidence, in: Classical Antiquity 16, 1997, 308–335.

MCCAULEY, B., The Transfer of Hippodameia's Bones. A Historical Context, in: Classical Journal 93, 1998, 225–239.

MCDONALD, J., Athens and the Hiera Orgas, in: M. Dillon (Hrsg.), Religion in the Ancient World, Amsterdam 1996, 321–332.

MCINERNEY, J., Parnassus, Delphi, and the Thyiades, in: Greek, Roman and Byzantine Studies 38, 1997, 263–283.

MCLUHAN, M., The Gutenberg Galaxy, New York 1962.

MCLUHAN, M., Understanding Media, New York 1964.

MEIER, Ch., Athen. Ein Neubeginn der Weltgeschichte, Berlin 1993.

MEISTER, R., Ein Ostrakon aus dem Heiligtum des Zeus Epikoinios im kyprischen Salamis (Abhandlungen der phil.-hist. Klasse der königlich sächsischen Gesellschaft der Wissenschaften 27), Leipzig 1909, 303–332.

MENDONSA, E. L., The Politics of Divination. A Processual View of Reactions to Illness and Deviance Among the Sisala of Northern Ghana, Berkeley, Los Angeles u. London 1982.

MERKELBACH, R., Isis regina – Zeus Sarapis. Die griechisch-ägyptische Religion nach den Quellen dargestellt, Stuttgart u. Leipzig 1995.

MERKELBACH, R. u. STAUBER, J., Die Orakel des Apollon von Klaros, in: Epigraphica Anatolica 27, 1996, 1–53.

MERKELBACH, R. u. STAUBER, J., Steinepigramme aus dem griechischen Osten. Bd. 1: Die Westküste Kleinasiens von Knidos bis Ilion, Stuttgart u. Leipzig 1998.

MESSERI SAVORELLI, G. u. PINTAUDI, R., Due domande oracolari in greco, in: Zeitschrift für Papyrologie und Epigraphik 111, 1996, 183–187.

Metzler, D., Der Seher Mopsos auf den Münzen der Stadt Mallos, in: Kernos 3, 1990, 235–250.

Miller, Th., Die griechische Kolonisation im Spiegel literarischer Zeugnisse, Tübingen 1997.

Mitchell, L. G., Greeks Bearing Gifts, Cambridge 1997.

Moore, T. J., Morality, History, and Livy's Wronged Women, in: Eranos 91, 1993, 38–46.

Morgan, C., Divination and Society at Delphi and Dodona, in: Hermathena 147, 1989, 17–42.

Morgan, C., Athletes and Oracles. The Transformation of Olympia and Delphi in the Eighth Century BC, Cambridge 1990.

Munson, R. V., Herodotus' Use of Prospective Sentences and the Story of Rhampsinitus and the Thief in the Histories, in: American Journal of Philology 1993, 114, 27–44.

Murray, O. u. Price, S. (Hrsg.), The Greek City. From Homer to Alexander, Oxford 1990.

Murray, O., Das frühe Griechenland, 6. Aufl. München 1999.

Muth, R., Einführung in die griechische und römische Religion, Darmstadt 1988.

Muthmann, F., Mutter und Quelle, Mainz 1975.

Nesselrath, H.-G., Dodona, Siwa und Herodot – ein Testfall für den Vater der Geschichte, in: Museum Helveticum 56, 1999, 1–14.

Nilsson, M., Geschichte der griechischen Religion, 2 Bde. (Handbuch der Altertumswissenschaft V.2), 3. Aufl. München 1974.

Ninck, M., Die Bedeutung des Wassers im Kult und Leben der Alten, Leipzig 1921; Neudr. Darmstadt 1967.

Nollé, J., Südkleinasiatische Losorakel in der römischen Kaiserzeit, in: Antike Welt 18, 3, 1987, 41–49.

Ong, W. J., Oralität und Literalität. Die Technologisierung des Wortes, Opladen 1987.

Padel, R., Women – Model for Possession by Greek Daemons, in: A. Cameron u. A. Kuhrt (Hrsg.), Images of Women in Antiquity, Detroit 1983, 3–19.

Panitz, H., Mythos und Orakel bei Herodot, Diss. Greifswald 1934.

Parke, H. W. u. Wormell, D. E. W., The Delphic Oracle, 2 Bde., Oxford 1956.

Parke, H. W., The Oracles of Zeus. Dodona, Olympia, Ammon, Oxford 1967 (= Parke 1967 a).

Parke, H. W., Croesus and Delphi, in: Greek, Roman and Byzantine Studies 25, 1984, 209–232.

Parke, H. W., Oracles of Apollo in Asia Minor, London u. Sidney 1985.

Parke, H. W., Sibyls and Sibylline Prophecy in Classical Antiquity, London u. New York 1988.

PARKER, R., Miasma. Pollution and Purification in Early Greek Religion, Oxford 1983.

PARKER, R., Greek Oracles and Greek States, in: P. A. Cartledge u. F. D. Harvey (Hrsg)., Crux. Essays presented to G. E. M. de Ste. Croix, Sidmouth 1985, 296–324.

PARKER, R., Athenian Religion. A History, Oxford 1996.

PEEK, Ph. M. (Hrsg.), African Divination Systems. Ways of Knowing, Bloomington u. Indianapolis 1991.

PELZL, G., Die Beichtinschriften Kleinasiens, in: Epigraphica Anatolica 22, 1994, 1–174.

PFIFFIG, J. A., Religio Etrusca, Graz 1975.

PFOHL, G., Griechische Inschriften als Zeugnisse des privaten und öffentlichen Lebens, 2. Aufl. München 1980.

PIÉRART, M., Un oracle d'Apollon à Argos, in: Kernos 3, 1990, 319–331.

POPP, H., Die Einwirkung von Vorzeichen, Opfern und Festen auf die Kriegsführung der Griechen im 5. u. 4. Jh. v. Chr., Diss. Erlangen 1957.

POTTER, D. S., Prophecy and History in the Crisis of the Roman Empire. A Historical Commentary on the Thirteenth Sibylline Oracle, Oxford 1990.

POTTER, D. S., Prophets and Emperors. Human and Divine Authority from Augustus to Theodosius, Cambridge, Mass. 1994.

PREISENDANZ, K., Papyri Graecae Magicae – Die griechischen Zauberpapyri, 2 Bde., 2. Aufl. Stuttgart 1974.

PRICE, S. R. F., Delphi and Divination, in: P. E. Easterling u. J. V. Muir (Hrsg.), Greek Religion and Society, Cambridge 1985, 128–154.

PRITCHETT, W. K., The Greek State at War, Part III: Religion, Berkeley u. a. 1979, bes. S. 47–153.

PULLEYN, S., Prayer in Greek Religion, Oxford 1997.

PURCELL, N., Mobility and the Polis, in: O. Murray u. S. Price (Hrsg.), The Greek City. From Homer to Alexander, Oxford 1990, 29–58.

RAGONE, G., Il tempio di Apollo Gryneios in Eolide. Testimonianze antiquarie, fonti antiche, elementi per richerca topografica, in: B. Virgilio (Hrsg.), Studi Ellenistici III, Pisa 1990, 9–112.

RICKENBACH, J., Dodona – eine der ältesten Orakelstätten in der Antike, in: A. Langer u. A. Lutz (Hrsg.), Orakel. Der Blick in die Zukunft (Ausstellungskatalog Museum Rietberg), Zürich 1999, 44–49.

RIGSBY, K. J., Asylia. Territorial Inviolability in the Hellenistic World, Berkeley u. a. 1996.

ROBERT, L., Hellenica Bd. V, Paris 1948, 16–28: Sur l'oracle d'Apollon Koropaios.

ROBERT, L., A travers l'Asie mineure, Paris 1980.

ROBERT, L. u. ROBERT, J., Décret de Colophon pour un chresmologue de Smyrne appelé à diriger l'oracle de Claros, in: Bulletin de Correspondance Hellénique 116, 1992, 279–291.

Rocchi, M., Les oracles des Pisistratides dans le temple d'Athena, in: C. Baurain (Hrsg.), Phoinikeia Grammata. Lire et écrire en Méditerranée, Naumur 1991, 577–589.

Rodríguez Somolinos, J., Le plus ancien oracle d'Apollon Didyméen, in: Epigraphica Anatolica 17, 1991, 69–71.

Roeder, G., Kulte und Orakel im alten Ägypten, Düsseldorf u. Zürich 1998.

Rosenberger, V., Gezähmte Götter. Das Prodigienwesen der römischen Republik, Stuttgart 1998.

Rosenberger, V., Die Ökonomie der Pythia oder: Wirtschaftliche Aspekte griechischer Orakel, in: Laverna 10, 1999, 153–164.

Rosenberger, V., Virtuelle Welten der Alten Geschichte, in: K. Brodersen (Hrsg.), Virtuelle Antike. Wendepunkte der Alten Geschichte, Darmstadt 2000, 153–162.

Rougemont, G., Corpus des inscriptions de Delphes, Bd. 1: Lois sacrées et règlements religieux, Paris 1977.

Roux, G., L'Amphictionie, Delphes et le temple d'Apollon, Paris 1979.

Roux, G., Une querelle de préséance à Delphes, in: Zeitschrift für Papyrologie und Epigraphik 80, 1990, 23–29.

Sager, S. F., Verbales Verhalten. Eine semiotische Studie zur linguistischen Ethologie, Tübingen 1995.

Salviat, R., Timodamos et son gaulos. Oracles et marchands à Dodone, in: P. Cabanes (Hrsg.), L'Illyrie méridionale et l'Épire dans l'antiquité II, Paris 1993, 61–64.

Schachter, A., Cults of Boiotia, 3 Bde., London 1981–1994.

Schachter, A., The Politics of Dedication. Two Athenian Dedications at the Sanctuary of Apollo Ptoieus in Boeotia, in: R. Osborne u. S. Hornblower (Hrsg.), Ritual, Finance, Politics. Athenian Democratic Accounts Presented to D. M. Lewis, Oxford 1994, 291–306.

Scheer, T., Forschungen über die Frau in der Antike, in: Gymnasium 107, 2000, 143–172.

Scheffer, Th. von, Hellenische Mysterien und Orakel, Stuttgart 1940.

Schneider, W. J., Der Denker mit dem Epsilon – Ein Bildnis des Apollonios von Perge?, in: Zeitschrift für Papyrologie und Epigraphik 114, 1996, 227–236.

Schnurr-Redford, Ch., Weissagung und Macht. Die Pythia, in: Th. Späth u. B. Wagner-Hasel (Hrsg.), Frauenwelten in der Antike. Geschlechterordnung und weibliche Lebenspraxis, Stuttgart 2000, 132–146.

Schott, R., Orakel und Opferkulte bei Völkern der westafrikanischen Savanne, Opladen 1997.

Schröder, St., Plutarchs Schrift de Pythiae Oraculis. Text, Einleitung und Kommentar, Stuttgart 1990.

Schröder, St., Platon oder Chrysipp. Zur Inspirationstheorie in Plutarchs

Schrift „De Pythiae oraculis", in: Würzburger Jahrbücher für die Altertumswissenschaft 20, 1994/95, 233–256.

SEGRE, M., L'oracolo di Apollo Pythaeus a Rodi, in: La Parola del Passato 4, 1949, 72–82.

SHAPIRO, H. A., Oracle-Mongers in Peisistratid Athens, in: Kernos 3, 1990, 335–345.

SHAPIRO, H. A., Athena, Apollo, and the Religious Propaganda of the Athenian Empire, in: P. Hellström u. B. Alroth (Hrsg.), Religion and Power in the Ancient Greek World, Stockholm 1996, 101–113.

SHULMAN, D. u. STROUMSA, G. G. (Hrsg.), Dream Cultures. Explorations in the Comparative History of Dreaming, Oxford 1999.

SIMMEL, G., Soziologie, 5. Aufl. Berlin 1968.

SINN, U., Olympia. Kult, Sport und Fest in der Antike, München 1996.

SNELL, B., Leben und Meinungen der Sieben Weisen, 2. Aufl. München 1952.

SNODGRASS, A., Archaic Greece. The Age of Experiment, London 1980.

SOURVINOU-INWOOD, Ch., Myth as History. The Previous Owners of the Delphic Oracle, in: J. Bremmer (Hrsg.), Interpretations of Greek Mythology, London 1987, 215–241.

SOURVINOU-INWOOD, Ch., Reading Greek Culture. Texts and Images, Rituals and Myths, Oxford 1991.

SPEYER, W., Religionsgeschichtliche Studien, Hildesheim u. a. 1995.

STEINDORFF, G., Durch die libysche Wüste zur Ammonsoase, Bielefeld u. Leipzig 1904.

STEINHAUSER, K., Der Prodigienglaube und das Prodigienwesen der Griechen, Ravensburg 1911.

STOCKINGER, H., Die Vorzeichen im homerischen Epos. Ihre Typen und ihre Bedeutung, St. Ottilien 1959.

SUAREZ DE LA TORRE, E., Les dieux de Delphes et l'histoire du sanctuaire, in: Kernos Suppl. 8, 1998, 61–87.

SYMEONOGLOU, S., The Oracles of Thebes, in: La Béotie antique, Paris 1985, 155–158.

TAMBIAH, S. J., Magic, Science, Religion, and the Scope of Rationality, Cambridge 1990.

THOMSEN, A., Suburbane Heiligtümer bei Kyaneai. Eine Quellfassung bei Kyaneai – das Orakelheiligtum des Apollon Thryxeos?, in: F. Kolb (Hrsg.), Lykische Studien 2, Bonn 1995, 43–48.

TRAVLOS, J., Bildlexikon zur Topographie des antiken Attika, Tübingen 1988.

TRENCSÉNYI-WALDAPFEL, I., Die Weissagungen des Bakis, in: Untersuchungen zur Religionsgeschichte, Amsterdam 1966, 232–250.

TURNER, V., The Forest of Symbols. Aspects of Ndembu Ritual, Ithaca u. London 1967.

TURNER, V., Das Ritual. Struktur und Anti-Struktur, Frankfurt am Main u. New York 1989.

VÁRHELYI, Z., The Written Word in Archaic Attica, in: Klio 78, 1996, 28–52.

VATIN, Cl., Monuments votifs de Delphes, Rom 1991

VERNANT, J.-P. et al. (Hrsg.), Divination et rationalité, Paris 1974.

VERNANT, J.-P., Mythos und Religion im Alten Griechenland, Frankfurt am Main 1995.

VERNANT, J.-P., Der maskierte Dionysos. Stadtplanung und Geschlechterrollen in der griechischen Antike, Berlin 1996.

VERSNEL, H. S. (Hrsg.), Faith, Hope and Worship. Aspects of religious mentality in the Ancient World, Leiden 1981.

VEYNE, P., Glaubten die Griechen an ihre Mythen?, Frankfurt am Main 1987.

VICTOR, U., Lukian von Samosata. Alexander oder der Lügenprophet, Leiden u. a. 1997.

VINOGRADOV, J. G. u. KRYZICKIJ, S. D, Olbia. Eine altgriechische Stadt im nordwestlichen Schwarzmeeraum, Leiden u. a. 1995.

VOGT, S., Delphi in der attischen Tragödie, in: Antike und Abendland 44, 1998, 30–48.

WAGNER, G., Deux inscriptions grecques d'Égypte, in: Zeitschrift für Papyrologie und Epigraphik 106, 1995, 126–130.

WAGNER-HASEL, B., Wissenschaftsmythen und Antike. Zur Funktion von Gegenbildern der Moderne am Beispiel der Gabentauschdebatte, in: A. Völker-Rasor u. W. Schmale (Hrsg.), MythenMächte – Mythen als Argument, Berlin 1998, 33–64.

WAGNER-HASEL, B., Der Stoff der Gaben. Kultur und Politik des Schenkens und Tauschens im archaischen Griechenland, Frankfurt u. New York 2000.

WALBANK, F., Die hellenistische Welt, 4. Aufl. München 1994.

WALDHERR, G. H., Erdbeben. Das außergewöhnliche Normale, Stuttgart 1997.

WANDHOFF, H., Der epische Blick. Eine mediengeschichtliche Studie zur höfischen Literatur, Berlin 1996.

WEBER, G., Herrscher und Traum in hellenistischer Zeit, in: Archiv für Kulturgeschichte 81, 1999, 1–33.

WEBER, G., Kaiser, Träume und Visionen in Prinzipat und Spätantike, Stuttgart 2000.

WENZEL, H., Hören und Sehen, Schrift und Bild. Kultur und Gedächtnis im Mittelalter, München 1995.

WHITTAKER, C. R., The Delphic Oracle. Belief and Behaviour in Ancient Greece – and Africa, in: Harvard Theological Review 57, 1995, 21–47.

WIESEHÖFER, J., Das antike Persien, München u. Zürich 1993.

WÖRRLE, M., Inschriften von Herakleia am Latmos II, in: Chiron 20, 1990, 19–58.

Zeitlin, F. I., Thebes: Theater of Self and Society in Athenian Drama, in: J. J. Winkler u. F. J. Zeitlin (Hrsg.), Nothing to do With Dionysos? Athenian Drama in Its Social Context, Princeton 1990, 130–167.

Im Text zitierte Übersetzungen

Aelius Aristides, Heilige Berichte. Einleitung, deutsche Übersetzung und Kommentar von H. O. Schröder, Heidelberg 1986.

Athenaios von Naukratis, Das Gelehrtenmahl. Aus dem Griechischen von Ursula und Kurt Treu, Leipzig 1985.

Euripides, Ion. Griechisch-deutsch, hrsg. von Ch. Klock u. D. Müller, Stuttgart 1982.

Herodot, Historien. Deutsche Gesamtausgabe. Übersetzt von A. Horneffer, neu herausgegeben und erläutert von H. W. Haussig, mit einer Einleitung von W. F. Otto, Stuttgart 1971.

Herodot, Historien. Griechisch-deutsch, herausgegeben von Josef Feix, 4. Aufl. München und Zürich 1988.

Hesiod, Theogonie. Werke und Tage. Griechisch und deutsch, hrsg. und übersetzt von A. von Schirnding, München u. Zürich 1991.

Homerische Hymnen. Griechisch und deutsch, hrsg. von A. Weiher, München u. Zürich 1989.

Pausanias, Beschreibung Griechenlands. Übersetzt und mit einer Einleitung versehen von E. Meyer, München u. Zürich 1954.

Philostratos, Eikones – die Bilder. Nach Vorlagen von Ernst Kalinka herausgegeben, übersetzt und erläutert von Otto Schönberger, München 1968.

Pindar, Oden. Übersetzt und herausgegeben von Eugen Dönt, Stuttgart 1986.

Plutarch, Von großen Griechen und Römern. Übersetzt von Konrat Ziegler und Walter Wuhrmann, Zürich und München 1954.

Thukydides, Der Peloponnesische Krieg. Übersetzt und herausgegeben von Helmuth Vretska, Stuttgart 1966.

Xenophon, Anabasis. Übersetzung, Einleitung und Anmerkungen von Helmuth Vretska, Stuttgart 1958.

Index

Dodona
Ephyra
Argos
Pagasai
Korope
Amphikleia
Tegyra
Delphi
Abai
Hyettos
Ptoion
Lebadeia
Theben
Orchomenos
Patras
Hysiai
Pharai
Aigeira
Oropos
Bura
Perachora
Megara
Olympia
Argos
Seleukia
Lykosura
Mallos
Salamis
Thalamai
Ammoneion
Orakelstätte mit überregionaler Bedeutung
Orakelstätte mit lokaler oder regionaler Bedeutung

Kyaneai
Kalchedon
Adrasteia
Zeleia
Chryse
Pergamon
Gryneion
Aigai
Smyrna
Klaros
Hierapolis
Delos
Didyma
Patara
0
50
100
150
200 Kilometer

Abbildungsnachweise

Abb. 1: Ferrara, Museo di Spina. Foto: Hirmer-Fotoarchiv, München 581.1406.
Abb. 3: Staatliche Museen zu Berlin – Preußischer Kulturbesitz, Antikensammlung, Misc. 8612, F 2538. Foto: Jürgen Liepe.
Abb. 4: Foto: Dr. Karl-Heinz Fix, Augsburg.
Abb. 5: Staatliche Museen zu Berlin – Preußischer Kulturbesitz, Antikensammlung, Kat./Inv.-Nr. F 2538. Foto: Johannes Laurentius.
Abb. 6: Foto: Dr. Stefan Schmidt, Augsburg.
Abb. 7: Deutsches Archäologisches Institut, Abteilung Istanbul, Didyma 83. Foto: W. Schiele.
Abb. 8: Deutsches Archäologisches Institut, Abteilung Istanbul, Negativ-Nr. 66/130. Foto: W. Schiele.
Abb. 9: Ioannina, Archäologisches Museum, Inv.-Nr. M 12.2941. Foto: A. Loxias, Piräus.
Abb. 10: Frankfurt a. M., Museum für Vor- und Frühgeschichte.
Abb. 11: Paris, Louvre F 341. © Photo RMN – R. G. Ojeda.
Abb. 12: Florenz, Archäologisches Museum 9798. Foto: Archäologisches Seminar der Philipps-Universität Marburg.
Abb. 13: Athen, Archäologisches Nationalmuseum. Foto: AKG/Erich Lessing.
Abb. 15: P. Gautel, Karlsruhe (nach Archivunterlagen EFA und D. Laroche bei Picard 1992, 145 Abb. 61).
Abb. 16: Foto: Dr. Stefan Schmidt, Augsburg.
Abb. 18: Agrigent, Archäologisches Regionalmuseum, AG 4688. Foto: Archäologisches Seminar der Philipps-Universität Marburg.
Abb. 19: Deutsches Archäologisches Institut, Abteilung Rom, Inst.-Neg. 68.3650. Foto: Felbermeyer.
Abb. 20: Foto: WBG-Archiv.
Abb. 21: Paris, Louvre, Inv.-Nr. G 197. Foto: Hirmer-Fotoarchiv, München 581.0413.